인(仁)의 재발견

사랑과 협력의 근거

인(仁)의 재발견

사랑과 협력의 근거

정용환 지음

인간사랑

차례

서문

사랑과 협력을 이상적 가치로서 찬미할지라도 어느새 회의적 물음이 그림자처럼 따라붙는다. 과연 우리에게 사랑하고 협력할 겨를이 있는가? 경쟁이 만연한 현실을 보고서도 사랑과 협력이 추구할 만한 가치라고 말할 수 있을까? 오늘날 삼포세대에게 사랑이란 물정 모르는 감상주의자의 헛된 정열이나 여유로운 자라야 누릴 수 있는 사치 정도로 치부된다. 이기적 전략이 가득한 정글 사회에서 사랑과 협력은 얻기 어려운 고원한 이상으로 여겨진다. 사랑과 협력을 갈구하는 만큼 결실을 얻지 못하는 경우가 다반사다. 사랑과 협력에 관한 회의적 물음은 이상과 현실 간의 괴리를 웅변하는 것처럼 보인다.

철학사를 보더라도 사랑과 협력에 대한 찬미와 회의의 시선은 동전의 양면처럼 병존한다. 전통 사상에서 사랑과 협력의 가치를 아우르는 개념은 인(仁)이다. 『논어』나 『맹자』를 펼쳐보면 인은 가장 중요한 가치로서 강조된다. 공자는 군자라면 넘어지는 사이에도 반드시 인을 지켜야 한다고 말한다. 맹자가 실천 덕목으로서 제시하는 인의예지 사덕 중에서 인은 맨

앞에 있다. 인을 중시하는 공맹유학 전통은 조선시대 성리학에 이르기까지 지속된다. 이처럼 인 사상이 전개되는 동안 그에 관한 회의적 비판도 함께 성장한다. 도가·법가·묵가 등은 인 사상에 대해 현실적이지 못하다고 신랄하게 비판한다. 이들의 비판적 관점에 의하면 인 사상은 권위주의적 이데올로기이거나 현실 문제 해결에 적용할 수 없는 몽상적 낭만에 지나지 않는다. 비정한 현실을 고려한다면 사랑과 협력은 당분간 제쳐두어야 한다는 현실적 회의주의가 인 사상의 실효성에 대해 지속적으로 문제를 제기해왔다.

사람들은 현실적 회의주의를 원해서라기보다 어쩔 수 없이 필요악으로서 받아들인다. 하지만 현실적 회의주의가 팽배할수록 삶은 황폐화되기 쉽다. 청소년들은 입시 준비로 밤늦게까지 허덕이느라 호기심을 키우고 우정을 나눌 시간을 나중으로 미룬다. 청년들은 취업 준비에 경황이 없어 연애와 결혼을 나중으로 미룬다. 젊은 맞벌이 부부는 집을 장만하기에도 벅차 출산을 나중으로 미룬다. 중년층은 자식 교육비를 마련하느라 자식과의 대화 시간을 나중으로 미룬다. 이처럼 갖가지 현실적 이유 때문에 소망들이 연기된다. 과연 젊었을 때 미루어둔 소망을 나이든 뒤에 몽땅 실현할 수 있을까? 어쩌면 늙은 뒤에는 이승에서 못 이룬 소망들을 저승의 세계로 재차 미루어야 할지도 모른다.

현실적 회의주의는 많은 한계에도 불구하고 당장에 급한 불부터 꺼야 한다는 재촉 혹은 위협을 통해 막강한 위력을 발휘한다. 그렇다면 과연 인 사상은 실효성을 무기로 삼는 현실적 회의주의에 대해 어떤 대답을 내놓을 수 있을까? 사랑과 협력의 가치는 현실에서 추구할만한 충분한 근거가 있을까? 사랑과 협력은 이기적 전략들에 대한 좋은 대책이 있을까? 사랑과 협력을 추구해야 한다면 어떻게 추구해야 할까?

이 책에서는 사랑과 협력이 이상적으로나 현실적으로 여전히 중요한 가치라는 사실을 다양한 이론적 근거들을 통해 밝힌다. 진화론, 감정이론, 윤리학, 사회철학, 인 사상 등 여러 학문 분야를 통해 분석해본다면 사랑과 협력에 대한 비관적 견해에 경도될 이유는 없다. 진화론이나 게임이론에 비추어 보면 사랑과 협력은 인류가 선사시대부터 장구한 시간에 걸쳐 개발해온 가장 유력한 생존전략이다. 협력 전략은 이기적 전략이 가질 수 없는 고유한 장점이 있다. 심지어 이기적 전략이 득세한 곳에서조차 협력 전략이 효과적으로 작동될 수 있다. 나아가 감정이론에 의하면 측은지심, 연민, 동정심, 애착, 친밀감, 사랑, 존중심 등과 같은 감정들은 삶의 의미를 지시해주는 실질적 징표들이다. 이러한 감정들은 요청된 것이 아니라 자연스럽게 주어진 것이다.

인 사상에 따르면 사랑과 협력의 고갈은 잔인함의 증가 현상과 깊은 관련이 있다. 사랑과 협력의 가치가 상실된 사회에서는 타인에게 직접적으로 해를 끼치는 사람이 없을지라도 고통스러운 처지에 놓인 사람들이 도처에서 나올 수 있다. 무한경쟁의 틈바구니 속에서 약자들이 누리는 자유란 고작해야 가난하게 생활할 자유나 굶어죽을 자유에 불과하다. 이와 같은 사회적 병리 현상을 치유하기 위해서는 자유 및 효율성 개념에 대한 재고가 필요하다. 이 책에서는 자유주의와 공리주의 이론에 대해 덕윤리학적 제약을 가함으로써 잔인함의 발생을 감소시킬 수 있는 방안을 제시한다. 이밖에도 다양한 이론적 근거들은 사랑과 협력이 오늘날에도 여전히 의미심장한 가치라는 사실을 일깨워줄 것이다.

이 책은 한국연구재단 2011년도 저술출판지원사업의 지원을 받은 '인(仁)의 철학적 재해석'이라는 과제의 연구 결과물이다. 심사 과정에서 원고를 읽고 격려와 조언을 해준 익명의 심사위원들에게 감사드린다. 초고를 교열해준 순천대학교 대학원의 백대웅 님에게 감사드린다. 삶을 함께 하면서 유무형의 도움을 준 난딩, 유미, 인서에게 고마운 마음을 전한다. 마지막으로 이 책의 출판을 위해 노력해준 도서출판 인간사랑에 감사드린다.

2016년 2월 1일

정용환

제1부

인(仁)이란 무엇인가

1장

협력: 진화론적 의미

협력은 우리에게 매우 익숙한 삶의 방법임에도 실제 효력에 대해서는 늘 의문이 따라다닌다. 인류가 협력을 생존 방법의 하나로서 진화시켜왔다는 데에는 누구나 동의할 것이다. 모성애, 부성애, 형제자매애, 이성애, 우정, 동료애 등 인간에게서 보이는 이타적 성향은 협력의 원천이다. 가족 관계에서부터 시작해 학교, 직장, 시장, 동호회, 정부, 국회, 국제기관 등에 이르기까지 사람들이 모이는 곳이면 어디에서나 다양한 형태의 협력이 이루어진다. 이처럼 협력이 광범위하게 이루어지고 있음에도 불구하고 실효적이지 못할 것이라고 회의하는 경우가 적지 않다. 가령 국회는 국민의 대의기관이지만 전체 국민의 이익이 아닌 대기업의 이익 대변자에 불과하다고 비난받기 일쑤다. 또한 국제연합은 국가 간 협력을 위해 구성되었을지라도 실제로는 강대국의 이익을 대변하는 기관에 불과하다고 비판받곤 한다. 이러한 회의적 시각은 우리로 하여금 협력의 유효성에 대해 더 깊게 성찰하도록 이끈다. 과연 협력은 우리의 삶에서 여전히 추구할 만한 가치일까? 만약 협력이 추구할 만한 가치라고 한다면, 왜 그리고 어떻게 추구해야 할까?

협력의 실효성에 대해 의문이 끊이지 않는 가장 큰 이유는 경쟁이라는 그림자를 떨쳐버릴 수 없기 때문이다. 입시, 취업, 승진, 운동경기, 대회, 전쟁 등 우리의 삶은 경쟁으로 점철되어 있다. 경쟁의 결과는 사람들로 하여금 희비가 교차하게 만든다. 승자에게 더 많은 이득이 주어지는 만큼 패자에게는 손해가 간다. 이 때문에 사람들은 경쟁에서 이겨야한다는 생각을 떨쳐내기 어렵다. 경쟁으로 인한 승패의 희비가 클수록 이겨야 한다는 부담도 증대된다. 전쟁과 같이 죽느냐 사느냐가 걸린 생존 경쟁에 내몰릴 경우에 승리에 대한 부담감은 극대화된다. 그러한 극심한 경쟁에서 살아남기 위해서는 수단과 방법을 가릴 여유조차 없는 마당에 협력을 기대하기란 쉽지 않다.

협력이 필요할 때에 협력을 하고 경쟁이 필요할 때에 경쟁을 한다면 가장 좋은 결과를 얻을 것이다. 그것은 개인이 취할 수 있는 매우 이상적인 삶의 전략이다. 그런데 현실에서는 문제가 그렇게 간단하지 않다. 협력 전략과 경쟁 전략 중에서 어느 것을 취해야 좋은지를 결정하기 어려운 경우가 많기 때문이다. 가령 국가 간의 경우를 보자. 상대국과 협력을 하면 서로 좋은 결과를 얻을 수 있지만, 다른 한편으로 상대국에게 이용당할 위험을 생각하지 않을 수 없다. 국가 간 경쟁에서 그러한 위험을 감안하는 한 상대국과 긴밀한 협력에 이르기란 쉽지 않다. 개인 간 교제나 기업 간 거래도 마찬가지다. 상대에 대한 신뢰 없는 협력은 먹잇감으로 전락하기 쉽다. 더욱이 자신의 간과 쓸개까지 내어주는 무모한 협력은 치명적인 결과를 가져온다. 상대가 나의 협력을 먹잇감으로 취할 경우를 고려한다면 협력이란 어리석은 전략으로 생각되기 쉽다.

이처럼 협력 전략이 경쟁 전략에 대해 매우 취약함에도 불구하고 다음과 같은 이유 때문에 사람들은 협력을 추구한다. 첫째, 협력이 서로에게 이로울 것이라는 가정이 협력을 촉진한다. 백지장도 맞들면 낫다는 속담이 있듯이 사람들은 협력하면 더 좋은 결과를 가져올 것이라고 생각한다. 둘째, 사람들에게는 협력하려는 생리-문화적 관성이 있다. 가령 사람들은 일정한 시기가 되면 이성을 사랑하고자 하는 본능이 생리적 차원에서 작동한다. 그러한 사랑은 점차 결혼이라는 관습을 통해 문화적 차원에서 협력 관계를 안정시킨다. 로미오와 줄리엣처럼 경쟁 관계에 있는 가문 사이에서조차도 서로에 대한 사랑을 통해 긴밀한 협력 관계가 이루어지기도 한다. 가족 관계를 비롯해 다양한 인간관계에서 생리-문화적 차원의 협력 관성이 관찰된다.

협력 전략이 언제든지 상대의 먹잇감으로 전락할 위험이 있지만 안타깝게도 그보다 더 탁월한 생존 방식을 찾기란 쉽지 않다. 이 때문에 협력은 많은 위험에도 불구하고 현실적인 생존 전략으로서 선택된다. 경쟁이 도사리는 정글사회에서조차도 사람들은 생리-문화적 관성 때문에 혹은 좋은 결과를 기대하면서 협력을 선택한다.

다만, 협력 전략은 반드시 성공하는 것이 아니라 적절한 조건이 갖추어져야만 성공할 수 있다. 그것은 마치 대해를 항해하는 배가 풍파를 이겨내야만 목적지에 도달할 수 있는 것과도 같다. 협력 전략의 선택 역시 고난과 역경이 수반된 모험일 수밖에 없다. 그럼에도 불구하고 만약 조건이 잘 갖추어진다면 그리고 현실의 어려움들을 잘 극복한다면, 협력은 매우 유력한 생존 전략임에 틀림없다. 진화론이나 게임이론은 협력이 왜 여전히 중요한 가치인지에 대해 알려줄 것이다.

협력에 관한 다윈의 가정

다윈의 진화론에서 제시하는 적자생존 개념은 무한경쟁에서 승리하는 자만이 생존할 수 있다는 의미로 이해되곤 한다. 그러나 이러한 이해 방식은 진화론이 협력을 중시한다는 점을 간과하기 쉽다. 다윈의 진화론에서 주장하는 환경에의 적응이 반드시 약육강식의 경쟁 논리만을 함축하는 것은 아니다. 다윈은 인류가 상호 신뢰를 통한 협력의 능력을 진화시켜왔다고 말한다. 그의 진화론적 가정에 따르면, 인간은 혼자서 살아가기보다 서로 협력함으로써 환경을 훨씬 잘 이용할 수 있다. 그렇게 함으로써 인류는 생존율을 높여왔다.

> 나는 지금까지 다음과 같이 가정했다. 동물들이 처음으로 사회를 형성하면서 서로 헤어지게 되었을 때는 불안한 마음을 경험하게 되고, 함께 있을 때는 편안함을 느끼게 되었다는 것이다. 그러나 사회를 형성해 이익을 얻었을 동물들이 함께 살아가기 위해서 이런 감정을 발달시키기 시작했다는 가설이 더 그럴듯하게 보인다. (중략) 사회적 본능이 부모와 함께 오랜 시간을 보낸 어린 동물들에게서 발달하는 것으로 볼 때, 사회에서 얻는 즐거운 감정은 부모와 자식이 갖는 애정의 연장일 수도 있다. 그리고 이런 연장은 부분적으로 습관 때문일 수도 있지만 대체로 자연선택에 따른 것이다. 혼자 살아가며 동료들을 거의 보살피지 않는 개체들은 대부분 멸종되었지만, 친밀한 관계를 유지하며 살아감으로써 이익을 얻는 동물의 경우 갖가지 위험을 슬기롭게 모면할 수 있었을 것이다.[1]

다윈은 협력 능력이 동물의 생존을 위해 매우 중요한 요소이며, 자연선택을 통해 유전된다고 본다. 동물들은 혼자 있을 때보다 함께 있을 때 더욱 편안한 감정을 느낀다. 특히 가족 간의 친밀감은 협력의 본능을 가장 잘 보여준다. 그러한 사실은 협력의 방식이 진화의 초기부터 사용되었다는 것을 의미한다.

인간 역시 동물의 한 종이라는 점에서 협력의 방식을 진화시켜왔다. 인간의 협력은 가족애를 넘어 동료애로도 나타난다.

> 인간이 사회적 존재라는 것은 누구나 인정한다. 인간이 홀로 있는 것을 싫어하고, 자기 가족에 대한 열망을 뛰어넘어 사회에 기여하려는 열망을 갖는다는 점에서도 알 수 있다. 사람을 혼자 감금하는 것이야말로 가장 심한 형벌의 하나다. (중략) 동료에 대한 본능적인 애정과 공감은 아주 먼 옛날부터 갖고 있었던 걸로 여겨진다.[2]

인간의 사회적 협력은 본능적인 것이다. 사람을 홀로 감금하는 것이 형벌이 될 수 있는 이유는 인간이 사회적 존재이기 때문이다. 인간은 본래 다른 사람과 협력하려는 성향을 타고난다. 홀로 버려진 아기는 생존하기조차 어렵다. 인간의 협력 본능은 성장한 뒤에도 순수하게 홀로 살아가는 것에 대해 고독이나 괴로움을 느끼도록 만들며, 사람들로 하여금 관계를 맺음으로써 서로의 심정을 나누도록 자극한다.

---

1 찰스 다윈, 이종호 옮김, 『인간의 유래와 성선택』, 지식을 만드는 지식, 2010, pp. 69-70.

2 위의 책, p. 71.

다윈에 의하면 사람은 타인뿐만 아니라 다른 생물에게까지 연민이나 동정심을 가질 줄 안다. 심지어 협력에 대한 인간의 통찰력은 인류의 차원을 넘어 동식물 및 우주에까지 이른다.

> 나는 우리가 인정해야 할 것은 인정해야 한다고 생각한다. 인간은 고귀한 자질, 가장 비천한 대상에게 느끼는 연민, 다른 사람뿐만 아니라 가장 보잘것없는 하등동물에게까지 베푸는 자비심, 태양계의 운동과 구성을 통찰하는 존엄한 지성 같은 것을 갖추고 있다.[3]

인간은 하등동물에 대해 연민의 감정을 갖는다. 인간은 주변의 개나 고양이와 같은 다른 동물에게까지 자비심을 베풀려고 한다. 그것은 인간이 다른 사물과 공존적으로 협력하는 능력을 타고났음을 뜻한다. 인간은 협력의 방식이 더욱 유익한 결과를 가져온다는 것을 통찰할 수 있기 때문에 자연과 생태를 보호하기 위해 노력한다.

인류가 협력의 가치를 진화시켜왔다는 다윈의 주장은 진화론에서 제시한 적자생존의 논리를 경쟁의 차원에서 나아가 협력의 차원에서 바라보도록 만든다. 다윈에 의하면 협력이란 이상적이고 낭만적인 가치에 머무는 것이 아니라 생존을 위해 필수적인 가치이다. 그렇다고 한다면 인간의 삶을 더 좋은 차원으로 상승시키기기 위해서는 협력에 대한 이해가 필요하다.

과연 협력이 필수적 생존 전략이라는 다윈의 주장이 얼마나 설득력

3 위의 책, p. 168.

이 있을까? 우리의 삶에서 협력의 가치가 필요한 이유는 무엇일까? 어떤 점에서 협력 전략은 다른 전략들보다 우월할까? 또한 협력 전략은 얼마나 안정적일까? 협력 전략이 설득력을 갖기 위해서는 이러한 물음들에 대해 적절한 대답을 주어야 할 것이다.

생존 전략들: 인자, 순둥이, 약탈자, 보응자

진화생물학적 관점에 의하면 생존을 위해서는 진화론적으로 안정된 전략이 요청된다. 진화론적으로 안정된 생존 전략은 한 개체가 의식적으로 만들어낸 것이라기보다 개체군이 집단적 차원에서 자연스럽게 발전시켜온 전략이다. 아득한 옛날부터 인류는 생존을 위해 다양한 전략들을 개발해왔다. 상대의 의견을 순순히 받아주는 순둥이, 상대의 것을 빼앗음으로써 생존하는 약탈자, 약자를 착취하는 불량배, 상대의 좋은 행위에는 좋게 보답하고 나쁜 행위에는 복수하는 보응자 등은 우리에게 익히 알려져 있는 생존 전략들이다.[4]

약탈자가 폭력을 행사하는 매파라면, 순둥이는 평화를 추구하는 비둘기파이다. 약탈자가 힘에 의존한 이기주의 전략을 대표한다면, 순둥이는 협력적인 이타주의 전략을 대표한다. 그러한 점에서 순둥이와 약탈자는 가장 대비되는 생존전략이다. 물론 순둥이가 이타적 협력에 관대하다고 하여 순수하게 이타적인 것만은 아니다. 순둥이 역시 협력이 자신에게

4 리처드 도킨스, 홍영남·이상임 옮김, 『이기적 유전자』, 을유문화사, 2010, p. 147.

더 많은 이익을 줄 것이고 기대한다. 순둥이는 기본적으로 그와 같은 장밋빛 전망을 품고서 협력에 임한다.

한편 보응자는 협력의 상대가 누구인지를 파악하여 거기에 맞게 대응한다. 보응자는 이에는 이, 눈에는 눈이라는 맞대응 전략을 취한다. 보응자는 마치 빛을 반사하는 거울처럼 상대의 좋은 행위에는 좋은 행위로 응대하고 나쁜 행위에는 나쁜 행위로 되갚아준다. 보응자는 극단적 이타주의나 극단적 이기주의를 추구하지 않고 상대방의 태도에 따라 조건적으로 반응한다. 보응자는 협력적 상대에 대해 주고받기를 지속함으로써 이익을 극대화하고, 공격적 상대에 대해서는 복수함으로써 손실을 최소화한다.

세상에는 약탈자, 순둥이, 보응자 밖에도 다양한 전략들이 있다. 가령 약탈자 중에도 힘에만 의존하는 파시스트가 있는가 하면, 상대를 속이는 사기꾼, 약한 상대만을 골라서 약탈하는 불량배도 있다. 나아가 순둥이가 무조건적 협력을 한다면, 영리한 자선가는 상대의 상황을 고려해가면서 조건적으로 지원한다. 이와 같이 조금씩 변형된 다양한 생존 전략들이 가능하지만, 그 중에서 협력의 정도가 가장 잘 대비되는 전략들을 고른다면 순둥이, 보응자, 약탈자이다. 동일한 조건이 주어졌을 때에 순둥이는 가장 흔쾌히 협력을 시도하며, 보응자는 조건적으로 협력하며, 약탈자는 협력에 가장 인색하다.

진화론적으로 어느 하나의 전략이 계속하여 절대적 우위를 점하기는 어렵다. 협력 전략도 마찬가지다. 협력 전략은 이기적 약탈자가 등장하면 쉽게 그 먹잇감으로 전락하고 만다. 그렇다고 하여 약탈자 전략이 영속적 안정성을 갖는 것도 아니다. 약탈자들은 모든 먹잇감을 잡아먹으면 약탈할 대상이 사라져 그 자신들 역시 곤란에 직면할 수밖에 없다. 나아가 보응자는 순둥이나 보응자가 있을 때라야 조건부적으로 이득을 창출할 수 있다는 점에서 영속적 안정성을 지니지 못한다. 이처럼 절대적으로 안정된 전략은 아직까지 발견되지 않았다.

인(仁) 역시 하나의 전략으로서 정의할 수 있다. 인에 기초한 협력 전략을 구사하는 사람을 인자라고 부르기로 하자. 인자는 호의적인 상대에 대해 사랑, 존중, 아량, 관용 등을 보인다. 하지만 악의적인 상대에 대해서는 비판, 보복, 회피 등의 태도를 보인다. 인자는 기본적으로 상대와 협력을 추구하지만 순둥이처럼 호혜적 협력만을 추구하는 것은 아니다. 인자는 순둥이보다는 현실적 협력자이다. 인자는 상대가 약탈해올 경우에 거기에 저항한다. 언뜻 보면 인자의 협력 방식은 보응자와 유사해 보인다. 하지만 인자는 보응자와 달리 상대에 대한 관용도가 더 높다. 인자는 상대가 자신에게 호의를 베풀지 않더라도 종종 상대에게 먼저 호의를 베푼다. 또한 상대의 작은 실수를 눈감아주기도 한다. 그러한 점에서 인자의 전략은 순둥이보다 지혜롭고 보응자보다 관대하다.

인자의 협력 전략은 상대에 따라 다음과 같이 다른 반응을 보인다.

첫째, 인자가 순둥이나 인자와 같은 호혜적 협력자를 만나는 경우가 있다. 이 경우에 상대(순둥이, 인자)는 호의를 보일 것이며, 인자는 거기에 협력한다. 인자는 순둥이나 다른 인자와 협력함으로써 함께 이득을 증진시킬 수 있다. 이러한 협력은 부모의 자식에 대한 사랑이나 친구 간의 순수한 우정 등에서 볼 수 있다.

둘째, 인자가 보응자와 같은 조건적 협력자를 만나는 경우가 있다. 이 경우에 인자가 먼저 협력의 몸짓을 보이면 보응자 역시 협력으로써 화답한다. 이와 같은 협력적 주고받기는 호혜적 유익함을 증대시켜준다. 그러나 예기치 않게 인자가 실수를 저질러 보응자에게 해를 끼치는 경우가 발생할 수 있다. 이런 경우에 보응자는 복수해올 것임에 틀림없지만 인자는 복수의 악순환에 빠지지 않는다. 인자는 보응자처럼 눈에는 눈, 이에는 이로 반응하지 않기 때문이다. 인자는 아량이 있으므로 보응자의 가벼운 보복에 대해서는 관대하게 눈감아주기도 한다. 그러한 인자의 포용력은 보응자를 다시 협력 관계로 돌아서게 하는 계기를 마련해준다. 이 때문에 양자 사이에는 장기적으로 협력 관계가 유지될 가능성이 크다.

셋째, 인자가 약탈자를 만나는 경우가 있다. 인자는 포용력이 있으므로 약탈자의 사소한 약탈에 대해서는 개선의 여지가 있다고 여긴다. 그러나 약탈자의 약탈 정도가 심하거나 개선의 여지가 없다고 인식할 경우에는 더 이상 관용하지 않는다. 그러한 경우에 인자는 악의적 약탈에 대해 응징한다.

이와 같은 인자의 세 가지 대응 방식은 협력이 현실에서도 매우 유효한 전략임을 알려준다.

〈표 1〉 상대 전략에 따른 인자의 대응방식

전략1	전략2	대응방식	대응내용
인자	순둥이, 인자	호혜적 협력	호감, 사랑, 우정
	보응자	조건적 협력	계산, 타협, 거래
	약탈자	응징, 단절	비판, 보복, 회피

인자의 전략이 필승 전략인 것은 아니다. 다만 인자의 전략은 적절한 환경이 갖추어진다면 막강한 위력을 발휘한다. 인자는 가까운 혈연관계 내에서는 이타적 협력을 추구한다. 가족 간의 자연스러운 친밀감은 이타적 협력을 가능하게 해준다. 인자는 친밀한 가족 관계에서 순둥이처럼 상

대의 잘못을 감싸준다. 인자는 비록 가족의 어떤 행위가 정의롭지 못할지라도 최대한 사랑으로 감싸준다.

가족 간의 호혜적 협력은 생물학적 기원을 갖는다. 적어도 진화생물학적 견지에서 보자면 피는 물모다 진하다는 속담이 거짓은 아니다. 가끔씩 신문기사에서 친부모에 의한 영아 살해라는 끔찍한 뉴스를 접할 때가 있다. 이러한 기사는 피가 물보다 진하다는 속담에 배치되는 것으로 보일지도 모른다. 그러나 실제로는 친부모에 의한 영아 살해의 빈도수가 그리 높지 않다. 예를 들어 영국에서 계부에게 살해된 아동 수가 친부에게 살해된 아동 수와 비슷하게 조사되었다고 한다. 다만 전체적으로 계부의 수가 친부의 수보다 훨씬 적다는 점에서 계부에 의한 아동 살해가 훨씬 빈번하다는 것을 알 수 있다. 아동이 계부모에게 살해될 가능성이 친부모에게 살해될 가능성보다 사회에 따라 20배에서 100배는 높다.[5] 이로써 본다면 실제로도 피는 물보다 진한 셈이다. 왜냐하면 인간은 가족 간에 본능적 친밀감을 통해 협력하는 관습을 오랫동안 유지해왔기 때문이다.

인자가 이타적이고 호혜적인 협력만을 추구하는 것은 아니다. 인자는 근친한 가족 관계를 벗어나면 보응의 메커니즘을 수용한다. 인자의 협력 방식에는 정의(義)라는 조건이 포함되어 있다. 인자는 정의롭지 못한 상대에 대해 무조건적인 사랑을 베풀지 않는다. 인자는 선한 상대를 좋아하고 악한 상대를 정의로써 대한다. 그러므로 인자는 좋은 상대에게는 사랑을 베풀지만 해로운 상대에게는 미움이나 분노로써 반응한다. 더구나 상대가 약탈자인 경우에 인자는 응징이나 단절로써 대항한다. 인자는 약탈자

5 데이비드 슬론 윌슨, 김영희·이미정·정지영 옮김, 『진화론의 유혹』, 북스토리, 2009, pp. 142-145.

에 대해 비판, 보복, 회피 등의 반응을 통해 자신의 손실을 최소화한다.

정리하자면 인자는 가까운 가족과 같이 신뢰가 형성된 관계에서는 이타적 협력 방식을 취하지만, 그 밖의 사회적 관계에서는 조건적으로 협력한다. 인자는 처음 접하는 상대에 대해 호의를 보인다는 측면에서 보응자보다 관대하다. 그러나 그러한 관대함이 무조건적인 것은 아니다. 인자는 보응자에 대해 조건적으로 협력하며, 약탈자에 대해서는 저항하거나 회피하거나 응징한다. 그러한 점에서 인자의 협력 방식은 이타적 관대함을 넘어 응징의 방식까지도 수용한다.

호혜적 협력: 인자와 인자

다양한 전략들 중에서 인자의 협력 방식은 얼마나 유효할까? 세상에 인자, 약탈자, 보응자 등 세 가지 전략이 있다고 가정할 경우에 인자는 살아가면서 다른 인자, 약탈자, 보응자 등을 만나게 된다. 먼저 인자가 다른 인자를 만나는 경우를 보자. 이러한 경우에 가장 순조로운 협력이 이루어진다. 인자와 인자는 서로의 선의를 알아봄으로써 순둥이의 행위성향을 드러낸다. 호혜적 협력 관계는 양자 모두에게 유익한 결과를 가져온다.

호혜적 협력은 이타적 사랑이 내재한 가족 간의 사랑, 연인 간의 애정, 친구 간의 우정 등에서 쉽게 볼 수 있다. 인생에서 타인과 깊은 사랑이나 우정의 관계를 맺을 수 있다면 행복의 질이 높아진다. 부모는 자식에게 아낌없는 사랑을 베풀지만 그것이 반드시 자식으로부터 보상을 얻기 위해서인 경우는 드물다. 또한 친구 간에 우정이 깊어지면 즐거움이나 고통을 친구와 함께 나눈다. 이처럼 상호간에 깊은 신뢰 관계가 형성되면 서로에게 아낌없이 베푸는 호혜적 협력을 할 수 있다.

인자끼리의 협력은 서로에게 많은 이득을 가져온다. 가령 인자 A가 인자 B에게 50%만큼의 이익을 주면, B는 적어도 50% 이상으로 되돌려준다. 이들은 비록 자신에게 이익이 적을지라도 상대에게 이익이 가는 것을 즐거워한다. 이들은 자신뿐만 아니라 상대가 이익의 기회를 잡는 데에도 관심을 갖는다. 그러므로 이들의 협력 관계는 더욱 확장적인 이익 창출의 동기를 산출한다. 쉽게 말하여 이들은 남의 이익을 자기의 이익처럼 여길 줄 안다. 그런 까닭에 이들은 각각 50%만큼씩 협력 가능한 조건에서 협력을 시작할지라도 100% 이상의 이익을 창출할 수 있다.

순수한 우정은 아름답다. 가령 공자의 제자인 자로(子路)라는 사람은 수레, 말, 가죽옷 등을 친구와 함께 쓰면서 낡아 헤지더라도 유감을 갖지 않았다.[6] 이처럼 친구 간의 깊은 우정은 교류를 통해 삶의 지평을 확장할 뿐만 아니라 자신의 어려움도 더 쉽게 극복하게 해준다. 즐거움은 함께 나눔으로써 커지는 반면에 고통은 함께 나눔으로써 줄어들기 때문이다. 그런 까닭에 깊은 우정을 얻을 수 있다면 그만큼 삶이 윤택해진다. 이와 같이 이타적 선의에서 비롯한 호혜적 협력이 활성화된다면 매우 안정적으로 서로가 많은 이득을 누릴 수 있다.

◇◇◇◇

6 『논어』, 「공야장」, 25장. 子路曰, 願車馬, 衣輕裘, 與朋友共, 敝之而無感.

흡혈박쥐와 호모사피엔스의 호혜주의

사랑에 기초한 호혜주의는 사람뿐만 아니라 동물에게서도 나타난다. 흡혈박쥐(vampire bat, Desmodus rotundus)의 음식 나누어 먹기는 생물에게도 이타적 속성이 있다는 것을 잘 보여준다. 윌킨슨(Gerald S. Wilkinson)에 따르면 흡혈박쥐는 생존하기 위해 깜깜한 밤중에 말이나 멧돼지의 피부에 붙은 다음에 코로 열을 감지해 여린 피부에 흠집을 내어 피를 빨아먹는다. 흡혈박쥐는 음식을 먹지 못한 상태로 60시간이 지나면 몸무게의 25%를 잃기에 적절한 체온을 유지할 수 없다. 흡혈박쥐는 이틀 밤 동안 영양분을 섭취하지 못하면 죽는다. 따라서 흡혈박쥐는 신체대사를 유지하면서 죽음을 피하려면 매일 50%의 몸무게에 해당하는 피를 섭취해야만 한다.

그러나 어린 박쥐를 포함해 7~30%에 해당하는 흡혈박쥐는 사냥에 실패하곤 한다. 사냥에 실패한 흡혈박쥐들은 사냥에 성공한 동료 흡혈박쥐들이 피를 토해 먹여줌으로써 생존율을 높인다. 윌킨슨이 5년 동안 관찰한 결과에 따르면 110건의 피를 먹여준 사례들 중에서 70%의 경우에는 어미 흡혈박쥐들이 새끼들에게 주었고, 30%는 성인 암컷들이 다른 새끼들이나 다른 성인 암컷들에게 주었으며, 한두 경우에는 성인 수컷들이 자식들에게 주었다.[7] 이러한 조사에서 보면 흡혈박쥐는 특히 혈연관계에서 호혜적 협력관계를 유지함으로써 생존율을 높인다.

흡혈박쥐의 사례는 호혜주의가 인간에게만 해당하지 않고 다른 생물에게서도 발견된다는 것을 보여준다. 흡혈박쥐는 협력을 통해 전체 박쥐의 생존율을 높인다. 그렇다고 무조건적으로 아무런 박쥐에게나 자신의 피를 제공하는 것이 아니라 신뢰관계의 강도에 따라 제공한다. 흡혈박쥐는 자신과 신뢰 관계가 잘 형성되어 있는 혈연에 대해 자신이 소유한 피를 잘 제공한다. 특히 어미 박쥐가 새끼들에게 자신이 소유한 피를 제공하는 경향이 있다. 흡혈박쥐의 호혜적 협력 관계는 친밀도에 따라 차등적으로 작동한다.

인류 역시 호모사피엔스 시절에 호혜적 협력을 생존 전략으로 사용했다. 남아프리카공화국 이스턴케이프주 휴만스도르프 지구 치치캄마(Tsitsikamma) 해변의 클라시스(Klasies) 강 동쪽 편에는 동굴이 있다. 클라시스 동굴에는 세 개의 주동굴과 두 개의 은신처가 있는데, 그곳에서 형태학적으로 가장 오래된 현생 인류의 유해가 발견되었다. 그곳의 유해는 약 11만 년 전에 호모사피엔스가 살았다는 증거이다. 그 동굴 벽에는 조개껍질, 돌, 뼈 등이 박혀 있었다.

1960년대부터 이곳을 찾은 고고학자들은 그 뼈가 짐승의 뼈로 만든 칼이라고 추정하였다. 그곳에 쌓여있는 동물 뼈의 잔해를 통해 당시 인류가 영양분을 공급하기 위해 영양과 유제동물을 잡아먹었을 것이라고 추정한다. 그런데 그러한 동물 뼈들 사이에서 이미 멸종된 거대한 들소 펠로로비스 안티쿠스(Pelorovis antiquus)의 뼈를 발견했다. 이 동물은 몸길이가 3미터가 넘고 무게가 2톤에 육박한다. 그 거대한 동물이 남긴 두개골에는 날카로운 쐐기돌로 찍힌 자국이 나 있었다. 이를 통해 당시 동굴에 살던 인간들이 들소를 잡아먹었다는 사실을 추정할 수 있었다.[8]

◇◇◇◇

7 Gerald S. Wilkinson, "Food Sharing in Vampire Bats," *Scientific American*, 1990, pp. 76-82.

8 슈테판 클라인, 장혜경 옮김, 『이타주의자가 지배한다』, 웅진 지식하우스, 2011, pp. 139-141.

만약 당시의 호모사피엔스가 협력하여 사냥할 줄 몰랐다고 한다면 그러한 육중한 크기의 들소를 사냥할 수 없었을 것이며, 그에 따라 인류는 점차 소멸하고 말았을 것이다. 당시 호모사피엔스는 언어를 통해 협력함으로써 공동으로 구덩이를 파서 짐승을 잡은 뒤에 공동으로 분배하는 사회적 협력 체제를 갖고 있었다. 현대에도 사람들이 많은 사회적 조직을 통해 서로를 신뢰하면서 협력하는 데에는 이러한 진화론적 배경이 자리하고 있다.

조건적 협력: 인자와 보응자

인자가 언제나 순둥이나 인자와 만나 순조로운 협력에 이르는 것만은 아니다. 인자는 엄격하게 반응하는 보응자를 만날 수도 있다. 보응자는 상대의 행위에 따라 조건적으로 반응하므로 순둥이에 비해 까다로운 존재이다. 인자는 협력에 대한 기대치가 높은 반면에, 보응자는 상대의 태도에 따라 자신의 입장을 정한다. 그런 까닭에 인자가 보응자와 협력 관계를 유지하기 위해서는 상당한 신중함이 요구된다. 인자가 보응자와 협력에 이르기 위해서는 먼저 베풀어야 한다. 그러면 보응자가 거기에 화답할 것이다. 인자의 협력 제안이 점차 증대할수록 보응자의 화답 역시 증대된다. 이와 같이 일이 순조롭게 진행될 경우에 인자의 베풂과 보응자의 보답이 피드백을 이루면서 협력이 활성화된다.

인자와 보응자 사이에 협력관계가 이루어지면 받은 만큼 돌려주는 형태의 주고받기가 이루어진다. 인자가 50%만큼을 주면 보응자 역시 50%만큼을 되돌려준다. 각자 50%만큼의 협력이 가능하다고 할 때 이들의 상호 협력은 총 100%만큼의 이득을 만들어낸다. 양자 간의 협력은 누구에게도 더 많은 이득이나 손실이 없는 수학적 균형 상태를 유지한다. 이러한 협력은 계산적 합리성에 기초한 중립적인 거래라고 할 수 있다.

다만, 인자가 실수를 해서 해를 끼치거나 일부러 장난을 쳐서 상대를 곤란하게 만드는 경우에 보응자의 복수를 받을 수 있다. 보응자는 깐깐하게 되갚기를 하므로 인자의 실수나 장난을 용납하지 않고 관계를 단절할 것이다. 이렇게 되어서는 인자가 보응자와 협력 관계를 유지할 수 없다. 이 경우에 인자와 보응자는 협력관계를 유지하지 못함으로써 상호 이익이 중단된다. 인자는 상대가 좋은 상대인지 알아보기 위해 일부러 잽을 날려보기도 하지만, 그럴 경우에 깐깐하게 되갚는 전략을 구사하는 보응자는 인자와 절교를 선언하게 된다. 인자가 신중함을 잃는 순간 보응자와의 협력 관계가 위험에 빠질 수 있다. 인자에게 보응자는 협력을 이끌어내는 데에 매우 어려운 상대인 셈이다.

과연 인자는 깐깐한 보응자와 어떠한 방식으로 협력에 이를 수 있을까? 보응자의 응징을 피하고 협력을 이끌어낼 수 있는 매우 손쉬운 방법 중 하나는 선물이다. 보응자는 받은 만큼 되갚기 때문에 선물에 호의적으로 반응한다. 우리는 상대에게 작거나 큰 선물을 줌으로써 협력할 의사가 있음을 알린다. 추석이나 설과 같은 명절이 되면 친지 간에 크고 작은 선물을 주고받는다. 또한 생일을 맞이해 친구들끼리 선물을 한다. 이러한 선물 문화는 상대가 보응자의 전략을 취할 때에 잘 먹혀들어간다. 설령 아주 순수한 호의로 선물을 주었다고 하더라도, 보응자는 거기에 보답한다. 선물은 호의를 표현함으로써 보응자로부터 호응을 이끌어내는 아주 오래전부터 인류가 사용해오던 협력 전략이다.

조건적 협력의 변질

그렇다면 인자가 생각하는 선물의 허용 범위는 어디까지일까? 인자가 선물을 주는 행위는 호의를 표현하는 선에서 그쳐야 한다. 만약 선물이 상대에게 보답의 의무감을 억지로 굴레지운다면 그것은 일종의 빚을 지우는 것이나 다름없다. 특히 선물이 자신의 의도를 관철하기 위한 수단으로 악용될 경우에 뇌물로 전락한다.

촌지(寸志)는 선물을 악용하는 대표적인 사례이다. 촌지는 글자 그대로 풀이하면 조그마한 뜻이나 작은 정성을 뜻한다. 그러므로 촌지는 변변찮은 선물 정도로서 이해된다. 그러나 한국사회에서 촌지는 돈 봉투를 건네는 풍습을 비롯해 다양한 형태로 변질된다. 요즘에는 학부모가 휴대전화를 통해 모바일 백화점 상품권을 교사에게 전송하는 형태의 촌지도 있다. 뇌물로서 촌지는 상대에게 상당한 부담이 갈만큼의 금품을 제공한다. 그러한 촌지를 받은 상대는 그에 상응하는 무엇인가를 보상해야 한다는 압박감을 받게 된다. 이러한 형태의 촌지는 자그마한 호의가 아니라 무거운 의무와 같은 것으로 바뀐다.

촌지와 같은 선물의 악용은 매우 오래된 기원을 갖는다. 허세적인 호의를 베푸는 포틀래치(potlatch)는 협력을 악용하는 대표적인 사례이다. 밴쿠버 섬의 콰키우틀 부족은 담요, 카누, 비싼 구리판 등을 상대에게 선물한다. 심지어는 자신의 노예를 주거나 자기 재산을 불태우기까지 한다. 비싼 선물이나 과중한 대접을 받은 사람은 그에 상응하거나 그 이상으로 보답해야 하는 것이 이 부족의 예절이다. 콰키우틀 부족은 그렇게 허세와 객기를 부림으로써 호혜주의를 악용한다.[9] 사람들이 호혜주의적 본능을 가지고 있을 때에 포틀래치와 같은 선물의 악용이 가능하다. 특히 보응자와 같이 되갚음의 전략이 성행하는 사회에서 포틀래치와 같은 허례허식이 잘 발견된다.

인자는 보응자와의 협력에 대해 매우 신중하다. 그것은 보응자가 받는 만큼 되돌려주는 깐깐한 전략을 취하고 있기 때문만은 아니다. 사람들 중에는 포틀래치나 촌지처럼 선물 주고받기를 악용하는 경우가 많다. 그러한 거래의 악용은 인자에게 단기적인 이득을 가져올지라도 결국에는 고통과 파멸을 불러온다. 그것은 마치 마약중독자가 마약밀매자와 거래하는 것과도 같다. 마약을 통해 쾌락을 추구하는 마약중독자는 마약밀매자와 주고받기의 거래를 한다. 이 거래는 단기적으로 마약중독자에게 쾌락을 제공하지만, 그러한 거래가 빈번해지고 장기화될수록 파멸에 이르기 쉽다. 그런 까닭에 장기적 안목을 가진 인자는 보응자와의 거래에 신중하지 않을 수 없다.

신중함의 요청

충(忠), 성(誠), 경(敬) 등의 덕목은 인자가 신중함을 기를 수 있는 덕목들이다. 이러한 덕목을 갖춘 인자는 신중한 태도를 취함으로써 깐깐한 보응자와 협력 관계를 유지할 수 있다. 인자는 늘 스스로를 경계함으로써 깐깐한 보응자에게 작은 틈을 보이지 않는다. 가령 조선시대에 군주는 엄정한 중립을 유지함으로써 훌륭한 관리를 선발하고 탐관오리를 응징하기

9 매트 리들리, 신좌섭 옮김, 『이타적 유전자』, 사이언스북스, 2010, pp. 171-176.

위해 깐깐한 보응자의 전략을 취하곤 한다. 군주는 권력을 쥐고서 공이 있는 관리에게는 상을 내리고 잘못을 한 관리에게는 벌을 내린다. 그러한 상황에서 신하들이 보응자인 군주와 협력 관계를 형성하기 위해서는 충직이나 공경과 같은 매우 신중한 태도를 취할 수밖에 없다. 왜냐하면 그러한 신중함을 통해서만 깐깐한 군주와의 협력 관계가 유지될 수 있기 때문이다.

공자 당시에 대부(大夫)였던 양화(陽貨)가 막강한 권력을 휘두르고 있었다. 공자는 양화의 전횡이 마음에 들지 않았다. 그런 까닭에 양화가 공자를 신하로 쓰고 싶었으나 공자가 만나주지 않았다. 그러자 양화는 공자가 외출한 틈을 타서 사신을 시켜 삶은 돼지를 선물로 보냈다. 당시의 예법에 따르면 대부가 선비(士)에게 부재중에 선물을 보내오면 직접 찾아가 답례해야 했다. 공자는 양화를 만나기 싫었지만 답례는 해야 했다. 이에 공자는 일부러 양화가 집에 없는 틈을 타서 답례하러 갔다. 그러나 불운하게도 공자는 답례하러 가는 길에 그만 양화를 만나고 만다. 양화는 길거리에서 공자를 불러 넌지시 자신의 생각을 말한다. 신하의 자리를 권유하는 양화와 거부하는 공자 사이의 대화에는 상당한 긴장감과 공포감이 형성되어 있다. 공자가 만약 양화의 제안을 거부한다면 당대 최고 권력자의 보복이 뒤따를지도 모르는 일이다. 이러한 긴장된 상황에서 공자는 관대한 말투를 사용하여 매우 신중하게 양화의 제안을 거절한다.

양화: 훌륭한 보배를 품고서 나라를 미혹시키는 것을 두고 인하다고 말할 수 있겠소?

공자: 그렇게 말할 수 없지요.

양화: 벼슬에 종사하기를 좋아하면서 자주 때를 놓치는 것을 두고

지혜롭다고 말할 수 있겠소?

공자: 그렇게 말할 수 없지요.

양화: 해와 달이 흘러가니, 세월은 나를 위해 기다려주지 않는다오.

공자: 알았소이다. 내 장차 벼슬을 할 것이오.[10]

양화는 당시에 전권을 휘두르고 있었기에 공자가 조그만 실례를 해도 가차 없이 보복할 수 있었다. 양화는 공자의 정치 능력과 나라의 요직을 교환하려고 함으로써 보응자 전략을 취한다. 양화는 공자에게 주고받기라는 등가적인 거래를 제안한다. 그러나 공자는 양화의 보복을 받지 않으면서도 자신의 의도를 달성한다. 비록 양화가 권력을 전단했다고 할지라도 아무런 단서도 없이 상대를 공격할 수는 없었을 것이다. 공자는 잘못 대응했다가는 양화의 보복을 받을 수 있는 상황이지만, 신중하고 관대한 언사로써 위기를 잘 모면한다. "내 장차 벼슬을 할 것"이라는 공자의 말은 매우 완곡하면서도 적절한 부정어법이다. 그 말에는 지금은 벼슬하지 않을 것이라는 뜻이 함축되어있기 때문이다. 양화는 공자의 거절이 싫었겠지만 공자의 뼈있으면서도 조심스러운 언사에 대해 아무런 흠을 잡기 어려웠다. 공자는 이처럼 사려깊은 대응을 통해 둘 사이의 불필요한 분쟁을 최소화한다.

신중한 태도야말로 인자의 조건적 협력을 증진시키는 데에 도움이 된

10 『논어』, 「양화」, 1장. 陽貨欲見孔子, 孔子不見, 歸孔子豚. 孔子時其亡也而往拜之, 遇諸塗, 謂孔子曰, 來, 予與爾言. 曰, 懷其寶而迷其邦, 可謂仁乎? 曰, 不可. 好從事而亟失時, 可謂知乎? 曰, 不可. 日月逝矣, 歲不我與. 孔子曰, 諾, 吾將仕矣.

다. 공자는 제자 번지(樊遲)가 인에 대해 묻자 "거처에 공손하고, 일을 할 때에 공경하고, 다른 사람과 사귈 때에 충성스러워야 한다"[11]고 대답한다. 공자는 비록 오랑캐 땅에 살더라도 그러한 태도를 버려서는 안 된다고 말한다. 공손, 공경, 충성 등은 상대에 대해 비굴한 태도를 취하라는 의미가 아니다. 주고받기가 일상화된 삶속에서 상대에 대한 존중은 협력적 토대를 보호할 수 있는 중요한 실마리이다.

약탈자와 노예의 등장

세상에는 난폭한 악당이나 거짓말을 함으로써 상대를 해치는 사기꾼도 있다. 악당이나 사기꾼과 같은 약탈자를 생각한다면 과연 협력이 좋은 생존 전략인지에 대해 회의를 불러올 만하다. 순둥이처럼 약탈자에게 순응하기만 한다면 좋지 못한 결과를 가져오게 된다. 마피아와 같은 약탈자는 폭력으로써 상대를 해칠 것이며, 사기꾼은 순둥이나 보응자인 것처럼 속여서 상대를 이기적으로 이용하려 든다. 약탈자는 자신의 이득만을 추구하면서 상대방을 수단화한다.

약탈자가 등장할 경우에 순둥이는 약탈자의 먹잇감에 불과하다. 약탈자는 순진한 협력자들을 착취하는 데에 능숙하다. 약탈자의 전략은 주변에 순둥이가 많을 때에 안정적이다. 약탈자는 먹잇감이 많을 경우에 사냥을 통해 풍족한 식사를 할 수 있기 때문이다. 마치 매가 들판 위의 쥐

11 『논어』, 「자로」, 19장. 樊遲問仁. 子曰, 居處恭, 執事敬, 與人忠, 雖之夷狄, 不可棄也.

나 뱀을 잡아먹듯이 약탈자는 순둥이를 포식함으로써 자신의 삶을 풍족하게 한다. 그러므로 약탈자를 매파라고도 부른다. 매파는 자신의 생존을 위해 약자에게 협력의 방식을 사용하지 않는다. 약탈자의 세계에서는 약육강식이 상식으로서 통용된다.

순둥이의 협력 전략은 약탈자를 만났을 때에 매우 무기력하다. 순둥이는 약탈자의 봉(Sucker)에 불과하다.[12] 예를 들어 약탈자는 순둥이가 50%를 주면 그보다 조금 보답하거나 아니면 아무런 보답도 하지 않는다. 봉이 된 순둥이는 약탈자의 힘에 억눌리거나 속음으로써 계속적으로 조공을 바치게 된다. 물론 도중에 약탈자의 착취에 불만을 품고 저항하거나, 속임수를 깨닫고 회피하는 현상이 벌어질 수 있다. 그러할 경우에 약탈자는 자신의 사냥감을 확보하기 위해 더욱 악랄해지거나 간교해질 것이다. 바꾸어 말하면 순둥이의 전략이 바뀌지 않는 한 약탈자는 다양한 방식을 활용해 순둥이를 착취한다. 약탈자의 약탈이 계속될수록 순둥이의 개체수는 감소된다. 양자의 관계가 폐쇄적일수록 순둥이 집단은 피폐해질 수밖에 없다.

부덕하기 짝이 없는 약탈자에 대한 협력이란 노예의 굴종이나 다름없다. 노예는 자의든 타의든 주인에게 굴종한다. 주인에 대한 노예의 굴종은 다른 형태의 협력 방안을 상상할 수 없다는 점에서 운명과 비슷한 것으로서 고양된다. 노예는 주인에게 굴종하는 대신에 자신의 생존을 유지할 수 있다. 약탈자로서 주인은 직접 먹잇감을 사냥하는 대신에 노예에게 그러한 어려운 사냥 일을 대신 하도록 만든다. 노예는 노동을 통해 주인

12 리처드 도킨스, 홍영남·이상임 옮김, 『이기적 유전자』, 을유문화사, 2010, p. 310.

에게 봉사함으로써 자신의 생존을 유지한다.

노예 사역종 개미

개미 집단 중에는 다른 개미를 노예로 삼는 노예 사역종 개미가 있다. 그 집단의 일개미는 일을 거의 하지 않고 노예로 삼을 수 있는 다른 개미를 사냥하면서 지낸다. 노예 사역종 일개미는 다른 개미집을 공격해 일개미나 병정개미를 죽인 다음에 성충이 되기 전의 어린 개체들을 빼앗아간다. 어린 개체들은 포획자의 집안에서 노예로서 양육된다. 노예 개미들은 노예 사역종 개미 집단을 위해 청소, 먹이 구하기, 새끼 돌보기 등의 일을 수행한다. 다만 노예 개미들은 너무 일찍 잡혀왔기 때문에 자신들이 노예라는 사실을 자각하지 못한다. 노예 사역종 여왕개미는 노예 개미의 노동력을 이용해 자신의 유전자를 번식시키더라도, 노예 개미는 노예의 습성이 본성처럼 굳어져 있어서 저항의 동기를 만들어내지 못한다.[13]

이와 같은 주인에 대한 노예의 굴종은 안정화된 협력 전략이라고 보기 어렵다. 왜냐하면 노예의 굴종은 자율적인 것이라기보다 타율적인 것이기에 주인이 위태로운 상황에 처했을 때에 주인 대신 희생되어야 하기 때문이다. 만약 순둥이가 지배자의 노예가 되어 굴종한다고 해보자. 순둥이의 자기보존은 전적으로 주인의 능력과 성품에 귀속된다. 주인이 많은 사냥을 하여 적정량의 음식을 순둥이에게 분배한다면 순둥이는 생존

13 위의 책, pp. 300-302.

할 수 있다. 그러나 주인이 사냥한 음식이 적거나 주인의 성품이 나쁘다고 한다면 그만큼 순둥이의 생존 확률은 낮아진다. 난폭한 주인은 언제든지 노예를 죽일 가능성이 있다. 난폭한 주인은 자신의 위세를 확인하기 위해, 또는 다른 노예들의 각성을 고양시키기 위해 일부 노예에 대한 숙청을 단행할 것이다. 주인이 노예를 처단하는 것을 매우 당연하게 받아들이는 전제주의 사회에서 노예는 그러한 죽음을 일종의 운명처럼 생각한다. 순둥이는 약탈자를 만나 굴종적인 노예의 처지로 전락할 경우에 자율적으로 생존하기 어렵다. 순둥이의 협력 방식은 생존이 위태롭다는 점에서 안정적인 전략이 아니다. 자연 상태에서 상대를 가리지 않는 무조건적인 협력 방식은 약탈자에 대해 몹시 취약하다. 순둥이의 약탈자에 대한 협력이란 마치 조심성 없는 토끼가 호랑이에게 쉽게 노출되어 잡아먹히는 것과도 같다.

전제적 착취자는 시민의 노예적 굴종을 자발적인 협력인 것처럼 꾸민다. 그것은 겉모습만 협력인 것처럼 보일 뿐이다. 맹자의 표현에 의하면 "힘으로써 인한 것처럼 꾸민 것(以力假仁)"에 불과하다. 패치(覇治)를 추구하는 패자는 인자한 마음이 없으면서도 겉으로는 인자한 것처럼 꾸며서 일을 진행한다.[14] 전제적 패자는 시민의 희생을 감수하고서라도 부국강병을 추구하지만, 그것이 시민을 위한 것이라고 포장한다. 패자는 그러한 명분 아래 사람들을 전시체제에 동원해 영토를 확장하고자 한다. 시민들은 힘이 부족해 그러한 패자의 명령에 따르지 않을 수 없으므로 어쩔 수 없이 복종할 뿐이다.

14 주희, 『맹자집주』, 「공손추상」, 3장. 假仁者本無是心而借其事.

공공재의 비극

순둥이처럼 약탈자에게 당하지 않기 위해서는 전략을 바꾸어야만 한다. 그러한 시도들 중 하나가 이기적 전략이다. 이기적 전략은 약탈자에게 당할 위험을 줄일 수 있을 뿐만 아니라 자신의 이득을 극대화할 수 있으므로 가장 합리적인 전략이라고 생각하기 쉽다. 그러나 이기적 전략이 생각처럼 안정적인 것은 아니다. 왜냐하면 사회에 이기적 전략들이 만연해 협력관계가 무너질 경우에 공공재를 파괴하는 부정적 결과를 불러오기 때문이다.

공공재란 모든 사람들이 자유롭게 이용할 수 있는 재화를 가리킨다. 공기, 산림, 들판, 강, 바다 등과 같은 자연은 대표적인 공공재이다. 자연을 좋아하는 사람들은 국립공원인 지리산이나 설악산에서 캠핑을 즐긴다. 또한 바다 역시 많은 사람들이 낚시를 하고 해수욕을 즐기는 대표적인 공공재다. 산이나 바다와 같은 공공재들의 경우에 몇 가지 규칙을 준수한다면 자유롭게 이용할 수 있다. 산에서는 입산 금지구역에 들어가지 말아야 하며 쓰레기를 버려서는 안 되며, 바다에서 낚시를 한 뒤에는 쓰레기를 잘 가져가야 한다. 이처럼 공공재는 이용하는 사람들의 협력이 요청된다.

규칙 준수와 같은 협력 조건이 무시될 때에 공공재는 훼손되기 쉽다. 공공재의 파괴 정도는 그 사회에 협력 전략이 얼마나 피폐해졌는가를 보여주는 좋은 지표이다. 만약 누군가가 공공재에서 이득만을 취하면서 협력 조건을 무시한다고 해보자. 산과 바다를 이용하면서 무단으로 쓰레기를 버릴 경우에 자신에게는 이득이 크지만 그만큼 공공재는 망가지게 된다.

국립공원관리공단에 의하면, 2012년 한 해 동안 국립공원 전체 탐방자가 4,095만 명이며, 쓰레기 배출량은 모두 1,350톤 정도 된다고 한다. 이 가운데 지리산은 가장 많은 쓰레기(225톤)를 배출하는 불명예를 안았다.[15] 이처럼 공공재는 협력이 이루어지지 않는 순간부터 훼손되기 시작한다. 타인도 나와 함께 공공재를 이용하고 있다는 사실을 고려하지 않을수록 산과 바다에 쓰레기가 증가하게 된다.

공공재 이용과 관련해 협력은 이득을 강화해줌에도 불구하고 잘 이루어지지 않는다. 왜냐하면 협력 조건을 무시함으로써 공공재로부터 얻을 수 있는 이기적 이득이 크기 때문이다. 누군가가 협력 조건을 무시한다면 남들보다 더 많은 이득을 취할 수 있다. 그것은 마치 운동선수가 기록을 좋게 하기 위해 금지약물을 복용하는 것과도 같다. 금지약물의 복용은 자신에게 막대한 부와 명예를 가져올지 모르나 해당 스포츠 전체 생태계를 교란시킨다. 이와 마찬가지로 협력 조건을 무시하는 공공재의 이기적 사용은 공공재 그 자체의 가치를 유지할 수 없도록 만든다.

공공재는 누구의 것도 아니지만, 또한 누구나 이용할 수 있다는 점에서 이중적 성격을 지닌다. 이러한 이중적 성격이 협력 조건을 어기고 싶은 유혹을 증대시킨다. 공공재를 공동으로 사용하는 과정에서 사람들은 이기적 유혹을 떨쳐내기 쉽지 않다. 규칙 위반자에게는 산에서 좋은 목재를 더 많이 베어올수록 더 많은 이득이 따라온다. 규칙 위반은 들키지만 않는다면 위반자에게 많은 부를 가져다준다. 이 때문에 배반은 몹시 달콤

15 윤재선 기자, 「국립공원 중 지리산 쓰레기 배출량 가장 많아」, 《평화방송》, 2013년 10월 3일. http://www.pbc.co.kr/CMS/news/view_body.php?cid=476495&path=201310

한 유혹으로 다가온다. 공공재를 자연 상태로 방치한다면 보존되기 어렵다는 것은 불문가지다. 방치된 공공재는 누구나 약탈자처럼 가져갈 것이기 때문이다. 뻔뻔한 배반자가 많아질수록 협력의 토대가 뿌리 채 흔들리게 된다.

죄수의 딜레마와 선택적 배반자

뻔뻔한 배반자를 방지하기 위해 공공재 이용에 관한 규칙을 만들어 위반자를 처벌하는 방안이 있다. 하지만 안타깝게도 공공재 이용에 관한 규칙이 있는 경우에도 여전히 선택적 배반자가 등장할 수 있다. 선택적 배반자는 순진한 상대, 곧 배반 경력이 없는 상대를 골라서 배신한다.[16] 선택적 배반자는 합리적 사고를 통해 매우 영악하게 자신의 이득을 달성한다. 선택적 배반자는 공공재 이용에 관한 자신의 배반 행위가 성공할 수 있도록 약삭빠르게 혹은 교활하게 계산하는 늙은 여우이다.

선택적 배반자는 공공재 이용과 관련해 곳곳에서 볼 수 있다. 쓰레기는 그 대표적인 사례이다. 사람의 눈길을 피할 수 있는 후미진 골목에 더 많은 쓰레기가 굴러다닌다. 지리산은 북한산보다 탐방자 수가 더 적지만 비교적 한산한 장소가 많기 때문에 쓰레기 배출량이 더 많다. 나아가 바다 밑바닥에는 어부들이나 낚시꾼들이 버린 쓰레기들이 쌓여 있다. 이처럼 선택적 배반자는 자신의 규칙 위반이 들키지 않을 수 있는 기회를 모

16 매트 리들리, 신좌섭 옮김, 『이타적 유전자』, 사이언스북스, 2001, p. 119.

색한다. 선택적 배반자에게 공공재란 기회가 된다면 합리적으로 악용할 수 있는 좋은 먹잇감이다.

선택적 배반자는 협력 조건을 교묘하게 어길 경우에 자신에게 얼마나 많은 이득이 남는지를 계산할 줄 안다. 이러한 배반자들의 등장은 공공재에 관한 협력의 가능성에 대해 의문을 품게 만든다. 배반자는 어떻게든 협력 조건을 어김으로써 자신의 이득을 취하려고 할 것이기 때문이다. 과연 이러한 물음에 대해 협력 전략은 어떠한 대답을 내놓을 수 있을까?

우리에게 잘 알려져 있는 죄수의 딜레마는 협력 조건을 무시하는 배반자의 이득이 꽤 높다는 것을 보여준다. 함께 공모해 나쁜 일을 저지르다가 경찰에 붙잡혀 신문을 받는 죄수 A와 B가 있다. 경찰관은 죄수 A와 B를 각각 다른 방에 분리시켜 놓고서 심문을 한다. 어느 한 죄수가 경찰관의 심문에 협력하여 자신들이 공모한 죄를 자백하면 참작이 되어 그 죄수의 처벌은 약해진다. 두 명의 죄수가 다 경찰에게 자백하는 것보다 한 사람만 자백할 경우에 더 큰 감면을 받을 수 있다. 왜냐하면 한 사람만 자백하는 경우에 자백의 가치가 더 크기 때문이다. 그런데 만약 둘 다 자백하지 않는다면 여죄가 발각되지 않으므로 둘 다 비교적 작은 처벌만을 받게 된다.

죄수의 딜레마를 경쟁 전략과 협력 전략에 따라 구성해보면 아래와 같은 경우의 수가 나온다.

〈표 2〉 죄수의 딜레마

		B	
		협력	경쟁
A	협력	A 7점, B 7점	A 0점, B 10점
	경쟁	A 10점, B 0점	A 3점, B 3점

A와 B가 이기적으로 경쟁할 경우에 각각 3점을 얻는 데 반해, 협력이 잘 유지될 경우에는 각각 7점을 얻는다. 한편 어느 한쪽이 협력을 선택하고 상대편이 경쟁을 선택할 경우에는 상대편만 10점을 얻고 다른 쪽은 아무런 점수도 얻지 못한다. 이러한 상황에 직면했을 때 우리는 어떤 선택을 할까?

만약 둘 사이에 신뢰관계가 형성되어 있을 경우에는 경쟁의 유혹을 떨쳐버리고서 각각 7점씩을 얻게 된다. 협력은 총 14점이라는 가장 높은 점수를 얻는다. 따라서 A와 B가 호혜주의자들일 경우에 전체적으로 가장 좋은 결과를 얻는다.

한편 A와 B가 선택적 배반자인 경우를 보자. 이기주의 사회에서 개인들은 전체의 이득보다는 자신의 이득이 극대화되기를 바랄 것이므로 양자가 경쟁함으로써 각각 3점씩 총 6점을 얻는데 그치고 만다. 물론 이기주의자에게는 더욱 좋은 방안이 하나 더 남아있다. 선택적 배반자는 상대가 협력 전략에 충실할 경우에 배반함으로써 가장 큰 이득을 얻을 수 있다는 사실을 잘 안다. 선택적 배반자가 협력하고자 하는 상대를 골라서 배반 전략을 구사한다면 개인 최고점인 10점을 얻는다. 물론 배반당한 상대는 전혀 점수를 얻지 못한다. 선택적 배반자는 협력해오는 상대를 찾아 먹잇감으로 이용함으로써 자신의 이득을 극대화할 수 있다.

선택적 배반자는 협력자가 존재하는 한 많은 이득을 볼 수 있다. 만약 협력자의 수가 안정적으로 유지되기만 한다면 선택적 배반자는 일생에 걸쳐 많은 이득을 취할 것이다. 선택적 배반자는 자신의 배반 사실이 알려지지 않을수록 협력적 상대를 구하기가 쉬워진다. 선택적 배반자에게는 협력자가 많을수록 세상은 넓고 할 일은 많다.

협력의 가늠자로서 평판

진화의 과정에서 인류는 순둥이, 인자, 보응자, 약탈자, 사기꾼, 배반자 등과 같은 다양한 전략들을 사용해왔다. 왜냐하면 어떤 전략도 영속적 안정성을 획득하기가 어렵기 때문이다. 인류의 역사는 다양한 전략들이 서로 다투면서 흥망성쇠가 거듭되어왔다. 인자의 관대한 협력 전략 역시 다른 전략들에 대해 절대적 안정성을 가지고 있는 것은 아니다. 위에서 살펴보았듯이 협력 전략은 약탈자와 배반자가 많은 경우에 목적을 달성하기가 쉽지 않다.

과연 인자의 협력 전략이 절대적 안정성을 갖기 어려움에도 불구하고 추구해야 할 이유가 있을까? 약탈자나 배반자가 등장할 경우에도 인자의 협력 전략이 현실에서 효력을 가질 수 있을까? 비록 인자의 협력 전략이 절대적 안정성에 이르지 못했다고 할지라도 생물학적으로 매우 유효한 전략임에 틀림없다. 협력 전략은 인류가 오랫동안 사용해온 입증된 전략이다. 나아가 게임이론에서 보더라도 협력 전략은 이기적 전략보다 우수한 결과를 낸다. 다만, 협력 전략이 효과를 발휘하기 위해서는 부수적인 조건이 충족되어야 한다. 몇 가지 조건이 유지된다면 협력 전략은 매우 강력한 위력을 발휘한다.

우리는 남들의 행위에 대해 평가한다. 우리는 평가를 통해 협력해오는 상대가 있을 경우에 직접 보답한다. 이를 직접 상호성이라고 부른다. 직접 상호성은 자신에게 도움을 줬던 상대에게 직접 보답함으로써 협력관계가 이루어진다. 서로 믿을 수 있는 협력 관계가 안정적으로 확보된 경우에 직접 상호성이 작동한다. 직접 상호성의 경우에는 호혜적 협력 관계가 이미 구축되어 있으므로 협력의 대상이 명확하게 드러나 있다.[17] 그러한 사례로서 흡혈박쥐의 협력적 식사 및 악어와 악어새의 공생 관계에서 볼 수 있다.

직접 상호성은 평판이라는 간접 상호성으로 확대된다. 간접 상호성이란 협력하려는 상대가 어떤 평판을 갖고 있는지를 참고하는 것을 뜻한다. 인간은 집단생활을 하므로 본능적으로 타인에 대한 평판을 만들어서 유통한다. 한 사람의 행위에 대한 평가는 집단 구성원들에 의한 평판을 통해 많은 사람들에게 쉽게 전파된다. 좋은 일을 한 사람의 이름은 칭송되지만, 나쁜 일을 한 사람은 악명을 떨치게 된다. 이처럼 평판은 집단 내에서 한 사람의 가치를 평가한다는 점에서 집단지능의 결과물이다.

평판은 이름을 통해 전파된다. 호랑이는 죽어서 가죽을 남기고 사람은 죽어서 이름을 남긴다는 말이 있다. 이 속담은 사람에게 평판의 가치가 매우 중요하다는 것을 뜻한다. 협력을 잘하는 사람은 좋은 평판을 얻게 되며, 타인의 협력을 이끌어내기가 쉽다. 한편 상대를 배반한 경력이 있는 사람은 나쁜 평판을 얻게 되며, 타인과 교제하기가 더욱 어려워진다. 가령 사람들은 자신이 잘 알고 있는 사람 앞에서는 쉽게 쓰레기를 버리지 못한다. 그것은 나쁜 평판이 생기면 곤란에 처하게 된다는 것을 잘 알기 때문이다. 이처럼 평판은 협력할 만한 사람과 그렇지 못한 사람을 구별해 주는 역할을 한다.

협력이 활성화되기 위해서는 평판을 형성하는 사회적 구조가 왜곡되어서는 안 된다. 열린 공론의 장을 통해 대화하고 토론함으로써 상대의 평판에 대한 정보를 균형 있게 얻을 수 있다. 만약 평판을 만드는 사회적

17 마틴 노왁·로저 하이필드, 허준석 옮김, 『초협력자』, 사이언스북스, 2012, pp. 53-122. 로버트 액설로드, 이경석 옮김, 『협력의 진화』, 시스테마, 2009, pp. 152-171.

구조가 왜곡될 경우에는 상대에 대한 잘못된 정보를 받아들이게 된다. 사회적 의사소통 구조의 폐쇄성으로 인해 상대에 대한 정보를 전혀 얻지 못한다면 상대가 어떤 사람인지 제대로 식별하지 못하게 된다. 특히 폐쇄적 구조 속에서 주입되는 정보만을 받아들이도록 세뇌될 경우에는 노예의 위치로 전락하게 된다. 그것은 마치 노예 사역종 개미에게 납치되어 양육된 노예 개미들이 정벌자를 가족으로 착각하는 것과도 같다. 노예 개미들은 경험의 폐쇄성으로 인해 자신들이 부림을 당하고 있는 노예라는 사실조차도 자각하지 못한다. 그 이유는 노예 개미들이 정복자 개미들이 제공하는 정보에만 의지해야 하기 때문이다.

한편 한 집단에 자유롭고 심도 깊은 의사소통의 장이 형성되어 있을 경우에는 평판이 위력을 발휘한다. 죄수의 딜레마 게임을 보자. 선택적 배반자는 처음에 상대 죄수를 속임으로써 큰 이득을 볼지도 모른다. 그러나 만약 평판의 형성 구조가 온전하게 작동한다면 이미 속였던 상대를 다시 속이기는 어렵다. 뿐만 아니라 나쁜 평판이 사방에 알려지면 주변의 다른 사람들을 속이기 어렵게 된다. 어떻게 보면 그러한 배반자는 상대를 속임으로써 자신의 평판을 팔아먹고 있는 셈이다. 많이 배반할수록 평판의 가치는 마이너스가 된다. 배반의 횟수가 늘어나면 문턱효과를 낳게 된다. 좋은 평판이 나쁜 평판으로 바뀌는 경계선이 있다. 그 선을 넘으면 이제 주변에서 그와 협력하려고 하는 사람들은 나타나지 않는다.

열린 의사소통의 사회에서는 평판이 위력을 가지므로 약탈자는 말할 것도 없고 선택적 배반자마저 협력자보다 결코 유리하지 않다. 선택적 배반자가 협력자를 속이는 것은 첫 번째 교류에서 성공률이 가장 높다. 그러나 횟수가 거듭할수록 나쁜 평판이 만들어지므로 실패할 확률이 더욱 커진다. 선택적 배반자는 시간이 지날수록 자신에게 협력해줄 상대를 찾기가 어려워진다. 한편 협력자는 선택적 배반자를 인지해 회피함으로써 협력 전략을 안정시킬 수 있다.

협력이 좋은 평판을 불러오고 배신이 나쁜 평판을 불러온다고 할지라도 선택적 배반자에게는 유혹적인 선택지가 하나 더 있다. 그것은 선택적 배반자가 협력자와 중요한 교제를 성사시킨 뒤에 배반하는 것이다. 특히 선택적 배반자는 협력자와 처음 교제할 때에 큰 거래를 통해 큰 배신을 감행함으로써 막대한 이득을 남길 수 있다. 눈앞의 커다란 이득이 선택적 배반자로 하여금 모험적 동기를 갖도록 자극한다. 이와 같은 상황에서 모험을 감행하는 선택적 배반자는 짧고 굵은 삶을 선택하고자 한다.

협력자는 선택적 배반자로부터 큰 배신을 당하게 되면 치명적인 상처를 입을 수밖에 없다. 작은 배신으로부터 생기는 미미한 상처는 비교적 쉽게 회복할 수 있지만, 큰 배신으로부터 생기는 상처는 회복하기가 쉽지 않다. 큰 배신은 협력자의 삶을 뜻하지 않은 나락으로 내몰 수도 있다. 그러한 상처는 어느 날 갑자기 의사로부터 말기 암 진단을 받는 것과도 같다.

협력자가 치명적 상처를 받지 않으려면 믿을만한 평판을 가진 상대와 교류할 수 있도록 신중을 기해야 한다. 가령 오랜 전통을 통해 권위를 인정받는 회사의 상품을 구입하거나 이미 명성이 확인된 사람들과 교제함으로써 큰 배신을 방지할 수 있다. 지식, 상품, 음식, 예술 등 대부분의 분야에서 평판이 좋은 상대를 선택함으로써 협력관계를 원활하게 유지할 수 있다.

경우에 따라 상대의 평판이 충분히 형성되어있지 않은 경우가 있다. 새로 개발된 의료기술이나 치료제에 대해서는 얼마만큼 신뢰해야 좋을까? 전쟁 중에 항복의 손짓을 해보이면서 귀순해오는 적군의 행위에 대해서는 어느 정도나 믿을 수 있을까? 사회에 불확실성이 증대할수록 평판에 대한 정확한 정보를 얻기가 어렵다.

나아가 평판 형성 구조가 왜곡된 경우도 있다. 전제주의 사회에서는 독재자가 평가 구조를 독점하게 된다. 독재 국가에서는 독재자에 의해 시행되는 상벌의 체제만이 유일하게 평판을 구성한다. 마찬가지로 폐쇄적 종교에서는 교주만이 상벌을 내리는 절대적 기준이 된다. 심지어 폐쇄적 종교에서는 살인을 신의 명령으로 여기기까지 한다. 이처럼 독재 국가나 맹신적 종교는 평판의 생성 경로를 획일화함으로써 자연스러운 평판 구조를 왜곡시킨다. 외진 곳에 높고 단단한 울타리를 친 독재적이고 폐쇄적인 집단에서 개인들은 부품으로 전락할 뿐 협력에 참여할 수 있는 자율적 주체성이 상실된다.

협력 전략이 안정적이기 위해서는 합리적인 평판 형성의 장이 마련되어야 한다. 사회에서 평판의 역할이 잘 작동한다는 것은 자유롭고 합리적인 담론이 활성화되어 있다는 것을 뜻한다. 합리적 의사소통 구조를 가진 사회에서 평판은 좋은 파트너를 구하기 위한 안내자 역할을 한다. 독재자에 의한 폐쇄적 구조만 없다면 사람들 사이에서 평판은 매우 자연스럽게 작동한다. 평판이 자연스럽게 작동하는 사회에서는 "열 개의 눈이 보고 열 개의 손가락이 가리키기" 때문에 사람들이 배반자가 되기 쉽지 않다.

합리적 의사소통의 결과로 이루어진 평판은 여론을 만들어낸다. 특히 정치인에게 있어 평판은 시민의 협력을 이끌어내느냐 마느냐의 중요한 기준이다. 맹자에 의하면 사람들은 평판이 나쁜 왕에 대해 두통을 느끼고 이마를 찌푸리면서 다음과 같이 비판한다. "우리 왕께서 음악 연주를 좋아하시면서 왜 우리들은 이러한 곤궁에 이르게 하여, 부자 사이에 서로 만날 수 없고 형제와 처자가 서로 흩어져서 살게 하는가?"[18] 이러한 나쁜 평판을 받는 왕은 사람들에게서 자발적인 협력을 기대하기 어렵다. 반면에 사람들은 좋은 왕에 대해 얼굴에 희색이 만면하면서 다음과 같이 칭송한다. "우리 왕께서 질병이 없어야 할 텐데. 어떻게 음악 연주는 잘 즐기고 계실까?"라고. 이러한 좋은 평판은 사람들의 협력을 이끌어낸다.

평판은 사람뿐만 아니라 물고기의 세계에서도 작동한다. 청소부 놀래기는 다른 큰 물고기의 비늘이나 입 안에 있는 기생충을 먹고 산다. 청소부 놀래기는 큰 물고기들이 손님으로 오면 기생충을 청소해준다. 그런데 청소부 놀래기는 다른 손님 물고기들이 지켜보면 더욱 열심히 청소를 한다.[19] 그러한 부지런한 행동은 평판과 관련되어 있다. 청소부 놀래기의 그러한 행동은 마치 다른 사람들에게 더 좋은 인상을 남기고 싶어 하는 인간의 행동과 비슷하다. 이처럼 평판은 생물들이 협력의 기준으로 삼아왔던 집단생활의 결과물이다.

흥망성쇠와 협력의 길

협력의 세계에서는 순둥이들이 호혜적 관계를 통해 많은 이득을 올릴 수 있다. 그러나 순둥이들은 약탈자를 불러오기 쉽다. 약탈자가 등장하면 인자 역시 보응자처럼 보응의 전략을 사용한다. 그만큼 보응 전략이 증가하게 된다.

◇◇◇◇

18 『맹자』, 「양혜왕하」, 1장. 吾王之好鼓樂, 夫何使我至於此極也, 父子不相見, 兄弟妻子離散.

19 마틴 노왁·로저 하이필드, 허준석 옮김, 『초협력자』, 사이언스북스, 2012, p. 347.

인자는 보응자와 달리 포용력이 있기 때문에 순둥이를 보호해주려고 한다. 인자가 약탈자를 방어해주는 경우에만 순둥이는 협력을 통해 이득을 올릴 수 있다. 하지만 인자의 방어력이 부족할 경우에 약탈자의 전횡을 막을 길이 없다. 등장한 약탈자는 순둥이들을 이용해 막대한 이득을 챙길 것이다. 마침내 약탈자가 순둥이를 다 잡아먹는 데 이르면 착취할 상대가 고갈된다. 그러한 난세에는 약탈, 사기, 보복, 회피, 응징 등으로 가득찰 것이다. 서로의 끊임없는 공격과 보복으로 인해 세계는 피폐해져 간다. 오직 다시 협력의 중요성을 깨닫는 경우에만 그러한 부정적 흐름이 바뀔 수 있다.

모든 전략은 영속적이라기보다 흥망성쇠의 과정을 통해 진화한다. 대부분의 시대는 협력과 쟁탈이 뒤섞여 길항한다. 협력이 뚜렷하게 우세한 시대를 치세라고 부르고, 착취와 쟁탈이 가득한 시대를 난세라고 부른다. 치세에는 협력 관계가 보호되고 약탈자들이 적절하게 제어된다. 물론 치세라고 하여 이기적인 공격과 쟁탈이 없는 것이 아니다. 치세에도 약탈자의 공격이나 보응자의 보복이 존재한다. 다만 치세에는 인자와 보응자 사이에 유기적 협력이 이루어짐과 동시에 응징에 의해 약탈자를 적절히 제약할 수 있다. 그러다가 어떤 계기로 인해 약탈자가 늘어나면 협력과 쟁탈의 길항기로 접어들게 된다. 마침내 약탈자의 세력이 강해진 난세에 이르면 협력의 도가 쇠미해져 거짓과 폭력이 난무한다. 난세에는 신하가 군주를 죽이고 자식이 부모를 죽이기까지 한다.[20]

◇◇◇◇

20 『맹자』, 「등문공하」, 9장. 世衰道微, 邪說暴行, 有作. 臣弑其君者, 有之, 子弑其父者, 有之.

치세 ⇄ 협력과 쟁탈의 길항 ⇄ 난세

인류의 역사는 협력과 쟁탈이 늘 길항해왔다. 협력이 우세하면 치세에 접어들고, 쟁탈이 우세하면 난세에 접어든다. 좋은 삶이란 어떻게 착취와 보복의 악순환을 끊을 것인지, 나아가 어떻게 협력을 이끌어낼 것인지에 달려 있다. 약탈자의 착취를 끊기 위해서는 약탈에 대한 처벌과 보복이 필요하다. 그러한 측면에서 한비자는 죄에 대한 엄한 형벌이 있어야 사회가 안정될 수 있다고 말한다. 엄한 처벌은 이에는 이, 눈에는 눈과 같은 보응자의 전략에 기초한다. 상대의 공격에 대해 받은 만큼 되돌려준다. 공격자는 자신이 공격한 만큼 손해를 보게 된다. 받은 만큼 되돌려줌으로써 이득과 손해가 무화되는 0이라는 균형점에 도달한다.

그러나 주고받기를 통해 균형점에 도달했다고 하여 서로 간의 공격이 멈추는 것은 아니다. 연속되는 보복은 상대에 대한 증오심을 형성하게 되며, 상대가 약한 틈을 타서 다시 공격하게 된다. 마치 이스라엘과 팔레스타인 사이에 군사적 공격이나 자살폭탄테러 등의 보복이 멈추지 않는 것과도 같다. 보복자와 보복자, 혹은 약탈자와 보복자가 만날 경우에는 자살폭탄테러와 같은 자기 파괴적인 수단까지도 불사하면서 상대에게 타격을 감행한다. 뿌리 깊은 불신과 증오에 기초한 보복과 응징의 악순환은 서로에게 막대한 상처를 준다. 보복의 악순환 속에서 새롭게 협력 전략을 요청하지 않는 한 난세에서 벗어날 방법이 없다.

치세와 난세의 길항적 구도는 인자(仁者)와 패자(覇者)의 구도에 정확히 일치한다. 협력을 도외시한 이기적 전략은 혼란을 불러온다. 맹자에 의하면 이득만을 추구하는 패자의 정치는 난세에 이르게 하는 원인이다. 맹자 당시에 진(秦)나라와 초(楚)나라가 전쟁을 하고 있었다. 송경(宋牼)이라는 사람은 이득이 없다는 것에 근거해 진나라와 초나라에게 전쟁을 그만두라고 설득한다. 그러나 맹자는 이득에 근거해 양국을 설득하면 안 된다고 본다. 맹자는 오로지 자신의 이득만을 추구하는 이기주의는 파국으로 치달을 것이라고 송경에게 조언한다.

> 선생께서 이득으로써 진나라 왕과 초나라 왕을 설득해 양국의 왕이 이득에 기뻐하면서 삼군의 군대를 파한다고 해봅시다. 그것은 삼군의 병사들이 전쟁의 종식을 즐거워하되, 이득에 기뻐하는 것입니다. 신하가 이득을 생각하면서 자신의 군주를 섬기고, 자식이 이득을 생각하면서 자신의 부모를 섬기고, 동생이 이득을 생각하면서 자신의 형을 섬긴다고 해봅시다. 그것은 군주와 신하, 부모와 자식, 형과 동생이 끝내 인의를 버리고 이득을 생각하면서 서로 교제하는 것입니다. 그렇게 하고서 망하지 않는 경우가 없습니다.[21]

사람들 간 교제에서 상대의 손해를 고려치 않고 자신의 이득만을 계산한다면 종국에는 서로를 공격하여 죽이는 데 이르게 된다. 자신의 이득만을 유일한 목적으로 삼는다면 군주와 신하, 부모와 자식, 형과 동생 간의 관계마저도 파괴된다. 자신의 이득만을 추구하는 전략은 상대의 것을 빼앗지 않고는 만족하지 못하기 때문이다.[22] 이와 같이 서로의 것에 대한

◇◇◇◇

21 『맹자』, 「고자하」, 4장. 先生以利說秦楚之王, 秦楚之王悅於利, 以罷三軍之師, 是三軍之士, 樂罷而悅於利也. 爲人臣者, 懷利以事其君, 爲人子者, 懷利以事其父, 爲人弟者, 懷利以事其兄, 是君臣父子兄弟, 終去仁義, 懷利以相接. 然而不亡者, 未之有也.

22 『맹자』, 「양혜왕상」, 1장. 王曰何以利吾國, 大夫曰何以利吾家, 士庶人曰何以利吾身,

약탈이 일상화된 세상이 난세이다.

맹자는 이득이 아닌 인의 관점에서 진나라와 초나라 사이의 전쟁을 종식시켜야 한다고 말한다.

> 선생께서 인의(仁義)로써 진나라 왕과 초나라 왕을 설득해 양국의 왕이 인의에 기뻐하면서 삼군의 군대를 파한다고 해봅시다. 그것은 삼군의 병사들이 전쟁의 종식을 즐거워하되, 인의를 기뻐하는 것입니다. 신하가 인의를 생각하면서 자신의 군주를 섬기고, 자식이 인의를 생각하면서 자신의 부모를 섬기고, 동생이 인의를 생각하면서 자신의 형을 섬긴다고 해봅시다. 그것은 군주와 신하, 부모와 자식, 형과 동생이 끝내 이득을 버리고 인의를 생각하면서 서로 교제하는 것입니다. 그렇게 하고서 왕 노릇 하지 못하는 경우가 없습니다. 어찌 반드시 이득만을 말해야 할까요?[23]

위 인용문에서 인이 인간 사이의 자연스러운 유대감을 가리킨다면, 의는 사회적 관계에서 자신의 역할을 충실히 하는 것을 가리킨다. 쉽게 말하여 인과 의는 호혜적 협력의 원천이다. 어진 사람이 자신의 부모를 버리는 경우는 없으며, 의로운 사람이 자신의 군주를 업신여기는 경우는

◇◇◇◇

上下交征利而國危矣. 萬乘之國殺其君者, 必千乘之家, 千乘之國殺其君者, 必百乘之家. 萬取千焉, 千取百焉, 不爲不多矣. 苟爲後義而先利, 不奪不饜.

23 『맹자』, 「고자하」, 4장. 先生以仁義說秦楚之王, 秦楚之王, 悅於仁義, 而罷三軍之師, 是三軍之士, 樂罷而悅於仁義也. 爲人臣者, 懷仁義以事其君, 爲人子者, 懷仁義以事其父, 爲人弟者, 懷仁義以事其兄, 是君臣父子兄弟, 去利懷仁義, 以相接也. 然而不王者, 未之有也. 何必曰利?

없다.[24] 인을 보존한 사람은 자신에게 이득이 되지 않더라도 자식을 낳아 기를 줄 알며, 의를 지키는 사람은 자신에게 이득이 되지 않더라도 동지를 배반하지 않는다. 이와 같이 덕에 기초해 협력이 잘 이루어지는 사회가 바로 치세이다.

흥망성쇠의 과정 속에서 치세에 이를 수 있는 방법은 인자의 협력 전략을 활성화시키는 데 있다. 협력 전략은 치세에 적극적으로 협력을 주도하고 난세에 약탈자를 응징함으로써 활성화된다. 동참과 거부의 방식이 바로 인자가 나아가고 물러나는 도리(進退之節)이다. 그러한 측면에서 공자는 나라에 도가 있을 때에는 가난하고 천한 것이 부끄럽고, 나라에 도가 없을 때에는 부귀한 것이 부끄럽다고 말한다.[25] 나라에 도가 있다는 것은 협력이 잘 이루어짐을 뜻한다. 한편 나라에 도가 없다는 것은 서로를 이기적으로 이용하면서 힘과 거짓에 의한 약탈이 심해졌다는 것을 뜻한다. 인자는 난세에 처했을 때에 저항, 비판, 회피, 은둔 등의 방식을 통해 약탈자가 사회적 협력의 토대를 파괴하지 못하도록 힘쓴다.

24 『맹자』, 「양혜왕상」, 1장. 未有仁而遺其親者也, 未有義而後其君者也.

25 『논어』, 「태백」, 13장. 邦有道, 貧且賤焉, 恥也, 邦無道, 富且貴焉, 恥也.

2장

사랑 : 감성학적 의미

마음의 거울로서 몸

몸은 마음의 거울이다. 마음속에 있는 것은 몸으로 드러난다. 악취가 나면 인상을 찡그리듯이 마음속의 감정은 몸을 통해 드러난다. 아무리 숨기려고 해도 좋은 감정과 나쁜 감정은 표정을 통해 드러나기 마련이다. 그러한 맥락에서 맹자는 눈이 마음의 창이라고 생각한다.

> 사람이 가지고 있는 것 중에 눈동자보다 좋은 것이 없다. 눈동자는 자기의 악을 감출 수 없다. 마음속이 바르면 눈동자가 밝고, 마음속이 바르지 않으면 눈동자가 흐리다. 그 사람이 하는 말을 듣고 눈동자를 본다면 어찌 속마음을 숨길 수 있겠는가?[1]

눈동자는 정미한 움직임을 통해 감정을 섬세하게 드러낸다. 꾸밈이 없는 어린 아기의 눈동자는 매우 깨끗하다. 어린 아기는 자신이 좋아하는 것과 싫어하는 것을 숨기지 않고 바로 드러낸다. 그러므로 어린 아기의 눈동자는 기쁠 때에 천진난만한 미소를 머금는다.

몸은 즉각적으로 정서를 드러내곤 한다. 몸의 즉각적 정동 현상은 마음의 움직임과 분리되지 않는다. 연인과 손을 잡고서 사랑을 속삭일 때면 손에 땀이 난다. 역겨운 대상이나 무서운 장면을 목격하면 혐오감이나 공포감이 엄습하면서 몸이 소스라친다. 또한 부끄러움이 있으면 눈동자나 표정이 움츠러든다. 이와 같이 몸이 저도 모르게 반응하는 이유는 정서적 감각질로 이루어져 있기 때문이다.

우리의 몸은 인과 관련한 정서적 감각질을 타고난다. 인은 몸짓, 표정, 말투 등을 통해 자연스럽게 드러난다. 그러한 점에서 인 감정은 꾸밈이 동반되는 예와 대비된다. 예는 인이라는 자연스러운 가치를 더욱 빛나도록 수식하는 역할을 한다. 공자는 인과 예의 그러한 관계를 어여쁜 여인의 얼굴에 비유한다. 인 감정은 깨끗한 눈동자와 어여쁜 보조개처럼 낯빛을 통해 자연스럽게 드러난다. 이에 반해 예는 사람의 얼굴을 화장하여 꾸미는 것과도 같다.[2] 쉽게 말하여 인은 예로써 꾸미기 이전에 자연스럽게 얼굴에 발로되는 사랑의 감정이다.

인이 몸을 통해 드러난다는 것은 현대의 표정이론에서도 지지된다.

◇◇◇◇

1 『맹자』, 「이루상」, 15장. 孟子曰, 存乎人者, 莫良於眸子. 眸子不能掩其惡, 胸中正則眸子瞭焉, 胸中不正則眸子眊焉. 聽其言也, 觀其眸子, 人焉廋哉?

2 『논어』, 「팔일」, 8장. 子夏問, 巧笑倩兮, 美目盼兮, 素以爲絢兮, 何謂也? 子曰, 繪事後素. 曰, 禮後乎? 子曰, 起予者, 商也, 始可與言詩已矣.

신체와 표정 간의 상관관계에 대한 연구는 다윈에게서 시작하여 에크만을 거쳐 매우 활발하게 진행되고 있다. 표정이론에 따르면 인간의 감정은 뇌, 호르몬, 얼굴근육 등과 긴밀하게 연동되어 있다. 인을 이타적인 보살핌과 협력의 측면에서 본다면, 인 감정이 발생할 때에 어떤 신체적 변화가 생겨나는지가 분석 가능하다. 인 감정이 발생할 때에는 뇌하수체 후엽이 활발하게 활동하고, 옥시토신 호르몬을 분비하며, 눈둘레근이나 입둘레근을 사용하여 자연스럽게 해맑은 웃음을 짓는다.

〈표 3〉 협력의 감정과 신체 변화

부위 \ 감정	협력의 감정	부정적 감정
뇌	뇌하수체 후엽	실방핵
호르몬	옥시토신	글루코 코르티코이드
얼굴근육	눈둘레근, 입둘레근	눈썹주름근
움직임	펴다	굽히다
표정	웃음	찡그림

인 감정을 일으키는 대상 → 감각시상 → 편도 → 호르몬 분비
→ 운동 명령
→ 얼굴 표정

에크만은 입을 바깥으로 벌려주는 입둘레근과 자연스러운 눈웃음을 만드는 눈둘레근을 사용하여 짓는 미소를 뒤셴 미소(Duchenne smile) 또는 디 미소(D smile)라고 부른다. 뒤셴 미소는 제일 먼저 눈둘레근의 활동에 대해 발견한 프랑스 신경해부학자 기욤 벤저민 아망 뒤셴(Guillaume Benjamin Amand Duchenne, 1806–1875)의 이름을 딴 것이다. 꾸밈이 없는

뒤센 미소는 다른 미소와 달리 자연스럽게 입가가 올라가고 눈둘레근이 움직인다.[3]

우리가 말하는 해맑은 미소가 바로 뒤센 미소이다. 어린 아기는 부모의 관심에 부응해 티 없이 맑은 미소를 보인다. 아기뿐만 아니라 노인들 중에도 티 없이 맑은 미소를 간직한 사람들을 종종 볼 수 있다. 해맑은 미소는 아이의 것이든 어른의 것이든 우리에게 기쁨을 준다. 해맑은 미소에서 보듯이 인 감정은 표정이나 몸짓과 같은 몸의 현상에서 발견된다.

데카르트적 자아: 뫼비우스 신드롬

감정 표현과 관련해 몸의 기능에 장애가 생기는 경우가 있다. 뫼비우스 신드롬(Moebius syndrome)이 그러하다. 뫼비우스 신드롬을 겪는 사람들은 특정 감정을 느낄 수 있으며, 그 감정에 따라 특정 의지도 가질 수 있다. 그렇지만 정작 자신의 마음속 감정이 감각 기관으로 전이되지 않는다. 그들은 특정 감정에 대해 개념적으로 이해할 수는 있지만 얼굴로서 표정을 지을 수 없다. 왜냐하면 그들은 뇌의 장애로 인해 안면근육의 일부가 마비되어 사용할 수 없기 때문이다.

뫼비우스 신드롬 환자는 아기 시절에 배가 고파도 혀의 놀림이 원활하지 못해 젖꼭지를 빨지 못하거나, 성장한 뒤에 웃고 싶어도 안면근육의 마비 때문에 미소를 짓지 못한다. 선천적 뫼비우스 환자는 사유하고 의지

3 대커 켈트너, 하윤숙 옮김, 『선의 탄생』, 옥당, 2011, pp. 183-185.

할 수는 있지만 그러한 의지를 신체를 통해 표현하지 못한다. 결국 그들은 다양한 감정을 표정을 통해 현실에 구현해내지 못한다. 상대에 대해 호의가 있더라도 우호적 감정을 표정으로 드러내지 못한다. 눈둘레근이나 입둘레근을 움직일 수 없으므로 해맑은 미소를 지을 수 없다. 이 신드롬의 심각한 문제는 감정을 자신의 신체를 통해 감각적으로 상대방에게 전달하지 못하는 데 있다. 이들은 개념적으로 사유할 수 있는 있을지언정 몸으로 감정을 표현할 수는 없다. 그런 까닭에 이들의 자아는 데카르트의 코기토적 자아와 닮아 있다.[4]

뫼비우스 신드롬을 앓는 코기토적 자아는 얼굴 근육을 원활하게 사용하지 못하기 때문에 몸 안에 갇혀 있다. 코기토적 자아는 마음속의 감정을 신체화하지 못한다. 이처럼 몸이 감정표현 능력을 상실한다는 것은 자아의 형성에 있어 심각한 장애를 불러온다. 뫼비우스 신드롬 환자에게 얼굴이란 자신의 의식을 가두어 놓는 창살 없는 감옥과도 같다. 그들은 자신의 생각을 몸을 통해 타인과 나눌 수 없다.

셀리아(Celia)라는 소녀는 뫼비우스 신드롬을 앓고 있다. 의식이 매우 정상적으로 작동한다는 점에서 셀리아는 데카르트적 자아를 가지고 있다. 다만 그녀는 뫼비우스 신드롬 때문에 자신의 마음속 생각을 표정을 통해 타인과 공유하기 어렵다. 그래서 그녀는 마음속으로 자기 자신과 대화하기를 좋아한다. 나아가 말이 잘 통하는 어른들과는 잘 사귀지만, 또래 아이들과는 뛰놀면서 어울리는 데 애를 먹는다. 왜냐하면 그녀는 사람들이 무의식적으로 사용하는 신체언어가 매우 불완전하기 때문이다. 이

◇◇◇◇

4 Jonathan Cole, *The Invisible Smile: Living Without Facial Expression*, Oxford University Press, 2009, pp. 41–56.

와 같이 뫼비우스 신드롬 환자는 데카르트의 생각하는 자아로서는 정상적이지만, 몸에 기초한 정서적 자아로서는 매우 불완전하다. 셀리아의 말을 들어보면 몸을 정서적 언어로써 사용하지 못하는 고통에 대해 이해할 수 있다.

> 당시에 나는 뫼비우스 신드롬의 불편함을 참을 뿐이었어요. 나는 나의 감정을 표현할 수 없었죠. 분명히 나는 놀이터에서 웃고 있는 아이들을 보았어요. 그러나 나는 항상 놀이를 신체적인 것과 연관시켰어요. 나는 감정의 세계에 대해 몰랐던 거죠. 나는 놀이가 나의 다리와 관련된다고 여겼죠. 나는 행복이라는 것이 내가 가질 수 없는 것이라고 생각했어요. 모두가 내게 웃지 않는다고 말했죠. 나는 크리스마스에도 결코 흥분되지 않았어요. 나는 다른 사람들이 기뻐하는 것을 보았죠. 나는 기쁨을 말로 할 수 있었지만 감정으로는 표현할 수 없었어요.[5]

셀리아의 경우처럼 얼굴을 통해 표정을 지을 수 없다는 것은 사회적 정체성을 형성하는 데에 심각한 장애를 초래한다. 뫼비우스 신드롬을 겪는 사람은 비록 대뇌를 이용하여 감정을 개념적으로 이해하고 있다고 하더라도, 표정을 통해서는 그러한 감정을 드러내지 못한다. 상대가 미소를 보내더라도 미소로써 답할 수 없다. 상대의 기쁨에 대해서도 무표정한 얼굴을 유지할 뿐이다. 무표정할 뿐인 그의 얼굴은 사람들로 하여금 협력의

5 위의 책, p. 43.

의지를 자극하기 어렵다.

표정은 감정을 드러내는 몸의 언어이다. 몸은 감정의 기호로서 진화되어 왔기 때문에 우리는 본능적으로 몸짓과 표정을 통해 감정을 드러낼 줄 안다. 해맑은 미소를 지을 수 없다는 것은 협력에 관한 몸의 기호를 잃어버린 것이나 다름없다. 그것은 마치 언어를 습득하지 못한 문맹과도 같다. 언어를 습득하지 못한 사람은 자신의 생각을 충분하게 표현할 수 없다. 그와 마찬가지로 표정 능력을 잃은 사람은 자신의 감정을 원초적인 몸의 언어를 통해 전달하지 못한다. 뫼비우스 신드롬 때문에 웃음의 능력을 상실한 사람은 상대에 대해 호감을 드러내지 못한다.

사이코패스

감정 능력을 상실한 경우로는 사이코패스도 있다. 사이코패스는 인에 대한 개념적 이해를 가질 수 있지만 실제로 인 감정을 갖지는 못한다. 사이코패스는 고통을 겪고 있는 타인의 어려운 처지에 대해 잘 이해하지만 타인의 고통에 대해 공감하면서 연민이나 동정심을 갖지 못한다. 사이코패스는 자신의 이득을 위해 타인을 도구화함으로써 타인에게 고통을 준다. 그는 자신의 비도덕적 행위가 타인에게 고통을 준다는 사실에 대해서는 잘 알지만 타인의 고통에 대해 정서적으로 공감하지 못한다. 이처럼 사이코패스에게는 공감능력이 부족한 경우가 많다.

사이코패스는 타인을 때리면서도 타인의 아픔에 대해 정서적으로 공감하지 못한다. 이 때문에 사이코패스에게는 도덕적 처벌과 관련되는 후회, 부끄러움, 죄책감 등의 감정이 결여되어 있는 경우가 많다. 사이코패스의 공감 능력 저하는 뇌의 편도 부분에서 뉴런 반응 능력이 저하된 경우에 잘 나타난다. 사이코패스는 공감 능력의 결여로 인해 자신의 비도덕적 행위에 대해 대수롭지 않게 여기면서 아무런 책임감을 갖지 않는다.[6] 사이코패스는 타인을 자신의 이득 추구를 위한 도구로서 수단화한다.

대부분의 사람들은 도덕적 침해와 관습적 침해를 구분할 줄 안다. 일반적으로 법규에 의한 금지가 없더라도 도덕적 침해는 허용되지 않음에 반해, 관습적 침해는 허용되는 경우가 있다. 사람들은 도덕적 침해가 상대에게 고통을 가한다면, 관습적 침해는 사회적 혼란을 야기한다고 생각한다. 보통 사람들은 도덕적 침해가 관습적 침해보다 훨씬 심각한 잘못이라고 판단한다. 보통 아이들의 경우 39개월이 지나면 양자 간의 차이를 구분할 줄 안다. 그러나 사이코패스 성향을 가진 아이들은 양자 간의 구별에 애를 먹는다.[7] 왜냐하면 그들은 공감 능력이 저하되어 있어서 타인에 대한 일반적인 공격과 도덕적 침해 간의 차이를 잘 구별하지 못하기 때문이다.

사이코패스에게서 보이는 타인에 대한 도구적 공격성은 인간애의 결핍을 함축한다. 인간애의 결핍이란 협력적 감정의 상실을 뜻한다. 인간은 사냥하고 채집하던 상고시대부터 협력을 통해 많은 일들을 해오면서 동정심, 연민, 후회, 부끄러움, 죄책감 등과 같은 사회적 감정을 발전시켜왔다. 그런데 사이코패스는 타인의 아픔을 공감하는 능력이 저하되어 있기 때문에 타인에게 해를 끼치지 않아야 한다는 사실을 정서적 차원에서 정

6 James Blair, Derek Mitchell, and Karina Blair, *The Psychopath: Emotion and the Brain*, Blackwell Publishing, 2005, p. 147.

7 위의 책, p. 58.

당화하기 어렵다.

공감

인간의 감정은 지향성을 갖는다. 인간은 감정을 통해 타인에게 관심을 표명하면서 정서적으로 공감할 줄 안다. 공감(empathy) 현상을 정서적 감염(emotional contagion)에서 볼 수 있다. 정서적 감염이란 다른 사람의 정동 상태를 지각하는 순간 자신도 그러한 정동 상태에 공명되는 것을 말한다. 가령 도살장에서 죽음을 기다리는 공포에 떠는 소를 본다면 그 소가 느끼는 공포감이 보는 사람에게도 엄습해 들어온다. 또한 엄마가 슬프게 울면 아이도 곧바로 슬퍼진다. 아이는 엄마의 슬픈 까닭을 의식적으로 이해하기 전에 즉각적으로 공감한다. 이러한 것들이 바로 정서적 감염이다. 정서적 감염은 사람과 사람, 혹은 사람과 사물이 정서적 차원에서 유기적으로 연계되어 있음을 시사한다. 인간은 주변 사람들과 정서적으로 연대되어 있는 공감적 존재이다.

니콜스에 의하면 공감은 정서 감염적 공감(emotional-contagion empathy)과 관점 소유적 공감(perspective-taking empathy)으로 구분된다. 정서 감염적 공감은 상대의 감정을 그대로 전달받아 자신도 그와 동일한 감정 상태에 처하는 것을 말한다. 정서 감염적 공감은 집단을 이루고 사는 생물들에게서 잘 나타난다. 무리를 지어 사는 원숭이들은 정서적 감염이 매우 빠르다. 특히 맹수가 침입했을 때에 느끼는 공포감은 동료들에게 매우 빠르게 감염된다. 원숭이 한 마리가 급작스레 나타난 표범의 모습을 보고 소스라치게 놀라면 다른 수십 마리의 동료 원숭이들도 덩달아 놀란다. 다른 동료 원숭이들은 표범을 직접 보지 않았음에도 불구하고 단지 그 놀란 원숭이의 몸짓과 표정을 보고서 공포감에 휩싸여 황급히 도망친다. 이와 같이 정서적 감염은 동료의 감정에 즉각적으로 공감함으로써 집단 전체가 급변하는 환경에 적응하도록 돕는다.

인간도 예외가 아니다. 타인이 고통 받는 장면을 보면 저절로 땀이 나거나 눈물이 흐른다. 인간은 타인의 고통을 자신의 몸을 통해 감각적으로 받아들인다. 이러한 땀과 눈물은 타인의 감정을 감염적으로 공감함으로써 발생하는 신체의 정동 현상이다. 이와 같은 정서적 감염 현상은 사람들이 정서적으로 서로 묶여있기 때문에 가능하다.

한편 관점 소유적 공감이란 상상을 통해 타인의 마음 상태에 관심을 가짐으로써 타인의 정서를 공유하는 것을 말한다. 타인의 관점에 대한 소유는 명제적 인지(문장)의 형태로 이루지는 경우가 많다. 이미 언어를 습득한 사람의 경우에는 명제적 인지를 사용해 타인의 관점을 이해할 줄 안다. 가령 어머니는 아기의 눈빛을 보고서 "아기가 껴안고 흔들어주는 놀이에 대해 재미있게 여긴다"는 명제적 인지를 갖는다. 어머니는 그러한 명제적 인지를 소유함으로써 아기가 느끼는 재미를 공감한다.

관점 소유적 공감이 반드시 언어를 사용하는 명제적 인지에만 기초하는 것은 아니다. 사람들은 비명제적 인지를 통해 타인의 관점에 공감하기도 한다. 가령 어린 아이들은 아직 말을 할 줄 모름에도 어머니의 감정 및 행동을 보고서 어머니의 관점에 관심을 갖는다. 아이들은 일정 나이가 되면 어머니의 표정을 통해 어머니가 자신을 좋아하는지 아닌지에 대해 이해한다. 이이들은 무의식적인 판단을 통해 어머니가 자신에 대해 어떤 관점을 가지고 있는지에 대해 관심을 갖는다.

비단 아이들뿐만 아니라 동물도 비명제적 인지를 통해 관점 소유적으로 공감한다. 집에서 기르는 개는 비록 사람처럼 문장을 사용하는 능력이 없음에도 불구하고 사람의 관점을 어렴풋이나마 이해할 줄 안다. 개는 주인에 대해 단순히 즉각적인 반응으로만 관계하는 것은 아니다. 개는 자신에게 잘 대해주는 주인을 좋아한다. 개는 주인이 먹이를 주거나 쓰다듬어주는 동작을 취하지 않더라도 주인을 보면 반갑게 맞이한다. 그것은 개가 주인이 자신에게 어떤 관점을 가지고 있는지에 대해 관심을 가지고 있기 때문에 가능하다.

나아가 개는 사물과 생물의 차이를 구별할 줄 안다. 개는 자신의 먹이를 훔쳐가려고 침입하는 새나 고양이에 대해서는 공격적으로 짖어댄다. 하지만 단순히 기왓장이 담에서 떨어져서 깨지는 것을 보고서는 그와 같은 공격성을 표출하지는 않는다. 개는 새나 고양이가 침입의 관점을 가지고 있다고 여기는 반면에 기왓장에는 그러한 관점이 없다는 것을 감지할 줄 안다. 이와 같이 사람뿐만 아니라 동물들도 비명제적 인지를 통해 다른 동물이나 사람의 관점을 이해하는 능력을 갖고 있다.

연민과 동정심

사람들은 타인의 안타까운 처지를 접하면 자기도 모르게 연민의 감정이 발생한다. 더욱 넓게 보자면 연민은 다른 생물의 고통에 대한 이타적 관심도 내포한다. 가령 동물애호가는 모피나 털옷 입기를 꺼린다. 그들은 고통을 당하는 동물에게서 연민을 느낀다. 우리가 사용하는 점퍼나 베개 충전재 등에 쓰이는 털과 모피를 채취하기 위해서는 특정 동물들에게 고통을 주어야만 한다. 점퍼 안의 오리털이나 거위털은 대부분 오리나

거위가 살아있을 때에 가슴털을 뜯어낸 것들이다. 앙고라 털이나 너구리 가죽 등도 모두 산채로 채취한다.[8] 동물애호가는 털이나 가죽을 채취할 때에 동물들이 당하는 고통에 대해 아픔을 느낀다. 이처럼 동물애호가가 느끼는 동물의 고통에 대한 아픔이 바로 연민의 감정이다. 동물애호가의 동물에 대한 연민은 그들로 하여금 모피옷이나 털옷을 입지 못하도록 자극한다. 이러한 연민은 우리가 주변의 사물들과 정서적으로 묶여 있는 공동 존재라는 사실을 시사한다.

동정심 역시 연민과 마찬가지로 타인의 고통에 대해 안타까워하는 감정이다. 다만 동정심은 연민과 달리 고통당하는 타인의 입장에 자신을 위치시킨다. 연민이 고통당하는 상대에 대해 안타까워하는 인간적 감정의 표현이라면, 동정심은 "만약 내가 고통당하는 상대의 입장에 있다면 얼마나 괴로울지"에 대한 상상에 기초한다. 내가 민주열사처럼 부당하게 고문당하는 처지에 있다면 얼마나 끔찍할까? 내가 노숙자처럼 집이 없다면 얼마나 처참할까? 내가 실업자라면 얼마나 답답할까? 이러한 물음처럼 동정심에는 안타까운 처지에 있는 사람의 입장에 자신을 위치시키는 상상이 포함되어 있다. 동일시적 상상이 구체적이고 생생할수록 동정심의 강도가 커진다. 부당한 고문에 대해 아무런 경험이나 지식이 없는 사람보다 부당한 고문에 대한 생생한 경험이나 인상을 가진 사람이라야 그에 대한 더 강한 동정심을 가질 수 있다.

연민과 동정심은 인류가 동료에 대해 가지고 있는 매우 오래된 감정 능력이다. 우리는 타인의 표정, 말투, 몸짓 등을 보고서 타인의 고통에 대

8 조세형 기자, 「살아있는 상태에서 오리털 뽑기, 인간이 무섭다」, 《오마이뉴스》, 2013년 12월 23일.

해 관심을 갖는다. 어른뿐만 아니라 아이들도 타인의 고통에 대해 관심을 가짐으로써 연민이나 동정심을 느낄 수 있다. 가령 한 살 먹은 아이는 타인의 울음을 목격하면 기침을 하거나 소리를 내어 달래주는 행위를 한다. 19개월 된 아이는 어머니가 발을 다친 것을 보면 "아픈 발"을 가리키면서 다가가 다친 부위를 만져주기도 한다. 아이의 이러한 달래주기와 보살펴주기는 연민과 동정심의 표현이다.[9]

타인의 고통에 대한 공감도가 높을수록 더 강렬한 연민이나 동정심을 느끼게 된다. 가령 눈앞에서 고통을 당하는 동물을 직접 목격하면 그 동물의 고통이 정서적으로 감염된다. 이러한 정서적 감염은 그 광경을 목격하는 이로 하여금 연민과 동정심이 솟구치게 한다. 이처럼 연민과 동정심은 감염적 고통과 함께 연동되는 경우가 많다. 다만 연민과 동정심은 타자의 것이 전이되어온 것이 아니라 자신에게서 생겨난 인간적 감정이라는 점에서 정서적 감염과 그 범주가 다르다.

공감, 연민, 동정심의 측면에서 본다면 인간은 서로가 정서적으로 연계되어 있는 공동 존재적 특성을 지닌다. 이러한 정서 현상들은 인간의 관심이 타인에게 지향되어 있다는 것을 보여준다. 인간은 선사시대부터 동료와 함께 집단생활을 해왔기 때문에 의식의 지향성에 동료에 대한 관심을 포함하고 있다. 우리의 의식은 고정되어 있는 실체라기보다 동료의 감정에 지향되어 있다는 점에서 주변성(aboutness)을 주요 특성으로 한다. 인간은 공감, 연민, 동정심 등을 통해 주변 동료들의 감정 상태에 대해 매우 민감하게 반응한다. 호수에 바람이 불어 한쪽 물이 움직이면 점차 다

9 Shaun Nichols, *Sentimental Rules*, Oxford University Press, 2004, pp. 33–34, 44–46.

른 쪽의 물에도 연쇄적으로 전이되어 물결이 생겨난다. 그와 마찬가지로 인간의 감정은 주변 존재들의 감정 상태와 유기적으로 조응한다. 우리는 공감 능력을 통해 상대의 감정을 공유할 줄 안다.

반응태도로서 인

우리는 타인에 대해 인격적으로 반응한다. 우리는 타인을 객관적으로 관찰하는 것을 넘어 인격적이고 정서적인 주체로서 경험한다. 타인에 대한 인격적이고 정서적인 경험에는 스트로슨(Peter Strawson)이 말한 반응태도(reactive attitude)가 자리하고 있다. 반응태도란 사물이나 타인에 대한 객관적 태도가 아닌 참여적 태도를 견지하는 것을 가리킨다.[10] 객관적 태도가 외부 사물을 관찰자적 시각으로 기술하려고 한다면, 참여적 태도는 자신도 타인의 인격에 직접적으로 관련되어 있다고 여긴다.

가령 길을 걷다가 우연히 돌부리에 걸려 넘어졌을 경우를 생각해보자. 객관적 태도를 취하고 있다면 땅에서 일어난 다음에 돌부리의 크기, 모양, 강도 등에 대해 살필 것이다. 그러나 누군가가 다리를 사용하여 나의 다리를 일부러 걸어 넘어뜨린다면, 그의 다리를 돌부리를 살피듯이 객관적으로 관찰하고만 있지는 않을 것이다. 우리는 고의적으로 발을 건 타인에 대해 얼굴을 붉히면서 화를 내게 된다. 그가 고의적으로 발을 걸었다는 생각은 그가 나쁜 인격을 가진 사람이라는 반응태도를 갖게 만든다. 이처럼 반응태도는 타인의 의지에 대해 도덕적으로 평가한다. 반응태도의 측면에서 보면 타인의 행위는 그냥 일어난 객관적 사실이라기보다 타인이 의도적으로 일으킨 것이며, 나의 삶과 인간적으로 긴밀하게 연계되어 있다.

우리는 타인의 인격을 가정하므로 상대에 대한 신중함(愼), 성실함(誠), 경건함(敬) 등의 반응태도를 갖는다. 이러한 태도들은 상대 앞에서 매우 절제된 모습을 갖게 한다. 우리는 중요한 손님 앞에서는 더욱 신중해진다. 가령 구직자는 면접관 앞에서 매우 신중하고 성실한 자세를 취함으로써 상대에 대한 존중감을 표시한다.

인 감정 역시 반응태도의 일종이다. 인자는 타인을 정서와 인격을 가진 존재로서 여긴다. 인 감정은 상대의 협력적 인격을 예견할 때에 형성된다. 인자는 처음 본 상대에게서 협력을 예견할 경우에 우호적인 태도를 취한다. 인자의 그러한 우호적인 태도에는 내가 먼저 우호적인 태도를 보이면 상대도 우호적인 태도를 취할 것이라는 생각이 전제되어 있다. 자식에 대한 사랑, 부모에 대한 효, 형제자매 사이의 우애 등 대부분의 인 감정은 상대의 협력적 인격을 가정한다.

효에서 부모를 존중하는 반응태도를 발견할 수 있다. 효가 성립하려면 자식에게 부모에 대한 공경의 마음이 있어야 한다. 만약 자식에게 공경의 마음이 없는 상태에서 물질적으로만 부모를 봉양한다고 한다면 그것은 개나 말을 사육하는 것과 아무런 차이가 없다. 개나 말의 사육은 물리적 조건의 충족만을 고려하는 객관적 태도에 해당한다. 그러나 효는 부모의 물리적 조건을 충족시켜주는 객관적 태도에서 나아가 주관적 동기에 대한 배려가 훨씬 더 중요하다. 바꾸어 말하면 부모의 의식주를 충분히 마련하는 것에서 나아가 부모에 대한 공경의 마음이 자식에게 있어야

10 Peter Strawson, "Freedom and Resentment" in *Free Will (Second Edition)*, Oxford University Press, 2003, pp. 72-93.

효라고 할 수 있다. 이처럼 효는 공경이라는 반응태도를 요구한다.

심지어 동물을 기를 때에도 반응태도가 수반된다. 많은 사람들은 애정을 가지고서 애완동물을 기른다. 그런데 어떤 사람들은 자신의 애완동물을 키우기 귀찮아서 내다버리는 경우도 있다. 그처럼 버려진 개나 고양이는 유기견이나 길고양이로서 살아가게 된다. 농림축산식품부에 따르면 2013년 국내에서 집계된 유기견은 6만 2천여 마리에 이른다. 동물애호가는 애완동물을 유기하는 사람들에게 애완동물에 대한 정서적 유대감이나 인격적 관심이 부재하다고 비판한다. 그런 까닭에 동물애호가는 애완동물을 유기하는 사람들에 대해 인격적인 분노나 미움의 감정이 치밀어 오르게 된다. 이와 같이 동물애호가는 애완동물에 대한 보살핌이라는 반응태도를 갖는다. 그러한 반응태도는 애완동물에게도 인격과 흡사한 특성이 있다고 가정하기 때문에 생겨난다. 그렇게 본다면 애완동물에 대한 애정 역시 효에서의 공경과 마찬가지로 인격적 반응태도의 일종임에 틀림없다.

상대에 대한 존중심은 예절(禮) 관념을 규정하는 본질적 요소이다. 상대에 대한 존중심이 없다면 예절은 공허한 형식에 그치고 만다. 타인에 대한 존중심이 결여된 예절은 외적 강제의 차원으로 변질되기 마련이다. 낡아빠진 고답적 실천 형식은 존중심을 은폐시킨다. 인습적 형식은 겉으로는 잘 포장된 상자처럼 흠잡을 데 없어 보이지만 행위자의 주관적 정서를 박제화하기 쉽다. 이 때문에 우리는 상대에게 친근감을 표현하기 위해 때로 인습을 파괴하기도 한다. 인습적 형식을 깨뜨리는 잽을 날림으로써 오히려 상대에게 더욱 생생하게 친근감을 전달할 수 있다. 우리는 친한 상대를 가볍게 놀리거나 툭 건드린다. 이러한 잽은 인습적 형식을 순간적으로 파괴함으로써 인 감정을 생생한 것으로 고양시킨다.

인 감정을 드러내는 잽은 놀려대기의 형태로 드러난다. 과장된 몸짓, 농담, 익살스런 표정, 투덜대기, 소리치기 등을 통해 상대를 놀려댄다. 서로 간의 우호적 감정이 잽을 통해 점차 활성화된다. 가령 개나 고양이 집단을 보면 서로 싸우듯이 장난치곤 한다. 어느 한 녀석이 싸움에 진 것 마냥 배를 하늘로 보이고 누워있으면 다른 녀석이 위에서 물면서 짓누르는 시늉을 한다. 이것은 진짜로 상대에게 해를 주려는 것이 아니라 놀려대기를 통해 서로의 우호적 감정을 즐기는 것이다. 이처럼 놀려대기는 나에 대한 상대의 협력적 태도를 예견한다. 비록 상대의 발걸기가 고의적인 것일지라도, 놀려대기일 경우에는 분노가 아니라 오히려 유쾌한 웃음을 유발한다. 유쾌한 웃음은 상대에 대한 친근감의 발로이다. 상대와 공감대가 형성되어 있을수록 놀려대기가 자연스럽게 이루어진다. 즐거운 놀려대기를 통해 상호 우호적 태도가 확연해짐으로써 친밀감이 더욱 증대된다. 그러한 점에서 놀려대기 역시 인 감정을 표현하고 고양시키는 하나의 형식이다.

감정과 도덕성의 관계

인 감정은 도덕적 가치를 규정하는 중요한 특징이다. 인 감정의 도덕적 중요성은 도덕성과 감정 간의 긴밀한 상관관계를 살펴보면 잘 드러난다. 만약 인간의 도덕 판단이 감성적 요소를 제외한 순수 이성적 추론만으로 구성된다고 한다면 매우 공허한 상태에 머물고 만다. 추상적 인간이 아닌 현실적 인간의 도덕 판단을 다루기 위해서는 감성적 요소를 언급하지 않을 수 없다. 감성주의 도덕론에서는 감정과 도덕 판단 간의 관련성에 대해 다음과 같은 두 가지 명제를 지지한다.

> 도덕적 속성은 존재론적 측면에서 감정 요소를 포함하고 있다.
> 도덕적 개념은 인식론적 측면에서 감정 요소를 포함하고 있다.[11]

도덕적 속성은 존재론적 측면에서 감정 요소를 포함하고 있다. 인 감정은 주어진 것이 아니라 타고난 것이다. 인간의 신체를 구성하고 있는 물리적 사실이 도덕적 속성을 구성하는 데 관여한다. 몸의 차원에서 작동하는 감정 능력은 도덕적 속성의 일부이다. 울음, 웃음, 공포, 염려, 공감, 혐오, 분노, 기쁨, 슬픔 등과 같은 감정은 인간의 도덕적 속성을 구성하는 존재론적 요소이다. 이 때문에 특정 감정 능력에 문제가 생기면 도덕성이 훼손될 수 있다. 가령 타인의 안타까운 처지를 보고서 즐거워한다거나 타인의 불의를 보고서 부러워한다고 한다면 그 사람의 도덕 인식에 대해 의심하게 될 것이다. 우리는 도덕적 특성을 지시해주는 특정 감정이 수반되지 않을 때에 당혹스럽게 생각한다. 이러한 사례에서 보듯이 감정은 도덕성을 구성하는 필수적 요소이다.

나아가 도덕 개념은 인식론적 측면에서 감정 요소를 포함한다. 도덕 판단은 "~해야 한다"는 명제를 통해 구성되는데, 감정이 그러한 명제의 성립에 관여한다. 가령 사람을 존중해야 한다는 도덕 판단이 성립하려면 연민이나 동정심과 같은 감정이 수반되어야 한다. 사람을 존중해야 한다

11 이 두 명제는 프린즈가 제시하는 것으로 감성주의 도덕론(moral sentimentalism)에서 보인다. Jesse J. Prinz, *The Emotional Construction of Morals*, Oxford University Press, 2007, pp. 14–19.

는 당위명제는 타인에 대해 연민의 감정을 가지고 있다는 사실과 별개일 수 없다. 사람을 존중해야 한다는 당위명제는 불인지심, 측은지심, 연민, 동정심 등과 같은 감정들을 통해 뚜렷한 내용을 가질 수 있다. 이러한 측면에서 보자면 당위(ought to)는 타고난 자연성(be)으로부터 독립되어 있지 않다.

명제적 인지와 비명제적 인지

도덕성이 타고난 자연성을 수반한다는 사실은 도덕 판단의 과정을 분석해보면 잘 드러난다. 도덕 감정의 하나인 인은 명제적 인지 및 비명제적 인지 차원을 갖는다. 명제적 인지가 포함된 인 감정은 의식적인 수준의 개념적 인지를 내포한다는 점에서 정밀화된 감정이다. 이에 반해 비명제적 인지가 포함되어 있는 인 감정은 본능적이고 즉흥적인 느낌(visceral feelings), 감염적이고 공감적인 공명(contagious and empathic resonance), 표정(facial expression) 등과 같은 신체적 정동 현상을 포함한다.[12] 인 감정은 명제적 인지 및 비명제적 인지를 통해 도덕 판단에 관여한다.

> 어떤 인 감정은 명제적 인지를 통해 도덕 판단에 관여한다.
> 어떤 인 감정은 비명제적 인지를 통해 도덕 판단에 관여한다.

12 정용환, 「공맹유학의 도덕 감정론」, 『철학연구』, 128집, 대한철학회, 2013, pp. 256-265.

우리는 언어활동을 하므로 명제적 인지 수준에서 인 감정을 가질 수 있다. 우리는 아이가 우물에 빠진 장면을 목격한다면 측은지심을 갖게 된다. 그 측은지심 안에는 "아이가 우물에 빠지면 안 된다"는 명제적 인지가 자리하고 있다. 이와 같이 명제적 인지를 포함한 측은지심은 당위명제를 포함함으로써 도덕 판단에 관여한다.

명제적 인지를 수반한 인 감정은 타인의 관점을 소유하는 경향이 있다. 관점 소유라는 것은 타인의 입장에 자신을 위치시키는 것을 말한다. 인간은 상상과 해석을 통해 타인의 입장을 헤아릴 줄 안다. 이 때문에 동서양을 막론하고 "타인의 입장에서 헤아려보라"는 속담이 있다. 영어의 "Put yourself in other's shoes"라는 말이나 동양의 "입장을 바꾸어 생각해보라(易地思之)"는 말은 동일한 의미를 갖는다. 우리는 "내가 만약 타인의 처지라면 ~할 것이다"라고 입장을 바꾸어 생각할 줄 안다. 그렇기 때문에 우물에 빠진 아이에 대한 측은지심에는 그 아이의 처지에 대한 역지사지적 명제적 인지가 내포될 수 있다.

인 감정에 비명제적 인지가 포함된 경우도 있다. 인은 신체의 즉흥적 반응을 통해 매우 원초적으로 드러나기도 하다. 신체의 즉흥적인 느낌이나 무의식적인 표정을 통해 드러나는 감정 현상을 정동(情動, affect)이라고 부른다. 정동 현상은 아기에서부터 어른에 이르기까지 광범위하게 나타난다. 사람은 오랜 진화의 과정을 거치면서 정동에 기초한 비명제적 인지 능력을 발전시켜왔다. 가령 우리는 깜짝 놀라면 눈동자가 커진다. 공포와 스릴을 느낄 때에는 손바닥에서 땀이 난다. 기쁨, 슬픔, 공포, 혐오, 분노 등의 감정들이 모두 신체의 즉흥적 정동으로서 표현 가능하다. 이러한 정동 현상은 신체의 즉각적 반응을 통해 나타난다는 점에서 비명제적 인지 활동에 속한다.

측은지심은 신체의 즉흥적 정동 현상에서부터 드러난다. 우물에 빠진 아이를 보면 누구나 깜짝 놀라면서(怵惕) 몸이 움찔하고 눈이 동그랗게 확대된다.[13] 나아가 정서의 직접적 감염 때문에 슬픔을 당한 사람 옆에 있으면 까닭 없이 슬퍼지고, 기뻐하는 사람 옆에 있으면 까닭 없이 기뻐진다. 정서적 감염을 통해 자신의 주변 동료나 사물들의 감정을 직접적으로 공유할 수 있다. 이처럼 인류가 오랜 시간에 걸쳐 발전시켜온 신체의 정동 능력은 무의식적 반응을 통해 타인의 안타까운 처지에 직접적으로 공감한다.

기초 감정과 복합 감정

인 감정은 기초 감정과 복합 감정을 통해 이해할 수 있다. 존슨 레어드(Philip Johnson-Laird)에 따르면 마음의 작동 체제는 명제적 메시지와 무의식적 전이라는 두 가지 경로의 중첩적 종합 과정으로 되어 있다. 무의식적 감정 신호에 의한 즉흥적 신체 반응과 명제적 메시지에 따르는 의도적 행위라는 두 가지 서로 다른 경로의 반응 체계가 사람에게서 작동한다.[14]

◇◇◇◇

13 주희, 『맹자집주』, 「공손추상」, 6장. 怵惕驚動貌, 惻傷之切也, 隱痛之深也.

14 Philip Johnson-Laird, *How We Reason*, Oxford University Press, 2008, p. 78

→ 명제적 메시지 → 작동 체제 → 의도적 행위 (복합 감정)

인지적 평가 ↑

→ 무의식적 전이 → 감정 신호 → 신체적 결과 (기초 감정)

(1) 기초 감정: 시상(sensory thalamus) - 편도(amygdala)

(2) 복합 감정: 시상(sensory thalamus) - 대뇌피질(cortex) - 편도(amygdala)

두 갈래 인지 메커니즘은 두 종류의 감정을 형성한다. 하나는 기초 감정이고 다른 하나는 복합 감정이다. 기초 감정은 감정신호에 따른 신체적 현상으로 나타나며, 복합 감정은 명제적 메시지에 대한 추론적 종합을 통한 의도적 행위에서 나타난다. 기초 감정은 대뇌피질을 경유하지 않고 편도를 거쳐 바로 몸에 나타난다. 대뇌피질이 여러 가지 기억을 담고 있으므로 대뇌피질을 경유하는 복합 감정의 경우에는 명제적 메시지를 포함한다. 그러나 기초 감정은 편도를 통해서 즉각적인 반응으로서 나타난다. 기초 감정이 편도를 통해 즉각적으로 나타난다는 것은 인류가 선사시대부터 외부 환경에 반응하면서 감정을 발전시켜왔다는 사실을 보여준다. 기초 감정에는 배고픔이나 갈증 등에 따르는 욕구, 신체의 건강과 불건강에 대한 느낌, 불쾌한 대상에 대한 혐오감, 삶의 영위와 관련된 행복이나 좌절, 위험한 상황에 대한 공포, 성욕, 동료에 대한 사회적 감정 등이 있다.

동양의 고전에서도 기초 감정의 목록을 제시한다. 『중용』에서는 기쁨(喜)·분노(怒)·슬픔(哀)·즐거움(樂) 등 네 가지를 기초 감정으로서 제시한다. 나아가 『예기』 「예운」에서는 기쁨(喜)·분노(怒)·슬픔(哀)·두려움

(懼)·사랑(愛)·미움(惡)·욕망(欲) 등 일곱 가지를 기초 감정으로서 제시한다. 기초 감정이 무엇이냐에 대해 학자들마다 출입이 있지만, 의식적인 사유 과정을 거치지 않고 외부의 상황에 대해 긴박하게 작동하는 인류의 보편적인 감정이라는 것에 대해서는 일치한다.

감정은 몸과 함께 상보적으로 진화되어왔다. 마음속에 품은 감정은 몸으로 드러나기 마련이다. 그것은 우리의 몸이 그 자체로 감정을 가질 수 있도록 진화해왔기 때문이다. 에크만(Paul Ekman)은 인간에게 분노, 혐오, 공포, 슬픔, 놀람, 행복 등과 같은 여섯 가지 기초 감정이 있다고 말한다. 그는 자신의 학설을 증명하기 위해 파푸아 뉴기니 섬으로 가서 수렵 및 채집 생활을 하는 포레이(Foré) 부족과 함께 몇 개월을 지낸 적이 있다. 포레이 부족은 현대 문명과 접한 적이 전혀 없었다. 그럼에도 불구하고 포레이 부족은 현대인과 마찬가지로 표정을 지을 줄 알고 그 의미를 이해할 줄 알았다. 에크만은 계속적인 표정 연구를 통해 인간에게 보편적으로 진화되어온 기초 감정이 있다는 사실을 밝혀냈다.[15]

기초 감정이 복합 감정에 대한 생물학적 토대라면 복합 감정은 자신의 이상적 모델, 대안적 가능성, 상상적 가설 등을 비교하는 의식적 추론에 의해 형성된다. 후회, 분개, 자부심, 당황감 등이 복합 감정에 속한다. 복합 감정은 기초 감정의 신호와 의식적인 명제를 통합한다. 따라서 문화적인 성취는 복합 감정에 큰 영향을 끼친다. 사람들은 자신이 습득한 문화적 성향에 따라 서로 다른 감정의 양식들을 가진다. 가령 개고기를 먹지 않는 문화권의 사람들은 개고기를 먹는 문화권의 사람들보다 개고기

15 대커 켈트너, 하윤숙 옮김, 『선의 탄생』, 옥당, 2011, pp. 68-69.

음식에 대해 훨씬 더 큰 혐오감을 느낀다. 그것은 대뇌피질을 경유하는 의식적 차원에서의 명제적 인지가 혐오감의 형성에 크게 관여하기 때문이다. 이와 같이 인간의 감정은 의식적인 차원과 결합함으로써 매우 다양한 종류로 분화된다.

인(仁) 감정도 기초 감정과 복합 감정으로 나뉜다. 인과 관련된 기초 감정으로는 사랑과 슬픔을 들 수 있다. 사랑 중에서도 엄마와 아기 사이의 친밀감은 신체적 정신적으로 매우 강하게 진화되어 있다. 아직 말을 배우기 이전의 아기일지라도 엄마와는 매우 강한 정서적 애착 관계를 형성한다. 엄마 역시 아기에게 강한 애착을 갖는다. 엄마와 아기 사이의 본능적인 애착은 흠모와는 매우 다르다. 흠모가 자신이 이상적으로 생각하는 대상에 대해 갖는 감정이라면, 애착은 자궁 속 태아 시절부터 엄마와 몸으로 교감함으로써 생겨난다. 애착과 같은 기초 감정이 의식 활동을 통해 다양한 형태의 명제적 인지를 포함한 복합 감정들로 분화된다.

슬픔 역시 인류에게 매우 오래된 기초 감정 중에 하나이다. 인간은 애착 관계에 있는 가까운 사람이 다치거나 죽을 경우에 저도 모르게 슬퍼하게 된다. 아기는 보통 부모가 괴로워하면 표정, 몸짓, 소리를 통해서 그 괴로움을 공감한다. 또한 아기는 자신에게 필요한 사항이 생기면 울음보를 터뜨림으로써 주변 사람에게 알린다. 아기의 우는 소리와 찌푸린 표정은 돌봐주는 사람으로 하여금 자신이 필요한 것을 충족시켜주도록 자극한다. 기초 감정으로서 슬픔은 인류의 원초적 감정이며, 자신이 상실한 것을 확인함으로써 보충할 계기를 마련하는 역할을 한다. 이러한 기초 감정으로서 슬픔은 다양한 형태의 복합 감정으로 발전한다.

인은 기초 감정과 복합 감정 양자에 걸쳐 광범위하게 나타나는 도덕 감정이다. 인과 연관이 깊은 사랑이나 슬픔의 감정은 기쁨, 놀람, 분노, 공포 등과 함께 기초 감정에 속한다. 사랑이나 슬픔의 감정은 교육, 정치, 문화 등과 같은 여러 가지 후천적 조건들을 만남으로써 보살핌, 공경, 존중, 흠모, 존경 등과 같은 다양한 형태의 복합 감정들로 분기한다.

3장

덕: 윤리학적 의미

덕의 의미

우리는 흔히 다른 사람을 존중하면서 잘 대해주는 사람을 일러 "덕이 있다"고 말한다. 나아가 우리는 다른 사람의 도움을 받았을 때에도 그 사람 덕에 일이 잘 되었다고 고마움을 표시한다. 이 경우에 덕은 일이 잘 될 수 있도록 기여한 사람의 좋은 능력을 가리킨다. 이러한 사례들에 근거해 일반화하자면, 덕이란 좋은 삶을 획득하는 데에 요구되는 능력·자질·품성 등의 훌륭함을 가리킨다.

덕이라는 말의 기원 역시 사람이 가진 훌륭함과 관련이 있다. 덕이란 말은 본래 '德'이라는 한자에서 왔다. 『예기』「악기」에 보면 '德'이란 '얻음(得)'을 뜻하며, 얻음이란 예와 악에 대한 훌륭한 능력의 획득을 가리킨다.[1] 음악의 경우에 덕이 있는 사람은 좋은 음악에 대한 이해 및 연주 솜씨를 가지고 있다. 훌륭한 작곡가는 조화롭지 못한 곡조와 조화로운 곡조를 구별할 줄 아는 이해력을 가지고 있으며, 음들을 조화시킴으로써 하나의 아름다운 곡을 완성한다. 나아가 훌륭한 연주자는 작곡가가 작곡해놓은 좋은 곡조를 잘 연주할 줄 안다. 이처럼 덕이 있으려면 능력에 있어 훌륭함을 얻어야 한다.

덕이 훌륭함을 필요로 한다고 하여 훌륭함이 덕의 의미를 결정하는 절대적 요소인 것은 아니다. 훌륭한 능력이 있다고 하여 반드시 덕이 있다고 부르지는 않기 때문이다. 오늘날 우리가 사용하는 덕의 의미는 훌륭한 능력 이상의 의미를 내포한다. 누군가에게 덕이 있다고 말하는 경우를 보자. 누군가에게 덕이 있다는 말은 그의 훌륭함이 타인에게 좋은 영향을 주었을 때에 사용된다. 비록 아무리 훌륭한 능력이 있다고 할지라도 그러한 능력이 타인에게 좋은 영향을 주지 않으면 덕이 있다고 말하지 않는다. 훌륭한 연주자의 음악 연주가 사람들에게 유익한 시간을 제공했다면, 그 음악을 감상한 사람들은 연주자 덕에 좋은 시간을 가졌다고 고마워한다. 이처럼 오늘날 우리가 사용하는 덕이라는 말은 타인에게 좋은 영향을 미치는 능력이나 성품의 훌륭함을 뜻한다.

타인에게 좋은 영향을 주는 훌륭함으로서 덕에는 세 가지가 있다. 먼저 기술적 덕이다. 좋은 기술을 가진 스포츠 선수는 다른 사람에게 즐거움을 준다. 마찬가지로 훌륭한 요리사는 음식을 조리함으로써 사람들에게 좋은 맛과 영양을 선사하며, 훌륭한 의사는 의술을 통해 사람들의 아

1 『예기』, 「악기」. 不知聲者, 不可與言音. 不知音者, 不可與言樂. 知樂則幾於禮矣. 禮樂皆得, 謂之有德, 德者得也. 是故樂之隆, 非極音也. 食饗之禮, 非致味也.

픔을 멈추게 하며, 마술사는 민첩한 손기술을 통해 진기한 재미를 선사한다. 이밖에도 사람들을 유익하게 하는 기술들은 매우 다양하다.

다음으로 지적 덕을 들 수 있다. 이해력이 뛰어난 사람들은 세계를 바라보는 탁월한 안목을 우리에게 준다. 가령 고대 사람들은 지구가 평평하다고 생각했다. 그러나 탈레스와 같이 뛰어난 통찰력을 가진 사람들이 등장하자 지구는 평평하지 않고 둥글다는 사실이 새롭게 밝혀졌다. 월식 때 달에 비친 지구의 그림자나 수평선에 차츰 나타나는 배의 모습 등을 통해 지구가 둥글다는 것을 추론하였다. 지금은 그러한 과학적 발견에 힘입어 누구나 지구가 둥글다고 생각한다. 이와 같이 지적 통찰력은 사람들로 하여금 세계를 더욱 정확하고 심오하게 이해하도록 도와준다.

윤리적 덕도 있다. 윤리적으로 훌륭한 행위는 타인에게 유익함을 준다. 가령 약속을 잘 지키는 사람은 타인의 미래에 대한 기대치를 망가뜨리지 않는다. 또한 책임감이 강한 사람은 자신의 일을 잘 수행함으로써 공동체의 복지에 이익을 준다. 예컨대 식당의 요리사가 자신의 일에 책임감을 가지고서 좋은 재료를 엄선해 깔끔한 요리를 내놓는다면 사람들의 건강 증진에 유익하다. 이와 같이 윤리적으로 훌륭한 행위는 타인의 삶에 유익함을 가져다준다.

기술적 덕, 지적 덕, 윤리적 덕은 모두 좋음의 획득과 관련이 있다. 우리가 누군가에 대해 "덕이 있다"고 말하는 것은 그가 좋은 어떤 것을 실천할 수 있는 능력이 있다는 것을 함축한다. 우리는 누군가의 도움을 받았을 때에 "그 사람 덕에 일이 잘 되었다"고 말한다. 이 말 또한 누군가가 일이 잘 될 수 있도록 해주었다는 것을 함축한다. 이처럼 모든 덕은 좋음의 획득을 목적으로 한다.

좋음 중에서도 탁월하게 좋은 것을 훌륭하다고 말한다. 훌륭함이란 최상이거나 적어도 매우 높은 수준의 상태를 가리킨다. 그런 까닭에 훌륭함에 의해 규정된 덕의 외연은 탁월한 것들에 한정된다. 이에 비해 좋음이란 조금이라도 좋은 점이 있으면 성립하는 개념이다. 그런 까닭에 좋음에 의해 규정된 덕의 외연은 더욱 광범위하다. 훌륭한 것은 희소하지만 좋은 것은 더욱 많을 수 있다. 가령 낡은 자동차일지라도 걷는 것보다는 목적지에 빨리 갈 수 있게 해준다는 점에서는 좋다. 그러나 낡은 자동차를 훌륭한 자동차라고 부르기는 어렵다. 왜냐하면 낡은 자동차는 한두 가지 좋은 점을 빼면 탈것으로서 좋지 않은 점들이 많기 때문이다. 정리컨대 훌륭함이 덕에 대한 좁은 정의라고 한다면, 좋음은 덕에 대한 넓은 정의에 해당한다.

좋음 개념에 기초해 덕을 이해해보기로 하자. 좋음의 획득은 두 가지 측면에서 생각해볼 수 있다. 하나는 수단으로서 좋음이고 다른 하나는 그 자체로서 좋음이다. 수단으로서 좋음이 다른 목적을 달성하는 데에 효과적이라면, 그 자체로서 좋음은 수단과 목적이 분리되지 않고 그 자체로서 좋다.

(1) 수단으로서 좋음

마구는 승마에 좋음

승마는 병법에 좋음

병법은 국가 안보에 좋음

국가 안보는 삶에 좋음

악기 연주는 스트레스 해소에 좋음

스트레스 해소는 학점 향상에 좋음

학점 향상은 취업에 좋음

취업은 삶에 좋음

(2) 그 자체로서 좋음

승마를 즐기는 사람에게 승마는 그 자체로서 좋음

악기 연주를 즐기는 사람에게 악기 연주는 그 자체로서 좋음

알기를 원하는 사람에게 공부는 그 자체로서 좋음

인의 실천을 바라는 사람에게 인의 실천은 그 자체로서 좋음

수단으로서 좋음이나 그 자체로서 좋음이 증가할수록 삶은 더욱 좋아질 수 있다. 수단으로서 좋음은 목적을 획득하는 데에 봉사하며, 목적이 사라지면 의미를 잃게 된다. 가령 마구와 승마의 관계가 그러하다. 마구는 기수가 승마하지 않을 때에는 기수에게 별 의미가 없다. 그 때에는 그저 사물함에 보관되어 있을 뿐이다. 그러다가 승마를 할 때에는 마구가 매우 유용한 도구가 된다. 한편 그 자체로서 좋음은 그 자체가 목적이어서 수단과 목적이 분리되지 않는다. 가령 승마를 즐기는 사람에게 승마는 그 자체가 목적이다. 물론 그 자체로서 좋음이 다른 목적을 위한 수단이 될 수 있다. 가령 승마는 그 자체로서 좋음이면서 동시에 병법을 위한 수단으로서 좋음일 수도 있다.

좋아함, 옳음, 좋음

덕 개념에 대해 더욱 상세하게 이해하기 위해 그 자체로서 좋음이 어

디에서 기원하는지에 대해 분석해볼 필요가 있다. 우리는 왜 어떤 것을 그 자체로 좋다고 말할까? 가장 먼저 고려해볼 수 있는 좋음의 기원은 좋아함이다. 우리는 자신이 좋아하는 것(好)을 하고 자신이 싫어하는 것(惡)을 하지 않을 때에 행복하다고 말한다. 반대로 좋아하는 것을 하지 못하거나 싫어하는 것을 해야 한다면 행복하기 어려울 것이며, 그러한 상황을 두고 좋다고 말하기 어렵다. 그러한 점에서 좋아함의 성취와 싫어함의 회피는 분명히 좋음과 밀접한 관련이 있다. 가령 등산을 좋아하는 사람들은 산에 올라 신선한 공기를 마시면 "좋다"고 탄성을 지른다. 반면에 등산을 싫어하는 사람들은 되도록 높은 산에 오르지 않으려고 한다. 이처럼 많은 경우에 좋아하는 것을 하고 싫어하는 것을 하지 않음으로써 좋음을 얻을 수 있다.

그러나 좋아함과 싫어함이 반드시 좋음과 일치하는 것은 아니다. 어떤 일은 자신이 좋아해서 하더라도 좋다고 평가받지 못한다. 가령 많은 사람들에게 충격을 줬던 매값 사건을 보자.

> 물류업체 M&M 전 대표 최철원(당시 41세) 씨는 회사를 상대로 1인 시위를 벌이던 유모(당시 52세) 씨를 야구방망이로 폭행하였다. 그 뒤에 최씨는 '매값'으로 회사 돈 2,000만원을 유모 씨에게 건넸다. 결국 최씨는 폭행 혐의로 구속되어 법원에서 유죄를 선고받았다.[2]

최씨는 자신이 하고 싶은 대로 했지만, 사람들은 그러한 행위에 대해

2 임주형 기자, 「'매값 폭행' 최철원씨 구속」, 《서울신문》, 2010년 12월 9일.

좋다고 말하지 않는다. 왜냐하면 최씨의 폭력행위는 법적으로나 도덕적으로나 옳은 행위가 아님이 명백하기 때문이다. 최씨의 폭력 행위는 옳음이 무엇인지에 대한 고려 없이 자신이 좋아하는 것만을 했기 때문에 도덕적으로 문제가 있다. 아무리 자신이 좋아하는 것이라고 할지라도 옳지 않은 행위에 대해서까지 좋다고 평가하지 않는다. 반대로 자신이 싫어하는 일이라고 할지라도 반드시 해야 옳은 경우도 있다. 가령 자신이 하기로 약속한 일은 비록 힘들고 싫더라도 수행해야 한다. 약속을 어기는 것은 옳지 않기 때문이다.

이처럼 좋아함과 싫어함은 옳음의 제약을 받는다. 좋아함에서 나아가 옳음이라는 제약이 고려될 때라야 좋음에 가까워질 수 있다. 옳다고 판명된 것들을 준수하는 사람은 단지 자신이 좋아하는 것만을 하는 사람보다 좋음에 더 가까이 다가간 사람이다. 옳음을 배제하고 자신이 좋아하는 것만을 하는 사람은 그만큼 다른 사람에 대해 배려하지 않는다는 것을 뜻한다. 옳은 행위는 다른 사람에게 해를 끼치지 않음을 전제한다. 이에 반해 옳음을 배제한 좋아함의 추구는 타인에게 해를 끼치기 쉽다.

좋음을 추구하는 유덕자는 좋아함에서 나아가 옳음을 보존한다. 유덕자는 좋아함을 위해 옳음을 희생시키지 않는다. 거지라고 하더라도 누군가가 발로 차서 음식을 주면 기쁘게 받아먹지 않으려고 한다. 그것은 아무리 배고픈 거지라고 하더라도 옳지 않은 방식으로 제공되는 음식에 대해서는 윤리적 거부감이 있기 때문이다. 옳음을 해치면서 자신이 좋아하는 것의 획득에만 골몰할 경우에 부덕에 이르게 된다. 뇌물을 주어 고위직에 오른다거나 촌지를 주어 교사의 호감을 산다든가 하는 것은 발로 차서 주는 음식을 얻어먹는 것이나 다름없다. 이러한 부덕한 행위들은 좋아함을 위해 옳음을 팽개친다는 점에서 좋음의 가치를 훼손한다. 그런 까닭에 유덕자는 부당한 뇌물, 촌지, 향응 등을 거부함으로써 옳음을 보존한다.

옳음은 사회적 의무의 형태로서 객관화된다. 옳음은 관습이나 법규 등을 통해 의무로서 현실화된다. 관습이나 법규는 옳음이 좋아함보다 우선적으로 지켜야할 의무라는 것을 사람들에게 알려준다. 가령 도로에서 자동차를 운전하는 사람들은 도로교통법을 준수해야 하며, 장례식장에서는 흥겹게 노래를 불러서는 안 된다. 이처럼 관습이나 법규는 옳음을 보존하려는 사회적 노력의 산물이다.

다만 옳음이 성립하기 위해서는 관습이나 법규와 같은 객관적 정당화에서 나아가 주관적 정당화도 필요하다. 특히 동기의 측면에서 보자면 옳음이 잘 실천되기 위해서는 주관적 정당화가 전제되어야 한다. 옳음에 대한 주관적 확신이 없이 단지 외적인 처벌에 기초한 의무로서 옳음 준수는 수동적인 행위만을 양산하게 된다. 처벌이나 보상에 의해 외부에서 강제적으로 부과된 의무는 행위자의 외적 동기를 형성한다. 그런데 그러한 외적 동기는 외부의 힘이 없으면 활성화되지 않는다. 나아가 외적 동기가 사라지면 옳음을 실천하기 어렵다. 자발성에 기초한 내적 동기가 결여된 옳음은 좋음에 이르기 어렵다. 왜냐하면 그러한 상태에서는 외적 강제가 없을 경우에 옳음을 실천하려는 의지가 약해지기 때문이다. 그러한 점에서 옳음의 실천과 관련해 내적 동기에 의한 주관적 정당화가 요구된다.

가령 벌금이나 과태료를 모면하기 위해서 도로교통법을 준수하는 철수라는 사람의 경우를 보자. 그는 법정 속도 이상으로 과속을 하지 않을 뿐만 아니라 주정차 법규도 잘 준수한다. 다만 그가 도로교통법을 준수하는 것은 처벌을 두려워해서이지 다른 이유가 있어서가 아니다. 그는 도로교통법의 본래 취지가 운전자 및 보행자 상호간에 존중함으로써 더욱 나은 생활을 하는 데 있다는 것에 대한 자각이 없다. 그렇다고 한다면 그의 도로교통법 준수는 외적 동기에 의해서만 이루지고 있는 셈이다. 이러한 철수의 옳음 준수는 준수하지 않는 것보다는 낫지만, 그렇다고 하여 이상적인 행위인 것은 아니다. 왜냐하면 철수는 법규에 의해 처벌받지 않을 경우에는 좋지 않은 운전을 할 수도 있기 때문이다. 철수가 교통 법규를 잘 준수한다고 하더라도 과격한 운전, 끼어들기, 잦은 경적 소리 등과 같은 형태로 여전히 무례하게 운전하는 것이 가능하다. .그러한 경우에는 철수가 비록 법규를 잘 지켰다고 하더라도 여전히 좋지 않은 운전자임에 틀림없다. 그러한 점에서 옳음은 내적 동기에 의한 주관적 정당화가 요구된다.

옳음에 관한 내적 동기는 연민, 동정심, 측은지심 등과 같은 자연스러운 도덕 감정에 의해 생겨난다. 그러한 도덕적 당위성은 사려에 의해 더욱 분명한 형태의 내적 동기로서 자리한다. 사려는 도덕 감정의 비중을 반성적으로 판별해내는 역할을 한다. 가령 철수가 공원을 지나다가 우연히 우물에 빠진 아이를 목격했다고 해보자. 철수는 그 아이에 대해 자연스럽게 측은지심을 느낄 것이다. 하지만 철수는 어제 구입한 새 정장을 입고 있는 상태다. 철수가 우물에 빠진 아이를 구하기 위해서는 새 정장을 더럽혀야만 한다. 이 때문에 철수는 순간적이나마 고민에 빠질 것이다. 그 아이를 구하기 위해 물에 뛰어들 것인가 아니면 새 정장을 보호할 것인가? 만약 철수가 새 정장에 구애받지 않고 위험에 처한 아이를 구했다고 해보자. 이 경우에 사람들은 철수의 행위에 대해 찬사를 보낼 것이다. 그 이유는 새 정장보다 곤란한 상황에 처한 사람에 대한 존중심을 중시하는 생각이 철수에게 있다고 여기기 때문이다. 이처럼 사려는 도덕 감정으로서 측은지심이 물질적 이득보다 중요하다는 사실을 의식적 차원에서 정당화한다.

하지만 철수가 우물에 빠진 아이를 구하는 것보다 새 정장을 중요하게 여기는 선택을 할 수도 있다. 이 경우에 우물에 빠진 아이를 방치한 철수의 태도에 대해 비인간적이라고 생각하는 사람들이 많을 것이다. 그 이유는 우물에 빠진 아이를 구하고자 하는 측은지심이 주관적 동기로서 정당화되어 있지 않기 때문이다. 사람들은 이 경우에 측은지심이라는 감정이 철수의 의식에서 정당화되어야 마땅하다고 여긴다.

감정에 기초하여 옳음을 해석하는 입장을 도덕적 정서주의라고 부른다. 옳음은 객관적인 의무의 형태로서 드러나지만, 행위자의 도덕 감정으로부터 독립되어 있지 않다. 의식적 차원의 반성적 사려는 관련 정서의 영향으로부터 자유로울 수 없다. 정서는 반성적 차원의 도덕 판단을 정당화하는 데 결여되어서는 안 된다. 만약 도덕 판단의 과정에서 관련 감정이 도외시될 경우에 그러한 판단은 공허해진다. 가령 우물에 빠진 아이를 구해야 한다는 판단을 내리면서도 아무런 측은지심이 없는 경우가 그러하다. 또한 자신의 아이를 사랑해야 한다고 생각하는 어머니가 아이에 대해 아무런 애착이나 애정이 없는 경우가 그러하다. 도덕 판단이 공허한 형식으로 전락하지 않기 위해서는 정서에 기초한 주관적 정당화가 필요하다.

〈표 4〉 도덕적 정서주의

도덕 속성	판단 종류	정당화 조건
감정	좋아함과 싫어함	주관적 정당화
의무	옳음과 그름	객관적 정당화
덕	좋음과 나쁨	종합적 정당화

사람들은 감정의 층위에서 좋아함과 싫어함이라는 정서적 선호가 발

생한다. 한편 의무의 영역에서는 옳음과 그름의 측면에서 행위를 제약한다. 이 양자는 최종적으로 좋음과 나쁨의 측면에서 덕 영역에서 종합된다. 도덕 감정이 내적 동기를 구성하는 주관적 정당화 조건이라고 한다면, 사회적 의무는 외적 동기를 구성하는 객관적 정당화 조건이다. 유덕자는 행위를 할 때에 주관적 정당화 조건과 객관적 정당화 조건을 종합적으로 사려하여 가장 좋음 곧 최선을 추구한다.

도덕적 정서주의는 감정이 도덕 판단의 시원(始原)이라고 본다. 유덕자는 좋음의 인식 과정에서 객관적 정당화 조건과 주관적 정당화 조건이 충돌할 경우에 후자를 더 중시한다. 맹자가 말하는 권도(權道)의 상황이 그러하다. 권도란 하나의 사태에 대해 두 가지 가치가 충돌할 경우에 더 비중이 큰 것을 따르는 것을 말한다. 만약 형수가 물에 빠져 익사하려는 위태한 상황이라고 한다면 누구나 형수의 손을 잡아 구해주려는 마음이 들 것이다. 그러나 맹자 당시에는 남녀 사이에 손을 잡지 않아야 한다는 예법이 있었다. 이 경우에 형수를 구하고자 하는 도덕 감정과 남녀 간에 손을 잡지 않아야 한다는 사회적 의무 간에 충돌이 일어난다. 맹자는 이러한 딜레마 상황에서 손을 잡아 형수를 구해야 한다고 말한다. 왜냐하면 형수를 구하고자 하는 도덕 감정이 남녀 간에 손을 잡지 않아야 한다는 예법보다 중요하기 때문이다. 이처럼 도덕적 정서주의에서 도덕 감정은 최선의 덕을 획득하는 데 있어 시원적 필요조건이다.

존재론적 정서주의와 인식론적 정서주의

덕 윤리학에서 감정과 도덕 판단의 관련성은 두 가지이다. 하나는 존재론적 관련성이고 다른 하나는 인식론적 관련성이다. 먼저 감정은 존재론적 측면에서 도덕적 속성을 구성하는 필수적 요소이다. 이러한 입장을 존재론적 정서주의라고 부르며, 덕 윤리학은 존재론적 정서주의를 지지한다. 존재론적 정서주의는 도덕적 당위가 인간의 존재론적 사실인 감정과 깊이 관련되어 있다고 생각한다. 사람이 사람으로서 존재한다는 사실 자체로부터 도덕적 성향을 발견할 수 있다. 인간 존재로부터 도덕적 성향을 발견할 수 있는 실마리가 바로 감정이다. 건강한 사람이라면 누구나 기본적으로 기쁨, 분노, 슬픔, 즐거움 등의 감정들을 타고난다. 이러한 감정들이 사람들에게 자연스럽게 구비되어 있다. 이러한 몇 가지 기초 감정들은 사람의 사람됨을 구성하는 필수 요소이다.

가령 공감 능력은 도덕 속성을 구성하는 존재론적 감성 요소의 하나이다. 존재론적으로 인간은 동료의 고통에 대해 안타깝게 여기는가 하면, 동료의 행복에 대해 안도감을 느낀다. 특히 자신의 자식에 대해서는 친밀감이나 연민의 감정 강도가 증대된다. 사람들은 일반적으로 친밀한 사람이 옆에서 고통을 당할 경우에 더욱 크게 놀라면서 염려한다. 이처럼 대부분의 경우 공감의 크기는 친밀감에 비례한다. 왜냐하면 인간은 존재론적으로 친근한 사람에 대해 공감 능력이 훨씬 생생하게 작동하도록 진화되어 왔기 때문이다.

공감 능력은 유덕자의 도덕적 실천과 깊은 관련이 있다. 유덕자에게 있어 도덕적 책임은 상대와의 공감 정도가 클수록 증대되고, 공감 정도가 작을수록 감소된다. 자신이 키우던 아이를 굶어죽도록 방치하는 것과 잘 모르는 제 3세계 국가의 어떤 아이의 기아를 외면하는 것을 비교해보자. 우리는 대부분 전자가 후자보다 훨씬 도덕적으로 용납할 수 없는 행위라고 말한다. 그것은 전자가 후자보다 아이에 대한 친근감이 훨씬 강하게 발달되어 있기 때문이다. 마찬가지 이유로 우리는 보험금을 노린 직계 존비속 살인을 패륜적 범죄라고 부른다. 그것은 공감의 정도가 도덕적 책임의 크기에 어느 정도 관여하기 때문이다. 이와 같이 인간이 도덕을 추구하는 근거는 존재론적 감정 요소에서 쉽게 발견된다.

나아가 감정은 인식론적 측면에서 도덕적 개념을 구성하는 필수 요소이다. 도덕 인식은 합리적 사려뿐만 아니라 정서적 요소를 포함해야만 온전해진다. 도덕 인식에 관한 이와 같은 입장을 인식론적 정서주의라고 부르며, 덕 윤리학은 인식론적 정서주의를 지지한다.

감정 능력은 도덕 인식의 과정에서 요구된다. 가령 "사람을 존중해야 한다"는 당위명제를 잘 알고 있는 사람이 있다고 해보자. 그런데 불행하게도 그 사람에게는 공감, 연민, 동정심 등의 감정 능력이 결여되어 있다. 그런 탓에 그는 사람을 존중해야 한다는 당위명제를 잘 이해하지만 어려운 처지의 사람에게 연민과 동정심을 느끼지는 못한다. 가령 모성애를 상실한 어머니는 자신의 아이를 사랑해야 한다는 것을 잘 알지만, 자신이 자식에게 냉담하거나 사납게 대한다는 사실을 잘 인식하지 못한다.[3] 모성애를 상실한 어머니는 자식을 사랑해야 한다는 당위명제를 개념적으로 잘 이해하지만 실제로 자식에 대해 애정을 드러내는 데에 장애가 있다. 그러한 어머니는 자식에게 어떻게 대하는 것이 사랑인지에 대한 도덕 인식이 불충분하다.

도덕 인식은 사유나 추론과 같은 이성적 이해력만으로는 온전하게 구성될 수 없다. 사람을 존중해야 한다는 도덕 인식이 온전해지기 위해서

3 교육방송, 「다큐프라임: 마더 쇼크」, 2011년 5월 30일 밤9시 50분 방영.

는 거기에 연민, 동정심, 공감 등의 감정 능력이 수반되어야 한다. 사이코패스와 같이 공감 능력이 결여된 사람이라면 타인에 대한 존중의 인식을 갖기 어렵다. 그것은 이해력 때문이 아니라 공감 능력의 결여 때문이다. 사이코패스는 타인에게 고통을 주면서도 그것에 대해 공감하거나 연민하지 못한다. 그와 같은 공감 능력의 결여는 타인에 대한 존중의 인식이 온전하지 못하도록 만든다. 이러한 사례에서 보듯이 인식론적 측면에서 감정은 도덕 인식을 온전하게 하는 데에 필수적 요소이다.

정의주의, 이성주의, 공리주의 비판

덕 윤리학과 달리 감정을 도덕 담론에서 배제하려는 윤리학적 입장들이 있다. 정의주의, 이성주의, 공리주의 등의 철학이 그러하다. 덕 윤리학은 이 세 종류 관점에 대해 비판적이다.

첫째, 정의주의(emotivism) 도덕론은 도덕 판단에 관여하는 존재론적 감정 요소를 부정한다. 정의주의는 당위명제란 참인지 거짓인지를 밝힐 수 없는 사이비 개념들(pseudo-concepts)이라고 본다. 정의주의에 의하면 참된 당위명제는 존재할 수 없다. 에이어(A. J. Ayer)에 의하면 당위명제란 기껏해야 인식론적 측면에서 "~하고 싶다"를 나타내는 감정적 선호에 불과하다. 얼핏 보면 정의주의는 당위명제를 감정의 선호로 환원하므로 도덕 판단의 과정에서 감정적 요소를 중시하는 것으로 생각할지도 모른다. 그러나 정의주의에서 감정적 선호를 내세우는 것은 도덕명제 자체를 무화시키기 위해서이다. 정의주의에서는 존재론적 감정 요소가 도덕 판단을 이끌어내는 데에 전혀 기여하지 못한다. 정의주의 관점에서 보자면 도덕 판단이란 하나의 취향이나 기호에 불과하다. 그러한 점에서 정의주의 도덕론은 감정의 상대성에 기초해 당위명제가 상대적 선호에 불과하다고 추론한다.

덕 윤리학적 관점에서 보자면 정의주의는 도덕성과 감정 간의 관계를 올바르게 이해하지 못하고 있다. 우선적으로 '~해야 한다'는 당위성과 '~하고 싶다'는 정서는 서로 다른 범주이다. 정의주의처럼 당위성을 모두 감정으로 환원할 경우에 당위명제는 정서적 욕구에 불과하게 되며, 그 자체로는 아무런 의미도 지니지 못하게 된다. 사실상 이러한 정의주의적 관점은 현실에 적용되기 어렵다. 가령 "타인에게 피해를 주지 말아야 한다"는 당위명제가 "타인에게 피해를 주고 싶지 않다"는 정서적 선호로 모두 환원되는 것은 아니기 때문이다. 우리는 타인에게 피해를 주고 싶지 않으므로 타인에게 피해를 주지 말아야 한다고 항상 추론하는 것은 아니다. 사람들 중에는 타인에게 피해를 끼치면서까지 자신에게 이득을 가져오고 싶은 사람들이 있다. 사람들은 그러한 선호를 도덕적으로 옳다고 보지 않는다. 오히려 우리는 그러한 선호와는 별도로 "타인에게 피해를 주지 말아야 한다"는 당위명제를 정당화한다. 그러한 점에서 당위명제를 정서적 선호로 환원하는 방식이 언제나 성립하는 것은 아니다.

나아가 정의주의는 인간의 정서를 개인의 취향에 한정함으로써 감정에 대한 편협한 관점을 갖고 있다. 정의주의는 인간의 감정이 개인에 따라 상대적인 취향을 형성한다고 가정한다. 하지만 정의주의에서 주장하는 것처럼 당위명제의 구성에 관여하는 정서적 선호를 개인적 취향의 차원으로만 국한할 수 있는 것은 아니다. 오히려 인간의 감정은 사람들 간에 공유할 수 있는 보편적 토대를 갖는다. 기쁨, 분노, 슬픔, 즐거움, 사랑, 공포, 혐오 등의 감정은 인류의 차원에서 진화론적으로 형성된 보편적 감정들이다. 대부분의 인간은 더러운 것에 대해 혐오감을 가지며, 불의한 것에 대해 분노의 감정을 갖는다.

인간이 보편적으로 가지고 있는 감정들은 당위명제의 정당화 과정에서 필수적인 요소이다. 정의주의가 주장하듯이 감정적 요소가 당위명제를 상대화시키지 않는다. 인간의 감정은 정의주의가 주장하듯이 개인적 취향으로 파편화되지 않는다. 오히려 감정의 존재론적 요소와 인식론적 요소에 의해 당위명제가 더욱 잘 정당화될 수 있다. 가령 이기적 폭력에 대한 분노나 혐오는 "타인에게 피해를 주지 말아야 한다"는 당위명제의 정당화에 기여한다. 불의에 대한 분노의 감정은 인류 차원에서 보편적으로 작동함으로써 정의나 인권 개념의 정당화에 기여한다. 인류가 진화시켜온 다양한 감정 능력은 정의주의가 주장하듯이 도덕성을 상대화시키는 것이 아니라 오히려 보편 도덕의 가능성에 기여한다.

둘째, 이성주의 도덕론은 정의주의와는 반대로 감정을 도덕 판단의 과정에서 배제해야 한다고 본다. 엄격한 이성주의자로는 칸트를 들 수 있다. 칸트는 도덕 법칙이 감정과 같은 질료에 의해서 규정된다면 객관적 규범으로서 기능할 수 없다고 본다. 칸트에 의하면 실천이성만이 유일하게 보편적인 도덕 법칙을 추론할 수 있다.[4] 도덕 법칙은 오직 실천이성에 의해 추론된 보편타당한 형식적 실천의 원리이며, 감정의 영역에 대한 정언명령의 형태로 드러난다. 칸트의 실천이성은 "네 의지의 준칙이 언제나 동시에 보편적 입법의 원리가 될 수 있도록 행위하라"는 격률을 수행한다. 실천이성에 의해 형식적으로 추론된 보편타당한 입법의 원리가 개인들의

◇◇◇◇

4 칸트, 백종원 옮김, 『실천이성비판』, 아카넷, 2002, pp. 105-108.

도덕적 의무인 셈이다. 그런 까닭에 칸트는 인간이 비록 도덕 법칙을 수행함으로써 만족감을 느낀다고 하더라도 그것은 의무 수행에 후속하는 현상일 뿐이지 도덕 판단에 직접적으로 관여하는 것은 아니라고 본다. 이처럼 칸트는 감정이 배제되어야만 이성이 보편적 도덕 판단을 올바르게 도출할 수 있다고 믿는다.

이성주의가 제시하는 보편적 도덕 법칙으로서 의무는 정서적 요인을 배제하므로 실제의 삶에 적용되기 어려운 공허함을 면치 못한다. 왜냐하면 우리의 도덕 판단은 감정을 고려할 때라야 현실 타당성을 가진 보편적 도덕 법칙을 도출할 수 있기 때문이다. 가령 사람을 존중해야 한다는 당위명제를 추론할 때에 동정심을 배제한다고 해보자. 그럴 경우에 우리는 자신의 아이든 잘 모르는 제3세계 아이든 동일하게 존중해야 할 것이다. 그러나 현실에서 우리는 잘 모르는 제3세계의 아이보다 자신의 아이에게 더욱 많은 관심을 가진 까닭에 자신의 아이를 더욱 잘 보살펴야 마땅하다고 생각한다. 제3세계의 궁핍한 아이에 대한 정서적 관심이 결여된 상태에서는 그들을 도와야 한다는 당위명제가 헛구호에 그치기 쉽다.

사람을 존중해야 한다는 당위명제가 공허해지지 않기 위해서는 타인에 대한 연민이나 공감 능력이 요청된다. 타인의 안타까운 처지에 대한 연민이나 공감 능력이 잘 발휘되고 있어야만 사람을 존중해야 한다는 당위성이 구체화될 수 있다. 이와 같이 당위명제와 관련된 도덕 판단은 감정 능력이라는 질료적 측면과 분리될 수 없다. 만약 도덕 판단의 과정에서 감정 능력을 배제한다면 공허한 당위명제들만을 양산하게 된다.

셋째, 공리주의는 존재론적 감정 요소를 받아들이고 인식론적 감정 요소를 부정한다. 공리주의는 쾌락의 극대화를 도덕 원칙으로 삼는다. 공리주의는 가장 많은 사람들에게 가장 많은 이득을 가져올 수 있는 방법을 보편적 도덕 법칙으로서 옹립한다. 가령 공리주의에서 "타인에게 피해를 주지 말아야 한다"는 당위명제는 고통의 최소화 및 쾌락의 극대화의 측면에서 정당화된다. 이러한 공리주의적 보편성은 도덕 인식의 과정에서 감정 능력을 배제하고 순수하게 계산적인 공리적 합리성에 기초해야 한다고 주장한다.

하지만 공리주의는 감정적 요소를 도덕 판단에 충실하게 반영하지 못하는 한계가 있다. 공리주의는 존재론적 감정 요소를 도덕 판단의 목적으로 삼는 반면에 인식론적 감정 요소를 부정한다. 공리주의는 쾌락의 양을 늘리고 고통의 양을 줄인다는 취지에서 존재론적 감정 요소를 도덕 판단의 중요한 요소로 여긴다. 그럼에도 불구하고 공리주의는 감정이 도덕 인식의 과정에서 매우 중요한 역할을 한다는 사실에 무관심하다. 가령 "타인에게 피해를 주지 말아야 한다"는 도덕 인식은 그와 관련된 감정이 수반되지 않으면 온전하게 정당화되기 어렵다. 타인의 아픔에 대해 아무런 정서적 공감이 없는 사이코패스의 경우에는 "타인에게 피해를 주지 말아야 한다"는 당위명제를 개념적으로 이해할 수 있다. 하지만 사이코패스는 타인에게 고통을 가할 때조차도 타인의 고통에 공감하지 못하거나 오히려 즐거워하기도 한다. 이처럼 감정이 결여될 경우에 공리주의적 합리성은 불충분한 도덕 인식에 머물 수밖에 없다.

덕 윤리학

도덕 판단의 과정에서 감정 능력은 매우 중요한 요소이다. 그러한 사실은 개념적 인식에 감각 능력이 요구된다는 것을 통해 알 수 있다. 선천적 장님의 경우를 보자. 선천적 장님은 붉은색을 본 적이 없음에도 불구하고 말과 글을 통해 붉은색이라는 개념을 사용할 수 있다. 색깔에는 붉은색, 파란색, 하얀색, 검은색 등이 있으며 그 중에서 붉은색은 나머지 색깔들과 다르다. 선천적 장님은 이와 같은 방식으로 붉은색에 대한 일정한 개념을 획득할 수 있다. 비록 선천적 장님이 붉은색에 대해 개념을 얻었을지라도 그것이 온전한 것은 아니다. 선천적 장님은 여전히 시력이 정상인 사람들의 붉은색 개념을 갖지 못한다. 왜냐하면 선천적 장님은 시각을 통해 붉은색을 감각할 수 없기 때문이다.

이제 그 선천적 장님에게 시력회복 수술을 성공적으로 시행했다고 해보자. 시력을 갓 회복한 선천적 장님은 붉은색을 붉은색이라고 지목하기 어렵다. 선천적 장님이 시력을 회복함으로써 새롭게 획득한 감각적 지각 내용으로서 붉은색을 그가 예전에 가지고 있던 붉은색 개념과 대응시키는 데는 일정한 시간이 필요하다. 이러한 선천적 장님 사례는 개념적 인식 과정에서 감각이 매우 중요한 역할을 한다는 것을 알려준다. 붉은색 개념이 실질적 내용을 갖기 위해서는 색깔에 대한 감각 능력이 원활하게 작동해야 한다. 붉은색을 전혀 경험해보지 못한 사람에게 붉은색이라는 개념은 매우 불충분한 의미를 가질 수밖에 없다.

이와 마찬가지로 온전한 도덕 인식이 성립하기 위해서는 연민, 동정심, 공감 등과 같은 감정 능력이 요구된다. 감정 능력들이 구비되어 있어야만 도덕 인식이 구체적 내용을 가질 수 있다. "타인에게 피해를 주지 말아야 한다"는 당위명제가 인식론적으로 정당화되기 위해서는 타인의 고통에 대한 공감 능력이 전제되어야 한다. 덕 윤리학은 이러한 입장을 지지한다.

〈표 5〉 도덕 판단과 감정에 관한 윤리학적 견해들[5]

		덕 윤리학	정의주의	공리주의	이성주의
도덕 판단	존재론적 감정 요소	긍정	부정	긍정	부정
	인식론적 감정 요소	긍정	긍정	부정	부정
감정의 도덕적 지위		덕	선호	충족	최소화

정의주의, 이성주의, 공리주의 등과 달리 덕 윤리학은 도덕 판단의 과정에서 존재론적 감정 요소와 인식론적 감정 요소를 모두 받아들인다. 존재론적 감정 요소는 타고난 감정 능력을 말한다. 측은지심, 연민, 동정심, 공감 등의 감정 능력이 바로 존재론적 감정 요소들이다. 인간은 본래적으로 감정 능력을 타고난 정서적 존재이다. 덕 윤리학은 타고난 감정 능력에 기초해야 좋은 도덕 판단을 이끌어낼 수 있다고 생각한다. 나아가 인식론적 감정 요소는 인간의 도덕적 이해력에 필수적 요소이다. 감정 능력이 배제된 도덕 인식이란 진공 상태에 처한 새와 같다. 새가 아무리 허공에서 날기를 좋아한다고 하더라도 진공 상태에서의 날개 짓은 아무런 동력도 발생시키지 못한다. 마찬가지로 사유 및 추론 능력 역시 감정 능력이 수반되어야만 온전한 도덕 인식에 이를 수 있다.

5 이상에서 기술한 감정과 도덕 판단 간의 관계에 대한 정의주의, 공리주의, 이성주의에 대한 비판은 프린즈(Jesse J. Prinz)의 감성주의(emotionism) 입장을 참조하였다. Jesse J. Prinz, *The Emotional Construction of Morals*, Oxford University Press, 2007, p. 20.

사이존재의 덕으로서 인

그렇다면 인 감정은 덕과 무슨 관련이 있을까? 인은 '나'와 '너' 사이에서 성립한다는 점에서 간주관적이다. '나'와 '너'라는 대명사가 불가분적으로 함께 태어난다는 사실에서부터 인의 덕목이 갖는 함의를 유추할 수 있다. '나'와 '너'라는 개념은 독립적인 개념이 아니다. '나'와 '너'는 시원상 쌍생아이다. 양자 사이의 간주관적 지평이 '우리'라는 협력적 주체를 가능케 한다. '나'라는 주체는 그 시원상 '너'라는 거울을 통해서만 성립 가능하다. 만약 '너'가 없다면 '나'라는 개념 역시 무화되고 만다. 왜냐하면 '나'라는 호칭은 기본적으로 '너'와 짝을 이루는 호칭이기 때문이다.

인간은 '나'라는 1인칭 대명사를 배우기 전에 다른 사람의 호칭을 먼저 배운다. 아이는 말을 배울 때에 "엄마"나 "아빠" 등과 같은 주변의 친밀한 사람들을 지칭하는 어휘부터 습득한다. 아이가 자기 자신을 지칭하는 말을 사용하는 것은 그보다 훨씬 이후이다. 이러한 사실은 인간이 타인을 개념화하는 과정이 자기 자신을 개념화하는 과정보다 선행한다는 것을 가리킨다. 그렇다고 한다면 인간의 자기 인식은 타자 인식을 전제할 수밖에 없다. 그러한 까닭에 인간의 주체 개념 역시 '너'에 대한 경험적 흔적을 지울 수 없다는 점에서 간주관적일 수밖에 없다.

'仁'이라는 글자 역시 사람이 간주관적 존재라는 사실을 알려준다. '仁'이라는 글자는 사람을 뜻하는 '人'자와 둘을 뜻하는 '二'자의 결합으로 되어 있다. 이러한 조합은 인이 사람들 사이에서 성립하는 덕목이라는 것을 시사한다. 사람은 사람들 사이에서 태어나 살아가는 사이존재이며, 사람들 사이에는 기본적으로 인이 자리하고 있다.

인은 타인에 대한 관심을 포함한 감정이다. 타인에 대한 관심은 인간이 인격적 존재라는 것을 함축한다. 타인에 대한 연민은 타인의 좋은 인격과 깊은 관련이 있다. 상대가 좋은 인격을 가졌다고 여길 경우에 상대의 안타까운 처지에 대해 연민하게 된다. 반대로 상대가 나쁜 인격을 가졌다고 여길 경우에는 연민의 강도가 줄어든다. 가령 우리는 어떤 악당이 난처한 상황에 빠졌을 경우에는 측은하게 여기기보다 고소하게 여긴다. 또한 전쟁 중의 아군은 적군에 대해 적개심을 갖는다. 이처럼 우리는 상대의 의지의 질에 따라서 각기 다른 관심을 갖는다.

인이 성립하기 위해서는 행위자의 좋은 동기가 전제되어야 한다. 인을 실천한다는 것은 좋은 동기가 있을 때에 가능하다. 만약 타인에 대한 좋은 동기 없이 타인에게 유리한 행위를 했다고 해서 그것을 인이라고 말하지 않는다. 왜냐하면 동기가 이기적인 경우에도 얼마든지 타인에게 유리한 행위를 할 수 있기 때문이다. 가령 이기적 기부자의 경우를 보자. 이기적 기부자는 가난한 사람들을 도울 의지가 전혀 없지만 기부를 함으로써 더 큰 부와 명예를 얻을 수 있다. 이기적 기부자는 자신의 회사 이미지를 제고하기 위한 수단으로써 기부를 악용한다. 이기적 기부자는 기부를 통해 자신의 회사를 홍보함으로써 인지도를 향상시키려고 할 뿐이다. 그러한 이기적 기부는 남에게 도움을 주는 효과를 낸다고 할지라도 인자한 행위라고는 부를 수 없다. 왜냐하면 그의 동기에는 타인을 위한 관심이 아닌 오직 이기적 목적만이 있기 때문이다.

인의 수행을 위해서는 동기의 질, 곧 타인에 대해 좋은 관심을 가졌느냐의 여부가 중요한 요건이다. 설령 인의 수행이 나쁜 결과를 가져오는 경우일지라도 그 동기가 참으로 좋다고 한다면 그 사람을 두고 부덕자라고 말하기 어렵다. 쉽게 말해 인자는 사람을 존중하고자 하는 동기를 갖는다. 타인에 대해 좋은 동기를 갖고 있다는 점에서 인자를 유덕자라고 부를 수 있다.

인 수행 및 실패의 구조

인의 수행은 좋은 일이지만, 아쉽게도 수행되지 못하는 경우가 있다. 측은지심을 지녔다고 하더라도 원활하게 발휘하지 못하는 경우가 있다. 사려의 차원에서 인에 대한 인식이 참되지 못할 경우에는 인이 제대로 실천되지 않는다. 인에 대한 잘못된 인식은 인 실천의 왜곡을 불러온다. 그것은 마치 사디스트 부모가 자식에 대한 학대를 자식에 대한 사랑으로 오해하는 것과도 같다. 사디스트 부모는 자식을 많이 때릴수록 자식에게 많은 사랑을 주는 것이라고 잘못 이해한다. 사디스트 부모는 자식을 사랑하는 마음으로 자식을 서슴없이 때릴 것이다. 사디스트 부모가 자식 사랑에 대한 잘못된 인식을 고치지 않는 한 사랑의 이름으로 학대가 계속된다.

인의 실천 방법에 대한 인식의 결여 때문에 인이 실천되지 않을 수도 있다. 인을 실천해야 한다는 당위적 인식을 갖고 있음에도 불구하고 어떻게 실천해야 하는지를 모르면 제대로 실천할 수 없다. 달리 말하면 인을 실천해야 한다는 보편적 당위명제를 이해하고 있을지라도, 그러한 당위명제를 특수한 상황에 적용할 줄 모르는 경우가 있다. 그것은 마치 당뇨병에 걸린 사람이 당분을 먹으면 안 된다는 의학적 처방에 대해 매우 잘 알고 있지만, 당분이 들어 있는 음식에 대한 구체적 지식이 없는 것과도 같다. 이와 마찬가지로 인의 당위성에 대한 인식이 인에 관한 실천적 지식을 수반하지 못할 경우에는 공허해진다. 인이 제대로 실천되기 위해서는 당위적 인식에서 나아가 구체적 적용 방법에 관한 인식을 함께 갖추어야 한다.

인의 구체적 적용에 관한 인식이란 실천 기술의 습득을 뜻한다. 실천 기술의 측면에서 보자면 누군가를 사랑해야 한다는 것을 아는 것과 실제로 사랑할 줄 아는 것은 서로 다른 일이다. 가령 부모는 자신의 아기를 사랑할 뿐만 아니라 사랑해야 한다고 생각한다. 그러나 부모에게 자신의 아기를 사랑하는 마음이 있다고 하여 반드시 잘 사랑할 수 있는 것은 아니다. 왜냐하면 부모가 자신의 아기를 사랑하는 데에는 기술이 필요하기 때문이다. 자신의 아기를 잘 사랑하기 위해서는 아기에게 필요한 영양소가 무엇인지, 설사를 일으켰을 때에 어떻게 해야 하는지, 울음과 웃음이 무엇을 뜻하는지, 지적 성장 과정을 어떻게 도울 것인지 등에 관한 구체적 사랑의 기술이 요구된다.

인의 실천 기술은 구체적 상황에 대한 지식이라는 점에서 인 실천의 객관적 조건에 해당한다. 물론 인의 실천에는 동정심이나 공감 등과 같은 주관적 조건이 전제되어야 한다. 그럼에도 불구하고 인을 실천하고자 하는 주관적 동기만 있고 실천 기술로서 객관적 조건이 결여된다면 맹목적인 사랑에 그치기 쉽다. 그러한 점에서 인의 실천 기술을 습득하려는 노력이 필요하다. 인의 실천 기술은 단지 사랑하는 것에 그치는 것이 아니라 잘 사랑하도록 이끌어주기 때문이다.

절제와 무절제

인의 중요성을 인식한다고 하여 저절로 인이 실천되는 것은 아니다.

왜냐하면 인에 대한 인식은 다양한 욕망에 의해 방해받을 수 있기 때문이다. 음식, 섹스, 부귀, 권력, 명예 등과 관련한 욕구가 절제되지 않을 경우에 인의 실천이 약화된다. 그런 까닭에 인의 실천을 위해서는 욕구에 대한 절제가 필요하다. 적절한 음식 섭취를 통해 건강을 지킬 수 있듯이 욕구의 절제를 통해 인을 실천할 수 있다.

욕구에 대한 무절제가 심해질 경우에 중독을 낳는다. 가령 컴퓨터 게임에 중독된 사람은 컴퓨터 게임 시간을 줄여야겠다는 생각을 한다. 그럼에도 불구하고 그의 몸은 다시 컴퓨터 앞으로 이끌리어 컴퓨터 게임을 하고 만다. 이와 같이 무절제한 욕구가 인간의 사유와 신체를 거기에 고착시킴으로써 인의 덕목이 방치될 수 있다.

> 2012년 4월 천안시의 한 다가구주택에서는 생후 15개월 된 딸을 아파트 베란다에 방치해 죽게 한 사건이 있었다. 동거 중이던 29살 김씨와 22살 고씨는 온라인 게임에 빠져 지냈다. 어머니 고씨는 밤 10시쯤에 어린 딸을 김씨에게 맡기고 피씨방으로 갔다. 하지만 잠시 뒤에 김씨마저 어린 딸을 베란다에 둔 채 피씨방으로 가고 말았다. 아이는 민소매 상의와 기저귀만 입힌 채 난방이 되지 않는 베란다에 두고 창문까지 열어뒀다고 한다. 이들 부부는 새벽에 귀가한 뒤에도 아이를 돌보지 않아, 마침내 아이는 저체온증으로 인해 숨지고 말았다.[6]

6 이윤상 기자, 「PC방 가려고 15개월 아이 방치 사망」, 《채널A》, 2014년 1월 12일.

고씨와 김씨는 온라인 게임에 깊게 빠져 있었다. 그 때문에 그들은 어린 딸을 돌봐야 한다는 인식이 있었음에도 불구하고 잘 실천하지 못했다. 이 부부도 다른 정상적인 부모들처럼 "아이를 돌봐야 한다"는 인식을 가지고 있었을 것이다. 다만 이 부부는 컴퓨터 게임에 대한 절제력이 없었기 때문에 그러한 인식을 실천하는 데 실패하고 만다.

절제란 자제할 수 있는 욕구를 가장 적절한 지점에서 자제하는 것을 뜻한다. 자제(自制)가 자신의 주된 신념에 상반되는 감정적 욕구를 참는 것을 뜻한다면, 절제(節制)란 신중히 상황을 분별해 자신의 욕구를 적절한 상태로 실천하는 것을 뜻한다. 그러한 의미에서 절제란 욕구의 적절한 자제이자 적절한 실천이다. 반대로 무절제란 자제할 수 있는 욕구를 적절히 자제하지 못하는 것이자, 욕구를 적절한 생태로 실천하지 못하는 것이다. 가령 위에서 언급한 부부의 경우에는 한편으로는 온라인 게임을 적절하게 자제하지 못함으로써, 다른 한편으로는 아이에 대한 애정을 적절히 실현하지 못함으로써 비극에 처하고 말았다.

자제할 수 없음

무절제의 심화는 중독을 낳고, 중독은 자제할 수 없는 상태에 이르도록 만든다. 게임 중독, 알코올 중독, 일 중독 등은 무절제의 심화로 인해 자제할 수 없는 상태에 이른 경우들이다.

중독적 욕구 이외에도 선천적으로 자제할 수 없는 성향을 타고나기도 한다. 가령 선천적으로 분노조절 장애를 가진 사람은 일이 잘 진행되지 않을 경우에 급작스럽게 솟구치는 분노를 참지 못한다. 마찬가지로 식탐가는 맛있는 음식이 눈앞에 있으면 배가 부름에도 불구하고 참지 못하고 먹고 만다. 이러한 종류의 자제할 수 없음은 마치 불꽃 속으로 날아드는 불나방의 충동과도 같다. 불나방은 본능적으로 빛에 대해 등각나선을 그리면서 비행한다. 불나방은 자신의 몸이 타 들어가는 것을 잊은 채 불꽃을 향해 돌진해 들어간다. 이러한 종류의 자제할 수 없음은 습관적 중독이라기보다 특정 상황에 놓이게 되면 본능적으로 욕구를 억제하지 못하는 것을 가리킨다.

자제할 수 없음이란 욕구를 도무지 스스로 통제할 수 없는 경우를 가리킨다. 절제하지 못함이 자신의 욕구를 적절하게 관리하지 못하는 것을 가리킨다면, 자제할 수 없음은 욕구를 통제할 수 없는 경우를 가리킨다. 인간에게는 아무리 노력해도 자제할 수 없는 충동적 욕구가 있다. 인간적인 성향상 혹은 개인의 성향상 특정한 상황에 놓이면 어떤 욕구는 자제되지 않는다.

충분히 절제력이 있는 사람이라고 할지라도 자신의 충동적 욕구를 자제할 수 없는 경우가 있다. 가령 사람들은 술을 마시면 일반적으로 자제력이 떨어진다. 아무리 행동에 신중한 사람이라고 하더라도 과하게 음주하고 나서 운전을 올바르게 하기란 쉽지 않다. 왜냐하면 과한 음주는 사람으로 하여금 자신의 노력만으로 몸을 통제할 수 없는 상태에 처하도록 만들기 때문이다. 그러한 까닭에 자제할 수 없는 것에 대해 자제하도록 하는 것은 현명하지 못하다.

자제할 수 없는 욕구를 자제하려고 하는 것은 감당할 수 없는 짐을 무리하게 부과함으로써 오히려 삶을 피폐하게 만들고 만다. 그것은 마치 과하게 음주한 사람에게서 좋은 운전을 기대하는 것과도 같다. 한 번 몸 안으로 다량 섭취된 알코올이 불러오는 취기는 술에 약한 사람으로서는 자제할 수 없는 신체 현상이다. 술을 과음한 뒤에 혼란한 신체 상태를 자제하려 하기보다, 음주하지 않고서 운전하려고 하는 편이 더욱 현명하다.

자제할 수 없는 것에 대한 관리는 예방을 통해서 가능하다. 미연에 술을 섭취하지 않도록 주의함으로써 자제할 수 없는 상태의 위험한 음주 운전에 이르지 않을 수 있다. 그것은 마치 불나방이 불에 타 죽지 않기 위해서는 불꽃이 가까이에 없어야 하는 것과도 같다. 그러한 점에서 유덕자는 자제할 수 없는 욕구가 인의 실천을 방해하는 상황을 초래하지 않도록 사전에 적절한 조처를 취해야 한다.

유덕자와 부덕자의 품성

인을 실천하는 유덕자의 품성과 그렇지 못한 부덕자의 품성을 다음과 같이 정리할 수 있다.

유덕자: 인 감정 → 반성적 사려(存心) → 실천(절제)
부덕자: 인 감정 → 방심(放心) → 실천의 실패(무절제)

유덕자이든 부덕자이든 사람이라면 누구나 인 감정을 가지고 있다. 그러나 양자의 사려 및 실천의 과정에는 치이가 있다. 유덕자는 절제를 통해 인의 실천을 위해 다양한 욕구들을 신중히 관리할 줄 안다. 나아가 유덕자는 인의 실천에 방해가 되는 자제할 수 없는 욕구들이 발생하는 상황에 처하지 않도록 미연에 신중을 기한다. 이에 반해 인의 실천에 실패하는 부덕자는 자신이 통제할 수 있는 욕구들에 대해 절제하지 않을 뿐만 아니라 자제할 수 없는 욕구에 대해서도 사전에 신중을 기하지 않는다. 부덕자는 무절제함으로써 욕구의 과불급에 처하거나 자제할 수 없는 상황을 초래한다. 그럼으로써 부덕자는 인 감정을 실천하는 데에 실패하게 된다.

〈표 6〉 품성의 형성

	유덕자	중인	부덕자
직관	욕구, 감정		
의지	사려		
품성	절제	혼합적 중간 상태	무절제

사람은 직관의 층위에서 측은지심이나 불인지심과 같은 인 감정을 타고난다. 사람은 인 감정뿐만 아니라 식욕, 성욕, 이욕, 권력욕, 명예욕 등과 같은 이기적 욕구들도 타고난다. 어떤 욕구가 인 감정이 실현되지 못하도록 방해할 수 있다. 왜냐하면 복수의 욕구 및 감정이 서로 충돌할 수 있기 때문이다.

유덕자는 인 실천을 방해하는 욕구를 절제할 줄 알고, 자제할 수 없는 욕구에 대해서는 미연에 신중을 기할 줄 안다. 이에 반해 부덕자는 자신이 자제할 수 있는 욕구들에 대해 적절히 관리하지 않을 뿐만 아니라 자제할 수 없는 욕구에 대해서도 사전에 신중을 기하지 않는다. 부덕자는 무절제함으로써 욕구 실현에 있어 과불급에 처하거나, 욕구를 자제할 수 없는 상황을 초래한다. 부덕자는 절제의 능력이 불충분하거나 없는 사람이다. 부덕자는 식욕, 성욕, 이욕, 권력욕, 명예욕 등을 적절하게 관리하지 않음으로써 덕을 잃어버린 사람이다.

한 가지 유념할 사항은 절제할 줄 아는 유덕자라고 하여 반드시 덕을 실천하는 것은 아니라는 점이다. 절제를 잘하는 유덕자일지라도 자제할 수 없는 환경에 처하면 특정 욕구가 과도하게 발생하는 것을 막지 못함으로써 인 수행에 실패할 수 있다. 우리는 흔히 자제할 수 없는 욕구로 인해 우연하게 발생하는 윤리적 잘못에 대해 악운이라거나 실수라고 표현한다. 물론 악운이나 실수 역시 윤리적 과오임에는 틀림없다. 유덕자 역시 실수를 통해 그러한 과오에 이를 수 있다. 특정 환경에 처하게 되면 인간의 자제력은 한계에 이르기 쉬우며, 그에 따라 나쁜 행위를 저지를 가능성이 커진다. 가령 전쟁이나 전염병 등에 의해 기아에 허덕이는 환경에 처하게 되면 더 많은 사람들이 배고픔을 자제하지 못함으로써 남의 것을 훔치게 된다. 이러한 점을 고려한다면 사려에 의한 절제가 반드시 유덕한 행위를 보장하는 것은 아니다. 다만, 유덕자는 부덕을 야기하는 자제할 수 없는 상황에 처하지 않기 위해 미연에 노력한다.

4장
연대 : 사회철학적 의미

사람 존중의 질료적 정당화

우리는 흔히 연역적 전제를 통해 존중 관념을 정당화한다. 연역적 정당화는 전체집합에 대한 보편적이고 추상적인 직관에 의해 구성된 전칭적 전제에 근거해 결론을 도출한다. 그런데 존중 관념의 연역적 정당화 과정에는 반드시 경험적 질료가 요청된다. 가령 다음과 같은 전칭적 당위 명제의 경우가 그러하다.

모든 사람의 존엄성을 해쳐서는 안 된다.
모든 사람의 생명은 그 자체로 존엄하다.
그러므로 사람의 생명을 해쳐서는 안 된다.

위 주장은 "모든 사람의 존엄성을 해쳐서는 안 된다"는 것과 "모든 사람의 생명은 그 자체로 존엄하다"는 두 가지 전칭적 직관에 근거하여 "사람의 생명을 해쳐서는 안 된다"는 결론을 연역적으로 도출한다. 이와 같은 연역적 추론이 항상 겪는 문제는 결론을 끌어내기 위해 제시된 전제들이 참인가에 있다. 쉽게 말해 결론이 정당화되기 위해서는 전제가 참이어야 한다. 그런데 전제가 참인지를 논의하기 위해서는 우선 전제를 구성하고 있는 주요 개념의 의미와 외연이 명확해야만 한다. 특히 '모든'이라는 전칭적 조건을 충족시키기 위해서는 주요 개념의 내포와 외연이 분명해야 한다.

전제의 주요 개념들에 대한 내포와 외연을 명확히 하는 과정에서 경험적 질료들에 대한 이해가 필요하다. 가령 위 주장에서는 모든 사람에 대해 생명의 존엄성을 전제한다. 이러한 전칭적 직관이 분명해지려면 생명이 무엇이며 그 외연이 어디까지인지에 대한 정의가 선행되어야 한다. 그렇다면 과연 생명이란 무엇일까? 수정된 태아는 언제부터 존엄한 생명의 자격을 얻을 수 있을까? 난자나 정자 상태도 존엄한 생명으로서 인정받아야 할까? 생명에 대한 정의를 명확히 하기 위한 이와 같은 물음들에 대답하기 위해서는 경험적 지식이 요구된다.

위 주장에서 결론을 이끌어내는 데에 가장 중요한 개념이 생명의 존엄성이다. 그런데 생명의 존엄성이라는 개념 역시 그 자체로 명증한 것이라기보다 경험적 조건에 따라 매우 다른 내포와 외연을 가질 수 있다. 가령 산아제한 정책의 경우를 보자. 산아제한 정책은 생명의 가능성을 제한한다. 그렇다면 산아제한 정책은 생명의 존엄성에 반하는 것일까? 중국은 인구과잉 문제로 인해 1979년 이래 1가구 1자녀 갖기 정책을 시행하고 1가구 2자녀 이상 가구에 대해서는 감봉, 벌금징수, 승진제한 등 강력한

산아제한 정책을 최근까지 시행해왔다. 산아제한 정책은 인구과잉으로 야기된 실업, 빈곤, 질병 등과 같은 문제들을 개선한다는 점에서 어느 정도 순기능이 있는 것으로 보인다. 게다가 아직 태어나지 않은 가능적 생명을 제한한다는 점에서 생명의 존엄과는 무관하게 보일 수도 있다.

하지만 산아제한 정책 하에서는 두 자녀 이상 아이를 낳고 싶어도 낳을 수 없다. 그런 까닭에 중국말로 헤이하이즈(黑孩子)라고 불리는 호적에 올리지 않은 채 몰래 키우는 아이들이 생겨난다. 헤이하이즈는 3,000만 명이 넘는 것으로 추정되고 있다. 이들은 무호적이라서 의무교육이나 예방접종을 받을 수 없다. 이러한 부정적 현상을 고려한다면 산아제한 정책은 생명의 가능성을 국가적 차원에서 제한하는 데 그치지 않고 두 자녀 이상의 아이부터는 합법적으로 생명의 존엄을 방기하는 것으로 보인다.

산아제한 정책은 생명의 존엄성과 관련해 다음과 같은 물음을 불러온다. 생명의 가능성 역시 생명의 범위에 속할까? 만약 그렇다고 한다면 생명의 가능성 역시 존엄성이 인정되어야 할까? 생명의 가능성을 제약하는 것은 생명의 존엄성을 해치는 것일까? 나아가 헤이하이즈와 관련된 물음도 제기될 수 있다. 헤이하이즈와 같은 부정적 결과를 개선할 수 있다면, 산아제한 정책은 생명의 존엄성과는 무관한 정책이라고 할 수 있을까?

위의 사례에서 보듯이 생명의 존엄성에 대한 직관은 경험적 조건과의 연관관계 속에서 그 의미가 구체화될 수밖에 없다. 사실상 경험적 질료에 대한 이해가 없는 전칭적 당위명제는 공허한 가정을 벗어나기 어렵다. 외계 생명체가 있다고 가정해보자. 우리는 대부분 외계 생명체도 생명체라는 점에서 살려는 의지가 있을 것이라고 생각하곤 한다. 가령 "모든 외계 생명체는 생명체라는 점에서 본성상 살려고 하는 의지가 있다"는 전칭판단을 직관적으로 구성해볼 수 있다. 그러나 우리는 외계 생명체를 실제로 경험해본 적이 없다. 그런 까닭에 우리는 외계 생명체의 살려는 의지가 무엇인지에 대해 막연할 수밖에 없다. 우리는 외계 생명체에게 음식물을 섭취하는 입이 있는지, 배설물을 배출하는 항문이 있는지, 귀와 눈이 있는지 등에 대해 아무런 경험적 정보를 갖고 있지 않다.

비경험적으로 가정하는 전칭판단만으로는 외계 생명체에 대해 아무런 지식을 얻을 수 없다. 왜냐하면 그러한 외계 생명체는 가정된 것일 뿐 실제로는 전혀 경험된 적이 없기 때문이다. 우리가 상상하는 외계 생명체라는 개념은 지구인의 경험을 가정적으로 덧씌우기 한 것일 뿐이다. 외계 생명체에 관한 전칭판단이 공허해지지 않기 위해서는 경험적 지평을 필요로 한다.

사람 존중의 이념을 정당화 하는 것도 마찬가지다. 사람 존중이 실질적 의미를 갖기 위해서는 타인의 입장에 실제로 다가서는 경험적 지평이 필요하다. 타인에 대한 경험적 지평이 확보되어야만 타인에 대한 존중이 구체적 의미를 지닐 수 있다.

역지사지

통상적으로 사람을 존중하는 방식 중 하나로 입장을 바꾸어 생각해보는 역지사지(易地思之)가 있다. 역지사지는 경험적 조건이 적절하게 갖추어져 있을 경우에 성립한다. 만약 경험적 조건이 결여되어 있다고 한다면 역지사지는 공허할 수밖에 없다. 가령 이제까지 인류가 전혀 만나본 적이 없는 외계 생명체에 대해 역지사지해보자. 철수는 수영을 못하는 외계 생명체가 물에 빠졌다고 한다면 익사할 수 있으므로 구해줘야 할 것이라고 역지사지할 수 있다. 그러나 외계 생명체가 어떻게 생겼는지에 대한 경험적 지식이 없으므로 구해준다는 사실 자체가 매우 막연한 상상일 수밖에 없다. 철수에게는 외계 생명체에게 호흡기관이 있는지, 있다면 어떤 모양이며 공기 중 산소로 호흡하는지 아니면 수중 산소로 호흡하는지 등에 대해 아무런 경험적 지식이 없다. 그러한 상황에서 역지사지를 한다고 하더라도 물에 빠진 외계 생명체를 구한다는 것이 무엇을 의미하는지는 막연할 수밖에 없다.

역지사지는 타인과 나를 가교하는 경험적 조건이 전제되어야 구체적 내용을 가질 수 있다. 가령 수영을 못하는 사람이 물에 빠지면 익사할 위험이 크므로 도움의 손길이 필요하다. 철수는 누군가 수영을 못하는 사람이 물에 빠졌다고 한다면 역지사지를 통해 그에게 도움이 필요하다고 생각할 것이다. 이 경우에 철수가 사람, 수영, 익사 등에 대한 경험적 지식을 잘 갖추고 있을수록 역지사지의 내용이 더욱 구체적일 수 있다. 그러한 측면에서 보자면 경험적 조건은 역지사지를 가능케 하는 기초적 요소이다.

역지사지에는 황금률과 은백률이 있다. 황금률은 남이 자신에게 해주기를 바라는 것으로써 남을 대하는 것이라면, 은백률은 남이 자신에게 하지 않기를 바라는 것으로써 남을 대하지 않는 것이다. 황금률이 적극적 측면에서의 역지사지라면, 은백률은 소극적 측면에서의 역지사지다.

황금률은 이성 간의 사랑에 적용 가능하다. 남성은 자신이 여성 파트너의 매력에 이끌린다는 사실에 근거하여 여성 파트너 역시 자신의 매력에 이끌릴 것이라고 생각한다. 또한 남성은 자신이 여성 파트너에게서 사랑받는 것을 기뻐한다는 사실에 근거하여 여성 파트너 또한 자신에게서 사랑받는 것을 기뻐할 것이라고 생각한다. 이와 같이 연인들은 사랑의 감정을 황금률에 따라 확장함으로써 상대의 인격을 존중하는 데 이른다. 비단 이성간의 사랑뿐만 아니라 매력에 의해 나타나는 대부분의 쌍방적 사랑은 역지사지를 통해 상대에 대한 존경과 염려의 의식 상태로 고양된다.

역지사지를 통한 사람에 대한 존중은 연민이나 동정심과 같은 정서적 관심을 전제한다. 역지사지 과정에서 정서적 관심이 주요한 역할을 한다. 가령 자신의 아기를 사랑하는 엄마는 자신을 아기의 입장에 위치시킨다. 역지사지의 능력이 있는 엄마는 아기의 울음소리를 통해 아기가 배가 고프다는 것을 알아차린다. 그것은 엄마가 아기의 입장에서 왜 우는지를 상상하기 때문에 가능하다. 엄마는 아기의 울음을 통해 아기의 정서 상태에 감염됨으로써 아기의 배고픈 입장을 이해할 수 있다.

물론 위의 사례와 같이 역지사지가 항상 긍정적으로만 작동하는 것은 아니다. 때때로 역지사지가 오류를 일으키는 경우도 있다. 역지사지의 오류란 자신의 입장을 부적절한 방식으로 타인의 입장에 위치시켜놓는 경우에 발생한다. 가령 대리만족적인 부모는 공부를 잘하지 못하는 자식에게 좋은 성적을 얻어야 한다고 야단을 친다. 대리만족적 부모는 자신이 어렸을 적에 공부를 못했지만, 자신이 다시 어린 시절로 돌아가면 학업성적을 높이기 위해 최선을 다할 것이라고 상상한다. 이 때문에 대리만족적 부모는 자식이 공부를 좋아하지 않을지라도 성적을 높이기 위해 매진해야 한다고 생각한다. 대리만족적 부모는 자신의 입장을 자식에게 덧씌우기 함으로써 자식의 관심을 자신의 관심으로 동화시키고자 한다. 유감스럽게도 이러한 동화적 역지사지를 통해서는 타인의 진정한 관심에 다가서지 못한다.

역지사지를 통한 타인의 존중은 타인의 관심을 있는 그대로 존중하는 데에서 시작해야 한다. 타인의 정서 상태를 있는 그대로 공감할 줄 알아야 타인의 즐거움, 슬픔, 기쁨, 분노, 혐오, 공포 등의 정서 상태를 알 수 있다. 가령 철수는 김치를 좋아하고 스파게티를 싫어한다. 그럼에도 불구하고 철수는 외국에서 온 존이 스파게티를 좋아하고 김치를 싫어한다는 것을 이해할 수 있다. 철수는 존에 대해 이해하고 공감하는 과정을 통해 사람들의 관심이 상대적일 수 있다는 것을 알게 된다. 철수는 자신을 존의 입장에 놓음으로써 역지사지 할 수 있다.

사랑, 연민, 동정심

사회적 연대를 가능케 하는 존중의 감정이 우리의 삶속에서 어떻게 작동하는가를 살펴보자. 사랑, 연민, 동정심과 같은 긍정적 감정은 상대에 대한 존중과 직접적으로 연관된다. 사람들 사이의 정서적 친근감은 사회적 연대를 향상시킨다. 사랑, 연민, 동정심과 같은 인 감정의 상실은 단지 있으나마나 한 하찮은 어떤 것을 잃어버린 것에 그치지 않는다. 인 감정의 상실은 매우 중요한 가치를 잃어버렸다는 것을 뜻한다. 가령 부모가 자신의 아기에 대해 부성애나 모성애를 결여한 경우를 상상해보라. 또한 자식이 부모에 대해 어떤 애착 관계도 형성하지 못하는 경우를 상상해보라. 부모와 자식 사이에 정서적 관심의 결핍은 사람으로서 누려야할 매우 근원적인 가치를 잃어버렸음을 뜻한다.

공동체 구성원 사이에 정서적 관심의 보존은 사회적 연대의 출발선이다. 공동체 구성원에 대한 존중은 연민이나 동정심과 같은 정서적 관심으로부터 시작한다. 사랑, 연민, 동정심 등은 이타적 감정이라는 점에서 그 자체로 대상에 대한 존중심을 포함한다. 그 중에서 사랑은 상대에 대한 존중을 포함하는 대표적인 감정이다. 사랑의 감정은 매력을 통해 발생한다. 이성 간의 사랑을 생각해보면 매력의 역할을 쉽게 알 수 있다. 성적인 매력은 상대에게 사랑의 감정을 불러일으킨다. 매력의 외연이 이성 간의 사랑에만 국한되는 것은 아니다. 타인이 가진 다양한 매력은 사람들에게서 다양한 사랑의 감정을 불러일으킨다. 아이들은 예쁘고 귀여운 인형을 좋아한다. 학생은 선생님의 지적 탁월성에 경탄한다. 자식은 부모의 아낌없는 사랑에 감사한다. 감상자는 예술작품을 보고 아름다움에 빠져든다. 구경꾼은 마술사의 신기한 손놀림에 신기해한다.

연민 역시 대상에 대한 긍정적 관심에서 발생한 감정이다. 연민은 타인의 고통에 감염됨으로써 나타난다. 맹자가 말했던 측은지심이 바로 연민의 감정이다. 우리는 어떤 순진무구한 아이가 까닭 없이 고통을 당하는 광경을 목격하면 그 고통에 정서적으로 쉽게 감염된다. 이러한 정서적 공명은 한 사람의 고통을 다른 사람들에게 전파함으로써 연민의 감정을 불러일으킨다. 나아가 연민의 감정을 가진 사람은 타인의 고통에 대해 안타깝게 여기면서 염려하게 된다.

연민에서 나아가 동정심도 타인의 고통에 대해 발생하는 감정이다. 동정심은 타인의 고통스러운 처지를 잘 이해함으로써 생겨난다. 연민이 정서적 감염을 통해 형성된다면, 동정심은 타인의 고통스런 처지를 마치 자신의 처지인 것 마냥 상상함으로써 생겨난다. 가령 우리는 전철 칸에서 구걸하는 가난한 사람에 대해 동정심을 느낀다. 가난이라는 것이 삶을 어렵게 한다는 사실을 이해하는 사람이라면 구걸하는 사람에 대해 동정심을 느낄 수 있다. 동정심은 자신이 이미 경험했던 고통을 타인이 겪고 있을 때에 훨씬 잘 발생한다. 부모상을 당해본 사람은 타인의 부모상에 대해 더 강하게 동정심을 느낀다. 그것은 타인의 부모상이 자신의 부모상을 자꾸 상기시키기 때문이다. 마찬가지로 과거에 아픈 실연을 당해본 사람이 타인의 실연에 대해 더욱 생생한 동정심을 갖는다. 이처럼 동정심이란 상대의 고통에 대해 공감함으로써 생겨나는 이타적 감정이다.

분노, 혐오, 경멸

부정적 감정 역시 사회적 연대와 긴밀하게 연관되어 있다. 타인에 대한 부정적 관심에서 발생한 감정으로는 분노, 혐오, 경멸 등이 있다. 이러한 부정적 감정은 타인을 비판하거나 무시하는 감정이다. 현실에서 생존하기 위해서는 사람들에게 다양한 부정적 감정이 요구된다. 내 생존을 위협하는 대상에 대해 비판적으로 응대해야하기 때문이다. 하지만 부정적 감정의 만연은 서로에 대한 극대화된 적대로 인해 사회를 병들게 한다. 그런 까닭에 부정적 감정이 불필요하게 과잉되지 않도록 그에 대한 적절한 제어가 요구된다. 불필요한 부정적 감정의 적절한 제어는 사람을 편안한 상태에 있게 함으로써 삶의 가치를 고양시켜준다. 만약 우리의 대처가 적절하다면, 부정적 감정이 반드시 서로에 대한 극단적 적대로 흐르기보다 용서, 관용, 포용 등으로 고양될 여지가 충분하다.

먼저 분노의 감정부터 검토해 보자. 분노는 격분, 화냄, 성냄, 노함, 분개 등으로 표현된다. 기본적으로 분노의 감정은 자신에게 해로움을 주는 상대에 대해 발생한다. 우리는 신체적으로 자신을 공격하거나 정신적으로 스트레스를 주는 상대에 대해 분노하게 된다. 가령 법정에 선 피고는

판사가 불공정한 판결을 하여 자신에게 해를 입혔다고 생각할 때에 분노한다. 또한 사람들은 불공정한 시험제도에 대해 분노한다. 왜냐하면 불공정한 시험제도로 인해 자신이 피해를 입는다고 여기기 때문이다. 이처럼 우리는 다양한 상황에서 상대로부터 신체적 정신적으로 위해를 받을 때에 분노한다. 분노는 해로움으로부터 자신을 지키려는 정서적 반응이다. 그러한 점에서 분노는 자기보존에 도움이 된다. 나아가 도덕적 분노는 불의에 대한 정서적 항거라는 점에서 사회적 정의를 확인하고 지키는 데에 기여한다.

하지만 분노의 악순환은 개인과 사회의 건강을 해칠 수 있다. 상대에 대한 적대적 행동이 만연된 사회에서는 불필요한 분노가 양산된다. 특히 치열한 경쟁 사회일수록 분노는 또 다른 분노를 불러온다. 이와 같은 분노의 악순환은 개인과 사회를 감당하기 힘든 스트레스 상태로 몰아넣는다.

분노 상태에서 벗어나 평정심을 회복하기 위해서는 먼저 분노를 가라앉힐 필요가 있다. 하지만 그보다 중요한 것은 분노를 가져온 원인을 밝혀 제거하는 데 있다. 가령 피해자는 가해자에 대해 분노하게 된다. 피해자의 분노를 심층적 차원에서 해소하기 위해서는 가해자가 일으킨 위해에 대한 적절한 처리가 요청된다. 적어도 가해자가 자신의 가해 행위에 대해 후회 및 사과해야 하며, 가해자에 대한 합당한 처벌 및 피해자에 대한 보상적 조치가 있어야 한다. 그래야만 피해자의 분노가 가라앉게 된다. 피해자는 가해자의 진정 어린 자책과 그에 상응하는 처벌 및 보상을 확인했을 때에 가해자를 용서하는 데 이를 수 있다. 적절한 절차를 통한 가해자에 대한 용서는 피해자가 분노를 누그러뜨릴 수 있는 가장 좋은 방식이다. 피해자는 용서를 통해 가해자에 대한 미움의 감정을 해소함으로써 평상심을 되찾을 수 있다. 가해자가 진정으로 자신의 잘못을 인식하고 뉘우쳤을 때에, 또한 그 잘못에 대해 합당한 처벌을 받았을 때에 분노의 감정은 용서의 감정으로 고양된다.

다음으로 혐오의 감정을 보자. 혐오는 대상의 더러움으로 인해 발생한다. 혐오는 불결한 것으로부터 피하려고 하는 매우 본능적인 감정이다. 혐오를 불러오는 가장 직접적인 더러움은 물리적인 불결함이다. 더러운 냄새, 섬뜩한 색깔, 거슬리는 소리 등은 혐오감을 불러온다. 영화에서 붉은 피를 흥건하게 흘리면서 서로 싸우는 잔인한 장면을 보면 혐오감이 든다. 마찬가지로 강도나 깡패의 괴팍한 인상 역시 혐오감을 불러온다. 물리적 불결함에서 나아가 정신적인 불결함도 혐오를 일으킨다. 보수적 종교인들은 혼전섹스나 낙태에 대해 정신적으로 불결한 행위라고 여기기에 그것들에 대해 혐오의 감정을 갖는다.

불결함에 대해 편견이 있을 때에 불건강한 혐오의 감정이 형성된다. 불건강한 혐오는 삶을 피폐하게 한다. 가령 중세 유럽의 마녀사냥처럼 종교적 편견에 의해 형성된 더러움의 관념은 불건강한 혐오감을 형성한다. 불건강한 혐오는 마녀사냥 외에도 다양하다. 미국의 자본주의 이데올로기와 소련의 공산주의 이데올로기가 힘을 겨루던 제2차 세계대전 이후 냉전시대가 그러하다. 공산주의 진영에서는 자본주의적 경제관념에 대해 도덕적으로 불결한 것으로서 낙인찍었다. 그 당시 소련이나 중국과 같은 공산주의 국가에서는 자본가, 사창가의 섹스 거래, 사행성 카지노 사업 등을 불결한 것으로 보아 혐오하였다. 이처럼 공산주의 국가에서는 사적인 욕구 추구를 불결한 것으로 보아 혐오하였다. 한편 자본주의 진영에서는 국가에 의한 사적인 욕구의 통제를 불결한 것으로 보았다. 자본주의 진영과 공산주의 진영은 각각의 이데올로기적 편견에 기초해 서로에 대한 혐오감을 극대화시켰다. 오늘날 남북한의 이데올로기적 혐오감도 그러한 현상과 일맥상통한다. 이와 같은 편견에 기인한 불건강한 혐오감은 상대에 대한 증오심을 부채질할 뿐이다.

현대 다원주의 사회에서 더불어 살아가기 위해서는 상대적 차이에 대한 편견이 해소되어야만 불필요한 혐오감을 줄일 수 있다. 사람들은 자신과 다른 삶의 방식에 대해 불결하게 여김으로써 혐오감을 가지는 경향이 있다. 그러나 나와 다른 삶의 방식이 자신에게 아무런 피해를 주지 않는다면 혐오할 이유가 없다. 삶의 방식의 차이가 반드시 불결함을 함축하는 것은 아니기 때문이다. 문화, 종교, 인종, 성, 세대, 기호, 학력, 직업 등에서 온갖 차이들이 존재한다. 그러한 차이들은 어색한 것이지 결코 불결한 것이 아니다.

어색함은 익숙해짐으로써 해소되는 반면에 불결함은 청결히 제거함으로써 해소된다. 그런 의미에서 상대적 차이에서 기인하는 어색함에 대해 마친 불결한 것인 냥 제거하려고 하는 것은 무지에서 비롯한 처방에 불과하다. 우리는 그러한 처방을 일러 문화제국주의라고 부른다. 문화제국주의는 어색한 타인을 혐오와 제거의 대상으로 본다. 가령 나찌는 유대인을 혐오하였다. 또한 근대에 접어들 무렵 동양과 서양이 처음으로 만났을 때에 서로를 원숭이와 같이 미개하다고 업신여겼다. 이러한 인종혐오주의는 모두 문화제국주의의 산물이다. 문화제국주의는 상대적 차이에 대해 충분히 익숙해지기 진에 상대의 어색함을 불결한 것으로 단정한다. 그러한 잘못된 혐오감이 극대화되면 서로에 대한 증오심을 일반화하게 된다.

어색함을 불결함으로 환치하는 편견을 해소하기 위해서는 관용의 문화가 요청된다. 상대적 차이에 대해 경험하고 헤아림으로써 익숙해질 수 있는 시간이 필요하다. 상대의 어색함에 대해 충분히 익숙해질 때라야 불필요한 혐오감을 줄일 수 있다. 다문화가정의 한국인 남편은 다른 문화권에서 시집온 이주여성의 입장을 헤아림으로써 부인의 어색한 피부색, 말투, 몸짓, 습관 등에 익숙해질 필요가 있다. 이주여성의 검은 피부색은 어색한 것이지 불결한 것이 아니다. 이주여성이 바라보는 한국 문화 역시 그와 마찬가지다. 우리는 나와 다른 삶의 방식을 가진 사람의 문화적 차이에 대해 익숙해짐으로써 관용도를 높일 수 있다. 그렇게 함으로써 편견에서 비롯한 혐오감이 사라지게 된다.

상대의 입장을 존중함으로써 혐오감을 불러일으키는 상대의 불결함마저 관용하기도 한다. 가령 똥은 대부분의 사람들이 더럽게 여기는 혐오의 대상이다. 그런 이유로 화장실의 시설들은 사람의 똥을 깨끗하게 처리할 수 있도록 발전되어왔다. 그러나 똥의 더러움을 기꺼이 감내하는 경우도 있다. 아기를 키우는 부모는 자신이 키우는 아기의 똥이 더러운 줄 알면서도 기꺼이 감내한다. 또한 채소를 기르는 농부 역시 인분을 밭에 뿌리는 일을 마다하지 않는다. 이들이 똥의 불결함을 감내하는 이유는 아기와 채소에 대한 관심이 크기 때문이다. 이와 같이 대상에 대한 존중심이 선행할 경우에는 거기에서 수반되는 더러움조차 잘 관용한다.

마지막으로 경멸의 감정을 보자. 무시, 멸시, 모멸, 깔봄 등이 경멸의 감정에 속한다. 경멸은 공동체의 관습을 위반하거나 충족시키지 못할 때에 발생한다. 당연히 지켜야 한다고 생각하는 법규나 예절을 버젓이 위반하는 경우에 우리는 그 사람을 경멸한다. 경멸은 당연시 되는 가치를 위반하는 나쁜 인격에 대한 조롱과 비판을 담고 있다. 가령 아무 곳에서나 사람들에게 다가와 특정 종교를 믿으라고 목청껏 소리를 치고 다니는 종교인들의 경우를 보자. 초등학교 앞에서 등하교 하는 학생들을 붙잡고서 특정 종교를 강권하는가 하면, 대학교 교정에서도 득의양양하게 찬송가를 부르면서 특정 종교를 강권한다. 뿐만 아니라 사람들이 붐비는 전철 안, 시장, 거리 등에서 확성기를 이용해 시끄러운 소리로 자신의 믿음을 강권한다. 이러한 종교의 강권은 평안을 원하는 사람들에게는 매우 무례한 짓에 불과하다. 커다란 소음으로 인해 그 주변 사람들은 자신의 일에 집중하기 어렵다. 이 때문에 자유롭게 자신의 시간을 만끽하기를 원하는 사람들은 시끄러운 종교적 강권에 대해 크든 작든 경멸의 감정을 갖게 된다.

약속 위반의 사례에서도 경멸의 감정을 볼 수 있다. 약속을 존중하는 사회에서는 양치기 소년처럼 거짓말을 하는 사람을 경멸한다. 양치기 소년은 늑대가 나타나면 내쫓기 위해 마을 사람들에게 그 사실을 알려주기로 약속한다. 그러나 양치기 소년은 자신의 지루함을 달래기 위해 "늑대가 나타났다"고 거짓말을 한다. 그러자 마을 사람들은 하던 일을 놓고서 허둥지둥 몽둥이와 연장을 들고 늑대를 쫓아내러 달려온다. 하지만 그것은 거짓말이다. 양치기 소년은 마을 사람들이 속는 광경을 보고서 자신의 지루한 일상을 달랜다. 양치기 소년은 지루할 때면 "늑대가 나타났다"는 거짓말을 해서 마을 사람들을 골탕 먹이고는 한다. 결국 사람들은 양치기 소년이 거짓말쟁이라고 결론내림으로써 더 이상 그의 말을 믿지 않게 된다. 양치기 소년은 위선자로 낙인찍히면서 경멸의 대상으로 전락한다.

경멸은 약속된 가치를 저버리는 배반자를 비판하기 위한 사회적 감정이다. 성공한 뒤에 결혼 약속을 저버리는 애인, 당선된 뒤에 자신의 공약을 헌신짝처럼 저버리는 정치인, 물건을 판 뒤에 서비스 약속을 저버리는 상인, 공약을 어기고 정규직과 비정규직의 심한 차별을 용인하는 정부의 정책 등이 모두 그러한 사례들이다. 약속 위반은 말이 진실하지 못하여 행동과 일치하지 않거나, 앞에 했던 말이 뒤에 했던 말과 일치하지 않는 경우를 가리킨다. 우리는 이러한 약속 위반에 대해 경멸의 감정을 갖는다.

사람들은 위반자, 배반자, 위선자 등을 조롱하고 경멸함으로써 응징하고자 한다. 경멸의 감정은 위반자에 대한 처벌 여론을 조성한다. 경멸은 위반자에 대해 조롱, 회피, 배제, 파문 등의 행위를 촉구한다. 거짓말을 일삼은 양치기 소년은 그 일자리에서 쫓겨날 가능성이 높다. 마치 축구경기에서 심판이 노란 카드나 빨간 카드를 사용하여 위반자에 대해 경고나 퇴장을 주듯이, 경멸의 감정은 위반자에 대한 경고나 퇴장을 예견하는 정서적 징후이다. 경멸의 대상은 처음에는 회피되다가 그 정도가 심해지면 퇴장이나 파문을 당한다. 위반자의 위반 행위가 개선되지 않는 한 경멸의 감정은 소멸되기 어렵다. 그런 까닭에 경멸의 감정이 극심한 사회일수록 사람에 대한 존중감이 저하된다.

경멸의 감정이 부당하게 사용되는 경우도 있다. 한국사회에서 나타나는 집단 따돌림의 하나인 왕따 현상은 경멸의 문화가 비정상적인 방식으로 극대화된 사례이다. 왕따는 둘 이상의 사람이 부도덕한 방식으로 특정인을 따돌리고 무시하는 행태를 가리킨다. 왕따는 약한 동료 학생을 골라 집단에서 배제함으로써 모멸감을 준다. 공부를 잘하거나 얼굴이 예쁘거나 무엇을 잘하는 경우에도 집단 따돌림을 당하기도 한다. 이러한 왕따 현상은 경멸의 감정을 통해 특정 소수를 집단에서 배제하고 추방한다. 부조리한 경멸은 전쟁과 같이 승자 독식의 경쟁 체제 하에서 더욱 심하게 드러난다. 부조리한 사회의 사람들은 자신의 생존을 위해 적국이나 경쟁자에 대해 무조건적으로 경멸한다.

한편 존중과 협력이 상식으로 자리한 건강한 사회에서의 경멸은 정당하다. 정상적 사회에서는 규범을 위반하는 사람이 경멸을 받는다. 가령 약속이 존중되는 사회라고 한다면 양치기 소년의 거짓말은 경멸의 대상이다. 마을 사람들은 그의 거짓말을 잘 알고 있으므로 그를 경멸한다. 그가 다시 예전처럼 마을 사람들에게서 존중받기 위해서는 자신의 행위를 부끄러워하면서 약속을 잘 지켜나가는 길밖에 없다. 그가 많은 노력을 통해 실제로 약속을 지키는 행위를 해나갈 때라야 마을 사람들의 마음이 조금씩 열릴 것이다. 상당한 노력을 통해서만 위반자는 다시 존중과 협력의 장에 돌아올 수 있다.

긍정적 감정으로서 사랑, 연민, 동정심과 부정적 감정으로서 분노, 혐오, 경멸 등은 서로 연계되기도 한다. 어떤 부정적 감정은 다른 부정적 감정과 흔하게 연계된다. 가령 우리는 상대의 가해에 대해 분노할 뿐만 아니라 그러한 행위가 공동체의 규범을 위반한 것에 대해 경멸하기도 한다. 이처럼 분노와 경멸, 분노와 혐오, 경멸과 혐오 등이 함께 드러날 때가 있다. 또한 때로는 긍정적 감정이 부정적 감정과 함께 드러나기도 한다. 가령 우리는 구걸을 하는 가난한 사람들에 대해 동정심을 느끼기도 하지만, 그들의 청결하지 못한 옷차림을 접할 때면 자연스럽게 혐오감이 밀려온다. 또한 주변의 친한 사람이 죽었을 때에 그 시신에 대해서도 이중적인 감정이 공존한다. 친한 사람의 죽음은 슬픔과 연민의 감정을 불러오지만, 차갑고도 뻣뻣한 시신은 혐오감을 동반하기도 한다. 이와 같은 방식으로 감정들은 함께 드러나는 경우가 많다.

사회적 감정과 상호 존중의 방식

이제 까지 논의한 여섯 가지 감정들이 사람 존중과 어떻게 관련되는

지를 다음과 같이 요약할 수 있다. 사랑은 매력적인 사람에 대한 존경을, 연민은 고통 받는 사람에 대한 염려를, 동정심은 고통 받는 사람에 대한 위로를 수반한다. 나아가 분노는 가해자의 뉘우침 및 상응하는 처벌이 있을 경우에 용서로, 혐오는 소통과 이해를 통해 관용으로, 경멸은 위반자의 개선을 통해 포용으로 나아갈 수 있다. 상호 존중에 기초한 사회는 이러한 방식으로 다양한 감정들을 존중의 감정으로 고양시킴으로써 구성원들이 서로의 입장을 공감하고 배려할 수 있도록 이끈다.

〈표 7〉 사회적 감정과 상호 존중의 방식

지향성(관심)	유발 요인	감정 유형	타인의 존중 방식
대상에 대한 긍정적 관심	매력	사랑	경탄, 존경
	고통의 공감	연민	염려
	고통의 이해	동정심	위로
대상에 대한 부정적 관심	해로움	분노	뉘우침·처벌 → 용서
	더러움	혐오	소통·이해 → 관용
	위반	경멸	부끄러움·개선 → 포용

평등권과 생존권

이상적인 사회에서는 모든 사람들이 서로를 존중한다. 그러한 유토피아적 세계를 대동(大同) 사회라고 부른다. 대동 사회는 우리의 상상력이 도달할 수 있는 최선의 사회이다. 그곳에서는 인자들이 유기적 연대를 이루고 있다. 대동 사회에서는 모두가 평등하고 생존이 보장된다. 이제까지 인류는 그러한 대동 사회를 꿈꾸어왔다. 『예기』「예운」에서는 대동 사회를 다음과 같이 묘사한다.

> 대도(大道)가 행해진 세상에는 천하가 모두 만인의 것이다. 현명한 이와 능력 있는 이를 선출하여 관직을 맡겨 신뢰와 화목을 두텁게 한다. 그래서 사람들은 자기의 부모만을 부모로 섬기지 않고, 자기의 자식만을 자식으로 여기지 않는다. 노인들은 편안히 여생을 보낼 곳이 있으며, 장성한 사람들에겐 일자리가 있고, 어린이들에겐 잘 성장할 수 있는 여건이 갖추어져 있다. 홀아비, 과부, 고아, 자식이 없는 부모, 폐인, 질병에 걸린 사람들이 모두 보호와 양육을 받는다. 남자는 모두 자기 직분이 있고, 여자는 모두 자기 가정이 있다. 재화가 땅에 버려지는 것을 싫어하지만 반드시 자기만 사사로이 독점하려 하지 않으며, 힘이 자기로부터 나오지 않음을 부끄럽게 여기지만 자기만을 위해 힘을 사용하지 않는다. 그런 까닭에 음모가 일어나지 않으며, 도적이나 전쟁이 일어나지 않는다. 그래서 사람들은 바깥문을 잠그지 않는다. 이를 일러 대동 사회라고 한다.[1]

대동 사회에서는 청장년층 실업자가 없고, 사회적 약자들이 복지 혜택을 누린다. 사회적 구성원은 능력에 따라 평등하게 대우받으며, 능력이 부족한 약자에게도 생존권이 충분히 보장된다. 심지어 대동 사회는 바깥

1 『예기(禮記)』, 「예운(禮運)」. 大道之行也, 天下爲公. 選賢與能, 講信脩睦. 故人不獨親其親, 不獨子其子. 使老有所終, 壯有所用, 幼有所長. 矜寡孤獨廢疾者, 皆有所養. 男有分, 女有歸. 貨惡其棄於地也, 不必藏於己. 力惡其不出於身也, 不必爲己. 是故謀閉而不興, 盜竊亂賊而不作. 故外戶而不閉, 是謂大同.

문을 잠그지 않을 정도로 상호 존중의 방식이 잘 실현되어 있다. 『예기』 「예운」에서는 이러한 대동 사회가 사회 구성원들을 정의롭게 대우함으로써 신뢰와 화목이 있을 때에 가능하다고 본다. 달리 말하면 대동 사회는 이기적 전략이 아니라 존중과 협력의 전략이 지배적일 때에 가능하다.

대동 사회에서 제시한 평등의 이념에는 능력에 대한 존중이 내포되어 있다. 능력을 가진 사람이 직업을 구하지 못해서는 안 된다. 건강한 성인이라면 크고 작은 다양한 능력들을 갖고 있다. 능력에는 신체적인 힘, 기술, 지식 등이 모두 포함된다. 좋은 사회라고 한다면 아주 작은 능력을 가지고 있더라도 구직의 기회가 주어져야 한다. 비록 폐지 줍기와 같은 하찮은 능력을 가진 사람이라고 할지라도 직업을 구할 수 있어야 한다. 그래야만 사람들이 자신의 능력을 통해 생존할 수 있기 때문이다. 대동 사회가 유토피아적인 것으로 보일지 모르지만 실상은 사람들이 자신의 능력을 통해 스스로 생존할 수 있는 사회이다. 일할 능력이 있는 사람들에 대해서는 굳이 시혜성 복지정책을 펼치지 않아도 된다. 이들에 대한 시혜성 복지정책은 이들이 가진 능력에 대한 무시일 뿐만 아니라 이들의 자율성을 저해할 뿐이다. 오히려 국가에서 할 일은 이들이 자신의 능력으로 살아갈 수 있도록 구직에 있어 평등하고 정의로운 환경을 만드는 데 있다.

대동 사회에서는 스스로 생존할 수 없는 사회적 약자에 대해 복지정책을 펼친다. 경제적 능력이 없는 노인, 병자, 어린이, 장애인 등과 같은 약자는 스스로 생존하기 어렵다. 국가에서는 이들에 대해 복지정책을 시행함으로써 이들의 삶을 도와야한다. 사회적 약자에 대한 복지정책은 연민과 동정심에 기초한다. 대동 사회에서는 약자들이 같은 사회 구성원으로서 삶을 영위할 수 있다는 것에 자부심을 느낀다.

무한경쟁적 효율성 비판

대동 사회란 어디까지나 지고한 이념에 불과하다. 현실을 돌아보면 불평등하거나 생존하기조차 쉽지 않은 경우가 허다하다. 불평등한 사회는 능력이 있음에도 구직의 기회가 보장되지 않는다. 가령 약육강식의 무한경쟁 사회에서는 능력이 있음에도 불구하고 실업자 신세를 면하기 어렵다. 무한경쟁 사회는 이윤의 극대화를 유일한 목적으로 삼기 때문에 능력이 뛰어난 자들을 가능한 싼 값에 채용함으로써 최대의 이득을 내려고 한다. 고용주 입장에서는 뛰어난 능력자를 싼 값에 채용할 경우에 더 많은 이득이 남는다. 취업경쟁에서 패배한 실업자들은 자신이 가진 크고 작은 능력에도 불구하고 일자리를 얻지 못한다. 설령 그들에게 일자리가 생긴다고 하더라도 시간제, 계약제, 아르바이트 등과 같이 싼 값에 많은 노동을 해야 하는 경우가 비일비재이다. 쉽게 말해 무한경쟁 사회에서 많은 구직자들은 정당하지 않은 보수에 만족하거나 실업자로 전락한다. 이와 같은 방식으로 무한경쟁에서 탈락한 사람들에게는 능력을 발휘할 기회조차 주어지지 않는다.

무한경쟁은 조선시대의 과거제도와 마찬가지로 경쟁에서 이긴 사람은 많은 것을 얻지만, 실패한 사람은 거의 아무것도 얻지 못한다. 경쟁에서 계속 지는 사람에게는 직업 활동의 기회가 주어지지 않는다. 현대경제연구원에 따르면 2013년 1분기를 기준으로 대졸 이상의 사람들 중에 비경제활동인구는 309만 2,000명으로 집계됐다. 이는 전체 비경제활동인구 중에 18.4%에 달한다. 이 수치는 역대 최대치라고 한다.[2] 교육부와 한국교육개발원의 조사에 의하면 2013년도 대졸자의 취업률은 59.3%에 불과하다. 나머지 대졸실업자에게 일할 능력이 없는 것은 아니지만 무한경쟁적 시험제도는 승자 독식의 경쟁을 정당화한다. 바꾸어 말하면 경쟁에 통과하지 못한 사람은 일할 능력이 부족한 사람으로 분류된다. 이와 같이 취업을 둘러싼 극단적인 경쟁시스템을 가진 사회에서 실업자는 있으나마나한 존재로 전락하게 된다. 아니 거기에서 나아가 다른 사람의 소득활동에 얹혀사는 존재가 되도록 요구한다. 극심한 경쟁 사회에서 사람에 대한 존중심이 숨을 쉴 수 있는 틈바구니가 사라진다. 얹혀사는 존재는 스스로 무기력해질 뿐만 아니라 타인에 의해서도 비하의 대상이 된다.

그러나 사실을 잘 관찰해보면 대졸실업자가 일할 능력이 현저히 떨어진 것은 아니다. 엄밀히 말하면 대부분의 구직자는 일할 능력이 부족한 것이 아니라 경쟁적 시험에 통과할 능력이 부족할 뿐이다. 그들 대부분은 대학 과정을 졸업했을 뿐만 아니라 학업 및 취업 준비를 열심히 한다. 그럼에도 불구하고 그들은 시험에 통과하지 못하기 때문에 취업하지 못한다. 정규직 취업자는 경쟁적 시험에서 합격했기 때문에 자신이 누리는 보수가 정당하다고 여긴다. 또한 취업에 실패한 사람 역시 불합격했기 때문에 자신의 실업과 가난이 당연하다고 여긴다. 이와 같이 경쟁적 합리성에 기초한 시험제도는 "합격했기 때문에" 또는 "불합격했기 때문에"라는 두 구절로 구직의 성공과 실패를 정당화한다.

사실상 업무수행을 위해서는 일할 능력이 가장 중요한 기준이다. 그럼에도 불구하고 무한경쟁 사회에서 그러한 척도는 무의미해진다. 경쟁적 효율성만을 따지는 공리주의자는 왜 경쟁에서 탈락한 사람들까지 배려해야 하느냐고 따질 것이다. 패배자까지 모두 배려할 경우에는 노동 생산성

2 이예슬 기자, 「'대졸' 고학력 백수 역대 최대, 300만 이상이 실업자」, 《매일경제》, 2013년 6월 28일.

이 떨어지기 때문이다. 이러한 무한경쟁 상황에서는 많은 사람들이 일할 능력이 없어서 취업을 못하는 것이 아니라 경쟁에서 이기지 못하기 때문에 직업이 주어지지 않는다. 결국 능력이 있는 실업자들 역시 무한경쟁의 원리에 익숙해짐으로써 자신의 실업 상태를 정당화한다. 무한경쟁의 원리를 내면화한 실업자는 자신의 주체성을 능력의 측면에서 정립하는 것이 아니라 오로지 경쟁의 측면에서만 정립하게 된다.

이와 관련해 사람 존중의 시각에서 근본적으로 다시 물음을 던져보자. 왜 시험 점수가 더 낮은 사람은 취직을 못해 가난하게 살아야 할까? 그들은 자신들이 가진 능력을 전혀 발휘해보지도 못한 채 가난하게 살아야할 의무라도 타고난 것일까? 어떤 사람의 능력은 발휘되어야 하고, 어떤 사람의 능력은 발휘되지 말아야할 근거가 어디에 있는가? 과연 경쟁능력과 업무 능력은 일치하는가? 일할 수 있는 능력이 있음에도 불구하고 경쟁에 지면 아무런 일도 하지 말아야 할 정당한 이유라도 있는 것일까? 취업자와 실업자를 가르는 경쟁적 시험제도가 업무 능력이 있는 사람을 실업자가 되도록 만드는 결정적 원인이라고 한다면, 그 실업자는 경쟁제도 때문에 피해를 입고 있는 것은 아닐까? 가령 경쟁적 시험 제도가 구직자 중 60% 가량만 취업이 되고 40% 가량은 실업자가 되도록 만든다고 해보자. 이러한 경우에 실업자들은 일하고 싶을 뿐만 아니라 일할 능력도 있지만 일하지 못하게 된다. 능력이 있는 비자발적 실업자들이 실업에 처하는 이유는 사회에서 시행하는 잔인한 무한경쟁적 제도에 있다.

물론 구직자들은 구직 경쟁에 자유롭게 참가할 수 있다는 점에서 기회의 평등권이 주어진다. 그러한 기회의 평등은 기회조차 주어지지 않는 것보다 낫지만, 실업자의 일할 능력을 방치한다는 점에서는 여전히 불평등하다. 외양상 채용 절차가 합리적으로 보일지 모르지만 내용에 있어서는 불평등하다. 일할 능력이 있는 사람들이 일할 수 있을 때라야 구직에서의 실질적 평등이 이루어진다. 비자발적 실업자는 자율적으로 생존할 능력이 없어서 생존하지 못하는 것이 아니다. 비자발적 실업자는 자신의 노력이나 능력이 부족해서가 아니라 제도의 불평등 때문에 실업 상태에 놓이게 된다.

왜 일할 능력이 있는 사람에게 일할 기회가 주어져야 할까? 그 이유는 삶에 대한 존중에 있다. 사람은 일을 함으로써 자율적인 삶이 가능하다. 일할 능력이 잘 수용되는 사회일수록 사람에 대한 존중도가 높다. 반대로 경쟁적 합리성에만 의존함으로써 일할 능력이 부정되는 사회일수록 사람에 대한 존중도가 낮다. 가령 실업률이 높은 사회, 비정규직 노동자에게 저임금을 지급하는 사회, 단기계약제 노동자에게 저임금을 지급하는 사회 등은 대동 사회 이상과는 한참 동떨어져 있다. 그러한 측면에서 보자면 일할 능력이 있음에도 취업을 못한 실업자에게는 삶을 영위할 수 있는 충분한 실업수당이 지급되어야 마땅하다. 나아가 정규직과 동일 노동을 하는 비정규직 노동자, 단기계약제 근로자, 시간제 근로자 등에게는 그들의 신분이 불안정한 만큼에 비례해 더 많은 급여가 지급되어야 마땅하다.

무한경쟁적 효율성과 사람에 대한 존중은 상호 배척적인 가치들이다. 강한 사회를 만들기 위해서는 부득이하게 후자의 희생을 감수해야 한다고 생각하는 사람들이 있다. 그러한 생각을 가진 경쟁주의자들은 상급 능력을 가진 소수 엘리트를 중심으로 사회를 꾸려가는 것이 다수의 사람들에게 광범위하게 기회를 주는 것보다 전체적으로 더 많은 이득을 창출할 수 있다고 생각한다. 그러나 엄밀히 따져보면 이러한 생각은 합리적인 것이라기보다 중하급 능력자의 희생을 제멋대로 전제하는 것에 불과하다.

기업은 상급의 능력자를 선택적으로 고용하여 많은 이득을 산출할 수 있지만, 그에 반해 취업을 못한 실업자에게는 고통이 돌아간다. 국가 전체적으로 기업의 이윤추구를 위해 실업자의 희생이 전제된다. 그럼에도 불구하고 기업은 실업자 양산이라는 사회적 문제에 대해 아무런 책임을 지지 않는다. 이와 같이 무한경쟁적 효율성은 기업의 입장에서는 많은 이윤을 가져오지만 사회적 차원에서는 일할 기회의 불평등을 불러온다.

무엇보다도 효율성을 위해 사람의 존엄성을 배척하는 것은 자가당착적이다. 그것은 수사관이 효율적으로 자백을 받아내기 위해 피의자를 고문하는 것과도 같다. 고문이 비록 수사관이 원하는 결과를 쉽게 가져다준다고 할지라도 그 자체로 사람의 존엄성을 훼손하게 된다. 이처럼 사람의 존엄성을 훼손하면서까지 효율성을 증진시키는 것은 자기 모순적이어서 용납될 수 없다.

인간의 존엄성을 지키기 위해서는 평등권과 생존권이 지켜져야 한다. 사람들이 자신의 능력을 활용해 일함으로써 생존할 수 있어야 한다. 나아가 사람 존중의 관념은 능력이 결여된 사회적 약자에게도 적용되어야 한다. 능력이 결여된 사회적 약자는 연민과 동정심에 기초한 복지정책이 아니고서는 생존을 유지하기 어렵다. 만약 사람들에게 이들에 대한 동료애가 있다고 한다면 이들의 생존권을 보장하는 것은 당연해 보인다. 약자들이 기아나 질병으로 죽어가는 것을 방치하는 것은 사람에 대한 존중이 결여된 처사이다. 인간애야말로 그들의 고통을 덜어줄 수 있다. 비록 사회적 약자가 생산에 기여하지 못한다고 할지라도, 그들의 삶을 보호해주는 사회야말로 인이 활성화된 사회이다.

타협의 요청: 이기주의자들의 연대

현실에서는 이기주의자들도 서로 협력하는 경우가 많다. 이기주의자들조차도 자신의 이익을 높이기 위해 다른 사람과 협력하는 편이 그렇지 않은 경우보다 유익한 경우가 많기 때문이다. 이기주의자들의 타협을 통한 연대가 그것이다. 타협은 사람들 사이에서 발생하는 이기적 투쟁을 최소화함으로써 호혜적 이득을 증대시킨다. 타협적 연대는 사회 구성원들이 이기적 행위를 할 것이라는 가정을 수용한다. 이기적 구성원들 사이의 싸움이 공동의 파멸을 불러올 뿐이므로 타협적 연대를 수용하는 편이 이기주의자에게도 유리하다.

이와 같은 방식으로 자신의 궁극적 이득을 계산할 줄 아는 이기주의가 바로 합리적 이기주의다. 합리적 이기주의는 자신의 목적만을 무조건적으로 추구하는 심리학적 이기주의와는 다르다. 합리적 이기주의자는 합리적 계산을 통해 상대와의 타협이 손해를 최소화하고 이득을 최대화할 수 있을 경우에는 그렇게 한다. 그러한 점에서 타협적 연대는 합리적 이기주의자가 자신의 이기적 목적을 달성할 수 있는 매우 유력한 방안이다. 합리적 이기주의자에게 있어 사회란 단지 투쟁의 장소인 것만이 아니라 적절한 타협을 통해 더욱 많은 이득을 획득할 수 있는 유익한 공간이기도 하다.

천국의 사례가 그러하다. 우리는 흔히 천국은 평화롭기 때문에 이타주의자들만 살 것이라고 생각한다. 그러나 설령 천국에 합리적 이기주의자들이 거주하더라도 평화를 유지할 방법이 아예 없는 것은 아니다. 가령 천국에 팔이 굽혀지지 않는 합리적 이기주의자들이 모여 산다고 가정해 보자. 그들은 팔을 굽힐 수 없기 때문에 스스로 숟가락질을 하여 음식을 자신의 입에 넣을 수 없다. 어느 누구도 상대의 도움을 받지 않고서는 음식을 먹을 방법이 없다. 이러한 상황에서 타협이 없는 이기적 행위는 오히려 자신에게도 손해를 가져온다. 극단적 이기주의자라고 한다면 상대가 먼저 나에게 음식을 떠먹여줄지라도 나는 이기적이므로 상대에게 떠먹여 주지 않을 것이다. 천국의 모든 구성원들이 이와 같이 극단적 이기주의에 기초해 배신한다고 한다면 누구도 먼저 나서서 상대에게 음식을 떠먹여 주려 하지 않을 것이다. 하지만 합리적 이기주의자는 극단적 이기주의자와는 다르다. 합리적 이기주의자는 타협을 통해 자신의 이득을 극대화할 줄 안다. 이러한 상황에서는 배신이 아닌 타협에 기초해야만 서로에게 유익하기 때문이다. 합리적 이기주의자는 음식을 서로에게 떠먹여 주는 것이 궁극적으로 자신에게 가장 유익하다는 계산을 할 줄 안다. 이 때문에 합리적 이기주의자들조차도 타협을 통해 평화로운 상태에 도달할 가능성이 있다.

합리적 이기주의자들 사이의 타협이 존중과 협력의 가치를 증진시킨다는 것은 누구도 부정할 수 없는 사실이다. 그렇다고 한다면 모든 이기주의가 언제나 타인과 충돌함으로써 혼란으로만 귀착되는 것은 아니다. 합리적 이기주의자는 갈등하는 상대와 타협함으로써 자신의 이득을 높일 때가 많다. 부부싸움, 노사분규, 정당 간의 경쟁, 동종 업체 간의 경쟁 등과 같이 쌍방의 이기적 추구로 인한 갈등들이 사회 곳곳에서 일어난다. 그러한 이기적 갈등의 상황에서 타협은 서로를 존중하면서 각자의 이득을 높일 수 있는 합리적 방법이다.

타협적 연대는 대부분의 인간관계에서 요구된다. 왜냐하면 이기적 갈등은 매우 친근한 사이에서도 쉽게 발생하기 때문이다. 심지어 연인이나 부부 간의 사랑조차도 잘 유지되기 위해서는 서로의 이기성에 대해 합리적으로 타협할 줄 알아야 한다. 만약 사랑을 낭만적이고 이타적인 존중으로만 여긴다면 서로 간의 갈등에 대한 적당한 타협이 이루어지기 어렵다. 이타적 낭만주의자는 갈등 상황에서 서로가 조금씩 양보하는 것은 진정한 사랑이 아니라고 하면서 타협의 가치를 경시하기 쉽다. 이러한 순애보적 사랑은 인간의 이기성을 고려하지 못한 매우 비현실적인 사랑 놀음에 불과하다. 순애보들의 기대와 달리 현실에서의 사랑이란 성격, 취미, 재정, 자녀, 노후 등과 관련해 온갖 난관과 갈등에 직면할 수밖에 없다.

타협을 외면하는 낭만적 사랑은 위험하기까지 하다. 오늘날 낭만적 사랑은 유행가 가사, 텔레비전 드라마, 영화, 소설 등을 통해 어렸을 때부터 이데올로기로서 자리한다. 낭만적 사랑을 하는 사람은 자신의 사랑이 심오하고 특별하고 순수하고 완전한 것이어야 한다고 상상한다. 그러나 이러한 낭만적 사랑의 이데올로기는 현실적 갈등에 대한 타협을 도출하지 못함으로써 삶을 고통스럽게 하는 경우가 많다.

한 통계에 의하면 미국에서 살해된 여성 희생자들 중 30%가 이전의 배우자나 현재의 배우자를 포함한 남자친구들의 손에 의해 죽었다고 한다.[3] 이것은 타협할 줄 모르는 순수한 사랑의 이데올로기가 가져온 비극이다. 사랑에 눈먼다는 속담처럼 진정한 사랑 혹은 순수한 사랑의 추구가 타협을 배제함으로써 사랑의 이기적 지평을 자각하지 못하게 만든다.

진정으로 유일한 사랑을 추구한 어떤 치정 살인자는 다음과 같이 자신의 낭만적 사랑관에 대해 이야기한다.

3 Aaron Ben-Ze'ev, Ruhama Goussinsky, *In the Name of Love: Romantic Ideology and its Victims*, Oxford University Press, 2008, p. xii.

비록 나에게 매우 많은 여자가 있었을지라도 오직 한 여자만을 사랑했다. 이것은 나에게 그녀가 유일한 여자였다는 것을 뜻한다. 오늘까지도 나에게는 그녀만이 있으며, 앞으로도 결코 다른 여자는 있지 않을 것이다. 비록 내가 감옥에서 나간다고 할지라도 내 삶에서 결코 다른 여자는 없을 것이다.[4]

위에서 제시한 치정 살인자의 이야기는 사랑을 노래하는 오늘날의 유행가 가사와도 흡사하다. 현실에서는 여러 가지 이유로 애인이 더 이상 자신을 좋아하지 않을 수도 있다. 그런데도 불구하고 순수한 사랑의 이데올로기는 사람들로 하여금 어떠한 현실적 타협도 없는 유일하고 완전무결한 사랑을 하도록 재촉한다. 순수한 사랑의 이데올로기는 현실적으로 불가능한 것을 소망하는 것이나 다름이 없다. 이러한 유토피아적 사랑은 타협을 불결한 것으로 여겨 배제함으로써 파트너와 갈등이 생겼을 때에 돌이킬 수 없는 파국으로 치닫게 한다. 서로의 이기성을 이해함으로써 타협적 연대를 이끌어낼 줄 아는 경우라야 낭만적 사랑의 파국에 이르지 않을 것이다.

이기적 갈등 상황에서조차 타협적 연대가 필요하다는 것은 세계사가 증명해주기도 한다. 제2차 세계대전 중에는 국가 간 영토팽창의 욕구와 새로운 무기의 등이 맞물리면서 장기간의 대혼란이 지속되었다. 독일 나치즘의 세계정복 야욕이나 일본 제국주의의 동아시아 침탈 야욕 등이 불

4 위의 책, p. 3.

러온 잔학성은 현대인들에게도 생생하게 회자되곤 한다. 당시의 세계대전 기간 중에 발생한 국가 간 무력 충돌로 인해 곳곳이 잿더미로 변하고 수천만 명의 사람들이 헛되이 죽어야만 했다.

인류에게 치명적인 그러한 역사를 되풀이하지 않기 위해 창안한 것이 1945년에 출범한 국제연합(UN)이다. 국제연합에는 현재 우리나라를 포함해 거의 대부분의 국가가 회원국으로 가입되어 있다. 국제연합헌장의 서두에는 다음과 같이 국가 간의 타협적 연대를 추구하는 구절이 보인다.

> 우리 연합국 국민들은 우리 일생 중에 두 번이나 말할 수 없는 슬픔을 인류에 가져온 전쟁의 불행에서 다음 세대를 구하고, 기본적 인권, 인간의 존엄 및 가치, 남녀 및 대소 각국의 평등권에 대한 신념을 재확인한다. (중략) 국제평화와 안전을 유지하기 위하여 우리들의 힘을 합하며, 공동이익을 위한 경우 이외에는 무력을 사용하지 아니한다는 것을, 원칙의 수락과 방법의 설정에 의하여 보장한다.

위에서 보듯이 국제연합이란 두 차례의 세계대전과 같은 극심한 전쟁에 이르지 않도록 하기 위한 타협적 연대의 산물이다. 국제연합의 등장은 국가 간 평화를 유지하는 데에 주요 목적이 있다. 특히 국가 간의 이기주의적 충돌을 막는 데에 일차적 목적이 있다. 그러므로 헌장에서는 공동이익이 아닌 경우에는 무력을 사용하지 아니한다고 명시하고 있다. 이것은 소수 국가들의 이기적 추구가 무력적 충돌로 나타나지 않도록 미연에 방지하고 있다. 국제연합은 타협을 통해 국가 간에 군비를 축소함으로써 무력 전쟁의 원인을 줄이고, 무력의 야욕을 가진 국가에 대해서는 여러 나라가 연합하여 대항함으로써 타협의 장에 나오도록 유도한다. 이와 같이 국제연합은 국가 간의 이기적 욕구들이 합리적인 방식으로 타협될 수 있도록 도와주는 역할을 한다. 물론 국제연합은 현실적으로 강대국의 이득을 대변할 수밖에 없다는 비판으로부터 자유롭지 못한 것이 사실이다. 비록 그러한 비판이 설득력이 있다고 할지라도, 이기적인 국가들 간의 타협이 이루어지기 위해서는 국제연합과 같은 기관의 요청은 부득이하다. 왜냐하면 타협은 이기주의자들 간에 존중 관계를 유지할 수 있는 거의 유일한 방안이기 때문이다. 이기주의자들조차도 타협을 통해 합리적으로 연대해야만 공동체의 평화와 함께 자신의 이득이 유지될 수 있다.

친밀감의 확장으로서 연대

인간에게 이기적 성향만 있는 것은 아니다. 인간에게는 이타적이고 협력적인 성향도 있다. 자연스러운 친밀감의 보존은 사회적 연대의 핵심적인 요소이다. 세계 평화를 위해 사람을 존중해야 한다는 거창한 당위성을 내세우기 이전에 우리는 이미 주변 사람들과 친밀감을 형성하고 있다. 자신이 처한 비근한 상황에서부터 친밀감에 기초한 연대가 자연스럽게 실천되어야 한다. 사람들 간의 친밀감은 주어져 있는 자연적 사실이다. 자연스러운 친밀감의 측면에서 본다면 사회적 연대의 중요한 씨앗이 이미 사람들 사이에 발아해 있다. 사회적 연대란 그러한 씨앗으로서 친밀감을 보존하는 데서 시작한다. 이타적 협력을 추구하는 사람들은 친밀감을 사회에 확장함으로써 사회적 연대를 고양시킨다.

자연스러운 인 감정이 현실에서 작동하지 못하게 될 경우에 사람 존중의 당위성은 헛구호에 그치기 쉽다. 가령 우리는 잘 모르는 사람들에게 피해를 주어서는 안 된다고 말하지만, 가끔씩 자신의 일이 긴급하기 때문에 부득이 새치기 할 수밖에 없다고 생각한다. 우리는 사람을 죽여서는 안 된다고 말하지만, 부득이 전쟁에 이기기 위해 적을 죽일 수밖에 없다는 사실을 받아들인다. 더욱이 인류는 생존을 위해 부득이 식인 풍습을 가지고 있는 경우도 많았다. 적군과 장기간의 전쟁 중에는 식량난을 극복하기 위해 적군의 시신을 먹기도 한다. 이러한 사례들은 "부득이"라는 조건을 내세워 자연스럽게 주어진 인이라는 질료를 훼손한다. 새치기, 전쟁, 식인 풍습 등과 같은 현상이 증가할수록 그만큼 인의 질료적 토대가 무너져간다.

인 감정을 배제하고서 사람 존중의 당위성을 정당화하기란 쉽지 않다. 만약 어떤 사람이 아무런 까닭 없이 상대에게 폭력을 행사하면서도 그것이 상대를 존중하는 것이라고 주장한다면 우리는 그 말을 믿지 않을 것이다. 왜냐하면 괴롭힘 자체가 상대에 대한 존중에 반하는 행위라고 느끼기 때문이다. 타인에 대해 아무런 애정도 없이 사람을 존중하는 행위를 하는 경우도 마찬가지다. 이처럼 인 감정이 결여된 상태에서는 사람 존중의 가치를 충분하게 실현하기 어렵다.

가령 베이비박스 사례를 보자. 서울시에는 민간단체나 종교단체가 설치해놓은 베이비박스가 여러 곳에 있다. 자신이 낳은 아기를 키울 수 없을 때에 베이비박스에 놓고 간다. 주로 미혼모들이 경제적 능력이 부족하거나 다른 사람들의 부정적 시선 때문에 아기를 낳자마자 베이비박스에 놓고 간다. 서울시에 설치된 베이비박스에 놓고 간 아기는 2012년도에 67명이었다가 2013년도에는 208명으로 급격하게 늘어났다. 이러한 유기 아기들은 서울시 예산으로 양육된다. 물론 베이비박스는 합법적 시설물이 아니지만, 산모의 딱한 처지에 대한 동정심과 함께 거기에 버려진 아기들의 수도 증가하고 있다.

베이비박스의 설치는 아기를 방치하여 죽이는 것보다는 사람 존중의 가치를 잘 실현했다고 볼 수 있다. 그러나 여전히 거기에는 인 감정을 방치하는 문제가 놓여있다. 미혼모가 베이비박스에 아기를 유기하는 과정에서 아기에 대한 모성애도 함께 포기해야만 한다. 비록 베이비박스를 통해 다른 기관에서 유기된 아기를 돌봐준다고 하더라도 부모 자식 간의 모성애나 애착의 감정을 포기해야만 한다. 만약 사람 존중의 가치가 보존된 사회라고 한다면 미혼모와 아기 간의 모성애와 애착을 보호할 수 있는 양육제도를 선택할 것이다.

친밀감은 사회적 연대를 강화하는 기초이다. 사람들 사이에는 친밀감이 높은 경우도 있고 그렇지 못한 경우도 있다. 가족과 달리 이방인에 대해서는 자연스러운 친밀감이 형성될 기회가 많지 않다. 이러한 경우에 사려를 통한 확장의 방법을 사용한다. 확장이란 자신이 가지고 있는 인 감정을 이방인에게 유비적으로 확장하는 것이다. 자신의 노인에 대한 존중심을 포기해야만 남의 노인에 대한 존중이 가능한 것은 아니다. 자기 아이에 대한 모성애를 포기해야만 남의 아이에 대한 사랑이 가능한 것은 아니다. 오히려 그 반대로 유비적 확장을 통해 이미 자연스럽게 형성된 인 감정을 이웃과 세계에까지 적용할 수 있다.

가족적 친밀감

가족 공동체에는 구성원 간에 자연스러운 친밀감이 가장 풍부하게 형성되어 있다. 아기는 태아 시절부터 부모와 애착관계를 형성한다. 뿐만 아니라 형제자매 간의 관계도 밀착을 통해 농도 깊은 우애가 형성되어 있다. 가족 공동체에는 애착, 부성애, 모성애, 효, 우애, 자애 등의 감정이 자리하고 있다. 이 때문에 가족 구성원 간의 관계는 계약을 통해 형성되는 이차 사회에서의 인간관계와는 사뭇 다를 수밖에 없다. 인류가 추구하는 사람 존중의 가치란 완전히 새롭게 만들어내야만 하는 고원한 것이 아니라 가족 관계의 친밀감을 보존하는 것에서부터 시작한다.

가족적 친밀감의 측면에서 부모와 자식 사이에는 스스럼없는 놀이와 대화의 시간이 충분하게 주어져야 한다. 그러나 불행하게도 오늘날 한국 사회 대부분의 가정에서는 밤늦게까지 부모가 맞벌이를 하며, 아이들은 학교와 학원을 전전한다. 그러는 통에 부모와 자식 사이에 애착을 형성할 시간이 충분하지 않다. 경제협력개발기구(OECD) 2015년도 삶의 질 보고서에 의하면 한국의 부모가 18세 미만의 아이들과 함께 보내는 시간은 하루 평균 48분으로 나타났다. 이 시간에는 돌봄, 놀이, 교육, 독서 등이 모두 포함되어 있다. 경제협력개발기구 회원국 평균인 151분에 훨씬 못 미친다. 한국은 회원국 중 꼴찌이다. 특히 아버지와 아이가 함께 보내는 시간은 하루에 3분밖에 되지 않는다. 이 자료에 따르면 아쉽게도 한국사회에는 가족적 친밀감이 형성될 시간이 턱없이 부족하다.

부모 자식 사이에 친밀감을 보존할 시간이 허용되지 않은 것은 왜일까? 부득이 그렇게 해야만 생존 경쟁에서 살아남을 수 있다고 여기기 때문일까? 아마도 그럴 것이다. 부모는 아침 일찍 출근해 일터에서 밤늦게 집에 돌아오고, 아이들도 아침 일찍 등교해 학교와 학원을 전전하다 밤 11시가 넘어서야 집에 들어온다. 상황이 이렇다보니 부모와 자식 사이에 서로 이야기할 시간이 원천적으로 봉쇄되어 있다. 이런 사태는 비극이 아

〈그림 1〉 경제협력개발기구 국가별 부모와 아이가 함께 보내는 시간[5]

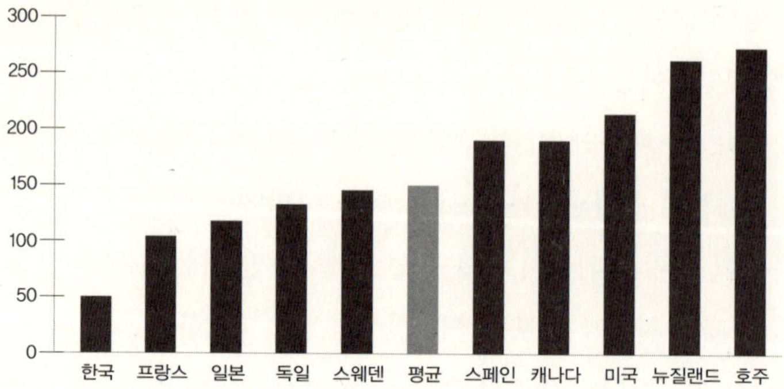

닐 수 없다. 왜냐하면 가족 간 친밀감은 다른 것을 위한 수단이 아니라 그 자체 목적으로서 가치이기 때문이다.[5]

가족 간 친밀감을 배제하고서는 좋은 공동체를 이루기 어렵다. 그럼에도 불구하고 가족 간 친밀감이 소홀하게 취급당하는 경우가 많다. 심지어 가족 관계를 국가의 하위 조직으로 흡수하려는 시도를 하는 사상가도 있다. 가족 관계를 독립적 단위로 이해하기보다 국가의 목적 실현을 위한 관리 대상으로 보는 것이다. 플라톤의 국가론이 그러한 모델을 지지한다. 플라톤은 유아기의 아이들을 국가에서 양육해 어른이 될 때까지 국가에 필요한 인재로서 교육시켜야 한다고 주장한다. 이러한 국가관에 의하면 부모가 아닌 국가가 아이의 양육 및 교육의 주체이다. 이와 같은 플라톤 방식의 공적인 양육 제도는 가족의 역할을 국가기관에서 대체하려는 시도를 담고 있다.

5 OECD, *How's Life? 2015: Measuring Well–Being*, OECD Publishing, 2015, p. 171.

오늘날 한국 사회에는 위탁 양육 및 교육이 성행하고 있다. 아이를 돌볼 시간이 없는 가정에서는 부득이하게 아이들을 사설 양육시설에 위탁할 수밖에 없다. 대부분의 아이들이 사설 기관이나 공공시설에 위탁되어 생활하는 시간이 매우 길다. 특히 생계를 위해 어쩔 수 없이 맞벌이 하는 부부의 자녀들은 대부분의 시간을 위탁 시설에서 보낸다.

플라톤의 국가적 양육이든 자본주의의 상업적 양육이든 간에 부모와 자식 사이의 자연스러운 친밀감을 도외시하는 부작용을 가져온다. 공공 기관이나 사설 기관이 양육을 보조할 수 있을지언정 가족 간의 고유한 친밀감을 대체할 수는 없다. 가족 관계에서의 자연스러운 친밀감은 다른 가치와 교환 불가능한 그 자체로 고유한 가치이다. 그러한 점에서 국가의 양육 정책은 부모에 의한 양육을 대체하려고 하기보다 적극적으로 보조하는 편이 더 낫다. 부모가 자신의 아이를 직접 돌볼 수 있도록 지원해주는 정책이 요구된다. 예를 들어 아이를 출산한 부모에 대한 장기간 유급휴가 부여, 충분한 휴일의 보장, 직장 내 충분한 양육시설 운영, 가족들이 함께 놀이할 수 있는 넓은 공원의 조성 등이 정책적으로 필요하다. 그렇게 함으로써 가족 구성원 간의 자연스러운 친밀감을 보존할 수 있을 것이다.

이웃과 국가

친밀감의 확장 논리는 두 가지 의미를 갖는다. 하나는 가장 비근한 가족 관계에서 친밀감이 보존되어야 한다는 것이다. 가족이란 태어나면서부터 함께 생활하는 매우 가까운 존재이다. 가족 간에는 친밀감이 매우 자연스럽게 형성되어 있다. 그러므로 가족 관계에서부터 협력의 방법을 터득할 수 있다. 다른 하나는 사회에 존재하는 다양한 형태의 친밀감이 가족적 친밀감으로 환원되어서는 안 된다는 것이다. 사회에 존재하는 다양한 형태의 친밀감을 가족적 친밀감으로 환원화려고 할 경우에 가족이기주의로 귀결되고 말기 때문이다. 가족적 친밀감에서 나아가 이웃, 국가, 세계 등의 차원에서 새로운 협력관계를 형성할 줄 알아야 한다. 가족관계를 경험적 준거로 삼아 이웃과의 교제, 시민적 연대, 세계시민적 협력 등을 추구할 줄 알아야 한다.

가족 관계의 친밀감이 이웃이나 국가 구성원 간의 연대를 이루는 데에 방해요소로서 작용해서는 안 된다. 만약 이웃이나 시민을 가족과 동일하게 대한다고 한다면 불법적인 촌지, 뇌물, 청탁 등과 같은 온정주의가 만연할 것이다. 친밀감의 확장이란 가족 관계의 친밀감이 이웃이나 국가 차원의 연대를 결정하는 원인이라는 것을 뜻하지 않는다. 오히려 친밀감의 확장이란 가족 관계의 친밀감을 토대로 하여 이웃, 국가, 세계 차원에서 새로운 협력 관계를 구축하는 것을 뜻한다. 가족과의 친밀감이 자연스럽게 주어진 것이라면 이웃, 국가, 세계 차원에서 협력이 이루어지기 위해서는 새로운 노력이 필요하다. 가족적 친밀감이 이미 형성되어 있다고 하여 이웃, 국가, 세계 차원의 협력이 저절로 도출되는 것은 아니다. 그런 까닭에 친밀감의 확장 과정에는 다양한 형태의 새로운 노력들이 요구된다.

이웃의 경우를 보자. 이웃과의 상호 존중은 좋은 삶을 위해 매우 중요한 요소이다. 이웃이란 사람들이 서로 인접해 살면서 협력적으로 교류하는 공동체를 말한다. 마을, 클럽, 동호회, 친목단체, 시민단체 등이 모두 이웃 범주에 속한다. 사람들은 집에서 태어나 아기 시절을 보낸 뒤 이웃과 교류하면서 성장해간다. 사람들은 좋은 이웃과 교류함으로써 유익함을 얻는다. 그런 까닭에 공자는 인한 마을(里仁)을 골라서 거처하라고

조언한다.[6]

이웃과의 처음 교제는 부자연스럽다. 이웃 관계에는 가족 관계와 달리 어색함이 내재한다. 이웃에는 자신과는 다른 성격, 취미, 생활 방식 등을 가진 사람들이 생활하고 있다. 이웃사람의 집에 처음으로 초대되어 방문하게 된다면 삶의 방식에 있어서의 차이들을 경험하기 마련이다. 가령 고양이를 싫어하는 사람은 주변을 어슬렁거리는 이웃집 고양이에 대해 혐오감을 느낄 것이다. 이웃에 대한 정서적 거리감이 역치에 이르면 혐오감을 불러온다. 오늘날처럼 다양한 사람들이 함께 살아가는 다원주의 사회에서는 곳곳에 혐오감을 불러올 수 있는 요소들이 도사리고 있다. 종교, 지역, 세대, 문화, 직업 등에 내재한 다양한 차이들에 대한 정서적 거리감이 혐오감을 불러오곤 한다.

이웃 간의 상호 존중이 가능하기 위해서는 우선적으로 서로의 어색함에 대한 혐오감이 줄어들어야 한다. 이웃 간 혐오감의 감소는 서로의 차이에 대해 얼마나 관용할 수 있느냐에 달려있다.

그런데 차이에 대한 관용이 그리 쉬운 일이 아니다. 가령 수세식 화장실에 익숙한 사람이 재래식 화장실을 받아들이기란 쉽지 않다. 반대로 재래식 화장실에 익숙한 사람이 수세식 화장실을 받아들이기 역시 쉽지 않다. 유신론자가 무신론자의 생각을 받아들이기란 쉽지 않다. 반대로 무신론자가 유신론자의 생각을 받아들이기 역시 쉽지 않다. 이성애자가 동성애자의 사랑관을 받아들이기란 쉽지 않다. 반대로 동성애자가 이성애자의 사랑관을 받아들이기 역시 쉽지 않다. 노동자가 고용자의 고용정책

6 『논어』, 「이인」. 里仁爲美, 擇不處仁, 焉得知?

을 받아들이기란 쉽지 않다. 반대로 고용자가 노동자의 임금요구를 받아들이기 역시 쉽지 않다. 부모가 자식의 놀이관을 받아들이기란 쉽지 않다. 반대로 자식이 부모의 놀이관을 받아들이기 역시 쉽지 않다. 남자가 여자의 생각을 받아들이기란 쉽지 않다. 반대로 여자가 남자의 생각을 받아들이기 역시 쉽지 않다. 한국인 시부모가 이주여성 며느리의 생각을 받아들이기란 쉽지 않다. 반대로 이주여성 며느리가 한국인 시부모의 생각을 받아들이기 역시 쉽지 않다. 진보적인 사람이 보수적인 사람의 생각을 받아들이기란 쉽지 않다. 반대로 보수적인 사람이 진보적인 사람의 생각을 받아들이기 역시 쉽지 않다. 이밖에도 우리 주변에는 이루 헤아릴 수 없이 많은 차이들이 상대에 대한 어색함을 낳는다.

우리는 상대적 차이에서 비롯한 어색함이 위험한 것이 아님에도 불구하고 자신이 경험하지 못해봤기 때문에 혐오할 때가 많다. 특히 소통의 부재는 어색함을 해소할 기회를 얻지 못하게 한다. 상호 간 어색함이 혐오감으로 변모하면 협력이 이루어질 기회가 사라진다. 한 번도 시골생활을 접해보지 못한 도시 사람은 시골의 재래식 화장실에 대해 혐오하기 쉽다. 그 반대의 경우도 마찬가지다. 진보적인 사람과 대화를 나눠보지 못한 보수주의자는 진보적인 사람에 대해 혐오할 확률이 높다. 그 반대의 경우도 마찬가지다. 소통의 장이 마련되지 않는다면 이와 같은 상대적 차이가 혐오감으로 발전하기 쉽고, 혐오감은 상대에 대한 불길한 상상력을 부추긴다. 혐오감이 증폭되면 상대는 괴수나 도깨비와 같은 존재로 폄훼되기도 한다.

소통과 배려는 이웃 간 혐오감을 줄일 수 있는 출발선이다. 이웃 간 협력을 이끌어내기 위해서는 우선 혐오감을 줄이는 것에서부터 일을 도모해야 한다. 상호간 소통을 통해 이웃에 대한 불필요한 오해를 줄일 필요가 있다. 이웃 간에 서로의 어색함을 해소하기 위해서는 공동으로 해야 할 일들을 찾아야 한다. 축제, 치안, 놀이, 교육, 문화, 예술, 체육 등의 활동을 통해 소통의 기회를 충분히 확보해야 한다. 그래야만 이웃 간 어색함이 감소함과 동시에 차츰 친밀감이 형성될 수 있다.

국가의 경우를 보자. 국가란 정치적 공동체이다. 국민의 삶은 국가 정책에 매우 민감하다. 정부가 좋은 정치를 펼치면 국민의 삶이 향상되기 때문이다. 그런데 인(仁)은 좋은 정치의 매우 중요한 조건이다. 국가에서 인 덕목에 기초한 정책을 펼치는 것을 인정(仁政)이라고 부른다. 인정 국가에서는 의식주, 의료, 교육, 문화 등과 관련해 평등하고 정의로운 노동정책과 약자를 배려하는 복지정책을 실시한다. 사람들이 자신의 능력을 활용해 취업할 수 있어야 하고, 빈곤이 퇴치되어야 하고, 모든 국민이 의료제도의 혜택을 누릴 수 있어야 한다. 나아가 일정한 교양과 문화의 향유가 불가능하다면 사람다운 삶은 불가능하다. 그러한 측면에서 기초적인 교양교육을 일반화함으로써 시민들이 문화생활을 누릴 수 있어야 한다.

국가의 존립 근거는 국민의 생존과 복지를 돕는 데에 있다. 그러한 측면에서 보자면 국민에 대한 국가의 존중은 준엄한 의무에 속한다. 국가는 소수집단이나 다수집단의 이득을 위해 존재하는 것이 아니라 모든 국민의 권리를 보호하는 데에 궁극적 존재 이유가 있다. 국가는 사람 존중의 가치를 제도와 정책을 통해 보존할 경우에만 그 정당성을 얻을 수 있다.

세계시민주의

우리는 가족의 일원이자, 마을사람들의 이웃이자, 국가의 국민이자,

지구촌의 시민이다. 그러한 점에서 인의 가장 큰 외연은 세계시민주의이다. 오늘날 세계시민주의는 지구인에게 자연스럽게 요청된다. 세계시민주의란 자신의 국가를 넘어 다른 국가의 사람들에 대해서도 지구촌의 동료로서 존중한다는 것을 뜻한다. 인간은 홀로 고립된 존재가 아닌 지구촌이라는 하나의 울타리 속에서 공동의 생활을 할 수밖에 없는 존재이다. 우리는 이미 국가를 넘어선 지구촌의 일원, 곧 세계시민이다. 지구촌의 관점에서 보면 한 국가 내에서 벌어지는 모든 행위가 다 용납되는 것은 아니다. 한 국가의 행위가 다른 국가의 사람들에게 영향을 미치기 때문이다.

세계시민적 관점을 결여한 국가주의는 지구촌을 멍들게 한다. 예를 들어 핵폐기물을 다른 나라에 팔아넘기는 행위는 자신의 국토를 건강하게 보존하기 위한 것이지만, 결과적으로 지구를 병들게 한다. 미국에서는 매년 1천억 달러어치의 음식이 그냥 버려지지만, 다른 나라에서는 하루에 1.25달러에 연명하는 사람들이 14억 명이나 된다.[7] 제2차 세계대전을 전후로 하여 강대국은 자국의 이익을 위해 약소국을 유린함으로써 막대한 인명피해와 생태계 파괴를 초래했다. 후쿠시마의 원자력발전소 붕괴는 일본을 넘어 태평양 전체에 방사능을 누출시켰다. 자국의 경제발전을 위해 무리하게 건설한 대규모 화학공장들은 유해물질을 내뿜음으로써 지구의 대기를 더럽힌다. 이러한 사례들에서 보듯이 국가 중심주의는 궁극적으로 지구를 훼손하는 행위를 용인한다.

우리가 사는 지구는 하나의 커다란 마을과 유사하다. 만약 우리에게 지구에 대한 사랑이 있다고 한다면 국가이기주의를 넘어설 줄 알아야 한

7 피터 싱어, 함규진 옮김, 『물에 빠진 아이 구하기』, 산책자, 2009, p. 25.

다. 지구적 차원에서 사고하고 실천함으로써 비로소 세계시민이 될 수 있다. 지구촌의 모든 아름다운 자산이나 문화에 대해 경탄하고 사랑하는 경험, 피폐하고 빈곤한 지역에 대해 연민하고 돕는 경험이 필요하다. 세계시민적 관점에서 서로 존중하고 협력할 때라야 인류 전체가 더 나은 삶에 도달할 수 있을 것이다.

5장

적극적 잔인함과 소극적 잔임함

적극적 잔인함

인의 대척점에 잔인함이 있다. 잔인함에 대해 깊게 이해함으로써 인의 의미를 더욱 잘 알 수 있다. 잔인함이 최고악인지의 여부는 불분명할지라도 도덕적으로 매우 나쁘다는 데에는 모두가 동의할 것이다. 잔인함이 나쁜 이유는 사람들에게 고통을 일으키는 행위이기 때문이다. 잔인함의 사례들은 매우 많다. 잔혹(brutality), 포학(savagery), 비인간성(inhumanity), 야만(barbarism), 냉혹(callousness), 고문(torture) 등이 잔인함과 관련이 있는 어휘들이다.

잔인함은 악의를 가진 가해자가 피해자에게 고통을 가함으로써 생겨난다. 키키스(John Kekes)에 따르면, "잔인함은 가해자의 가해하려는 동기, 가해 행위, 피해자의 고통 등 세 가지 기본적 요소에 의해 설명된다."[1]

이러한 세 가지 요소를 갖춘 잔인함을 적극적 잔인함이라고 부르고자 한다.

적극적 잔인함이란 누군가가 나쁜 의지를 가지고서 타인에게 능동적으로 고통을 주는 것을 뜻한다. 만약 누군가가 타인에게 비의도적으로 해를 끼치거나, 혹은 나쁜 의지를 가지고 있다고 할지라도 아직 타인에게 실제로 해를 끼치지 않은 경우에는 그 사람을 두고 잔인하다고 부르기 어렵다. 누군가가 비의도적으로 타인에게 해를 끼치는 경우에 우리는 그 사람의 행위를 잔인하다고 여기기보다 무지, 신중치 못함, 과실 등의 관념에 의해 이해한다. 설령 누군가가 우연하게 교통사고를 내어 상대 차량 운전자가 심하게 다쳐 고통스러워할지라도, 가해자에게 나쁜 의지가 없다고 한다면 그를 두고 잔인하다고 말하지는 않는다. 또한 비록 누군가가 나쁜 의지를 가지고 있다고 하더라도 타인에게 실제로 해를 끼치는 행위를 하지 않을 수도 있다. 그러한 경우에 그 사람을 잠재적 위험군에 넣을 수 있을지언정 아직 잔인하다고 말하기는 어렵다. 정리하자면, 적극적 잔인함이 성립하기 위해서는 가해자가 나쁜 의지를 가지고서 능동적으로 피해자에게 해로운 행위를 해야 한다.[2]

1 John Kekes, "Cruelty and Liberalism," *Ethics*, Vol. 106, 1996, p. 837.

2 맹자의 시각에 따르면, 잔인함은 윤리적 실패와 관련된다. 콩로이 쑨은 『맹자』에 의거해 윤리적 실패의 원인을 세 가지로 나눈다. 첫째, 사람들이 전혀 윤리적 이상을 추구하지 못하게 하는 가르침을 펴기 때문에 실패에 이른다. 둘째, 비록 사람들이 어느 정도는 윤리적 이상을 추구하지만 다른 목적들에 열중되어 있는 탓에 실제로는 그러한 방향에 거의 노력을 기울이지 않기 때문에 실패에 이른다. 마지막으로, 사람들이 능동적으로 윤리적 이상을 추구하지만 불충분한 헌신이나 아집 때문에 실패에 이른다. Kwong-loi Shun, *Mencius and Early Chinese Thought*, Stanford University Press, 1997, pp. 175-176.

다음의 사례에서 보듯이 적극적 잔인함은 우리의 주변에서 쉽게 발견된다.

> 2012년 4월 9일 해양경찰청은 지적장애인 수십 명을 1992년부터 외딴 섬에 팔아넘기거나 어선에 강제로 태워 노예처럼 일을 시키고 임금을 착취해 온 혐의로 6명을 붙잡았다. 모집책인 이모씨(47세)는 여관을 운영하면서 지적장애인과 노숙자 등을 군산과 목포 인근의 어선과 낙도 등지에서 일하게 하고, 백여 명으로부터 수십억 원을 가로챘다. 이씨 어머니는 지적장애인들이 산재보험에 가입하도록 하여 그 보험금은 아들이 수령하도록 했다. 지적장애인 은모(47)씨는 19세 때 잡혀와 30년 가까이 한 푼도 받지 못한 채 일만 했다. 이씨는 그들에게 "먹여주고 재워주며 돈도 벌 수 있게 해주겠다"고 속여 여관이나 주택에 감금한 뒤 넘겼다고 한다.[3]

모집책 이씨 등 6명은 지적장애인이나 노숙자와 같은 사회적 약자들을 착취하였다. 그들은 도와준다는 명분 아래 지적장애인과 노숙자를 노예로 부려먹으면서 노동력 착취, 보험금 갈취, 신체 감금 등을 통해 인권을 유린하였다. 그들에 의해 끌려간 지적장애인 수십 명은 외딴 섬에서 고통스러운 노동을 감내하면서 살아야만 했다.

◇◇◇◇

3 정창교 기자, 「장애인·노숙자 100여명 수십년 '노예생활' 충격… 섬 양식장·어선서 임금 한푼 못받고 강제노역 시달려」, 《국민일보쿠키뉴스》, 2012년 4월 9일. http://news.kukinews.com/article/view.asp?page=1&gCode=kmi&arcid=0005981902&cp=du

적극적 잔인함의 사례는 역사 기록에서도 발견된다. 상(商)나라 주왕(桀王)은 그 대표자로서 비판받는다. 그는 기름 바른 쇠기둥을 숯에 달궈 사람들로 하여금 건너게 하여 떨어져 죽게 하는 포락지형(炮烙之刑)을 일삼았던 군주이다. 주왕처럼 자신의 정치권력을 유지하기 위해 다른 사람에게 포락지형을 시행해 죽이는 것은 부덕한 행위임에 틀림없다. 그런 까닭에 우리는 적극적 잔인함을 저지르는 품성을 가진 사람을 악인(惡人)이나 잔적(殘賊)이라고 부른다.

적극적 잔인함을 행하는 가해자는 자신의 행위가 도덕 감정에 역행하여 타인에게 고통을 준다는 사실을 잘 알고 있다. 가령 고문기술자는 상대가 극심한 고통을 당하리라는 것을 잘 알면서도 타인을 고문한다. 1970년대와 1980년대 초에 경기지방경찰청 대공수사관으로 근무했던 이근안 대공수사관은 민주화운동가 및 간첩 용의자 등에 대한 불법연행을 비롯해 구타, 전기고문, 물고문 등을 저지른 것으로 악명이 높다. 당시에 그는 자신의 고문 행위가 상부에서 내린 명령을 충실히 이행한 것이라고 생각했다. 그는 언론 인터뷰에서 "나라를 위해서만 일했는데 시대가 바뀌었다고 이런 취급을 받나 싶어 억울하기도 했다."[4] 고 회고한다. 이로써 본다면 그는 고문 당시에 자신의 고문 행위가 공직자로서 엄중한 책무라고 인식하고 있었다. 그러나 시간이 흐른 뒤에 그는 고문한 사람들에 대해 사죄하면서 참회와 회개를 하면서 살고 있다.

고문기술자는 자신의 고문 행위가 고문 받는 사람을 고통스럽게 한다는 사실을 매우 잘 안다. 역설적이게도 고문이란 정서적 공감 능력이 있

4 최지숙 기자, 「'고문 기술자' 이근안 마지막 언론 인터뷰」, 《서울신문》, 2013년 1월 17일.

어야 오히려 잘 수행된다. 고문기술자는 공감 능력을 통해 고문을 당하는 사람의 고통을 잘 감지함으로써 고문의 효과를 기대할 수 있다. 고문기술자는 "피고문자가 매우 아프고 괴로울 것이다"고 상상한다는 점에서 정상적인 공감 능력을 가지고 있다. 대공수사관으로서 고문기술자는 국가안보라는 엄중한 책무를 위해 자신의 공감 능력을 악용한다.

고문기술자가 대공수사에 대한 엄중한 책임감 때문에 고문을 수행한다고 해보자. 설령 그가 고문을 엄중한 책무로서 여긴다고 하더라도 상대의 고통에 대한 연민의 감정이 남아있을 경우에 고문은 괴로운 것일 수밖에 없다. 왜냐하면 연민의 감정을 저버릴 때마다 양심의 가책을 받아야 하기 때문이다. 고문기술자에게 상대의 고통에 대한 연민의 감정이 남아 있는 한 고문을 할 때마다 양심의 가책을 감내해야만 한다. 그러나 만약 고문기술자가 상대의 고통에 대해 즐거워한다고 한다면 적극적 잔인함이 극대화된다. 가장 심한 형태의 적극적 잔인함은 상대의 고통을 즐기는 것이다.

적극적 잔인함은 인간을 교환 가능한 수단적 가치로서 전락시킨다. 고문기술자에게 피고문자의 고통이란 자신의 책무를 달성시켜주는 매우 효과적인 수단이다. 피고문자는 고문의 고통이 클수록 고문기술자가 원하는 자백에 이를 확률이 높다. 피고문자의 자백을 지고의 책무로 여기는 한 고문기술자에게 피고문자의 고통은 즐거운 것이 된다.

고문기술자는 상부에서 지시한 책무 수행을 체화하는 순간부터 고문을 즐기는 사디스트가 된다. 책무 수행의 의무감이 고문기술자로 하여금 측은지심이라는 도덕 감성을 소홀히 하도록 강요한다. 고문기술자는 자신의 도덕 감정에 거슬러서 행위를 하지만 오히려 책무를 잘 수행했다는 자부심에 사로잡힐 뿐만 아니라 상부로부터 포상까지 받는다. 정부가 부여한 국가적 책무라는 외적 동기에 의해 측은지심을 도덕 판단으로부터 추방하고 만다. 고문기술자에게는 도덕 감정에 기초하여 도덕 판단을 하지 않아도 좋다는 면죄부가 상부로부터 주어지는 셈이다. 이 때문에 고문기술자는 자신의 고문 행위를 도덕 감정의 측면에서 바라보기보다 엄중한 책무를 수행하는 공무수행자로서 바라본다. 고문기술자가 고문을 통해 자신의 엄중한 책무를 더욱 잘 수행할 수 있다고 믿게 됨으로써 적극적 잔인함은 잔인하지 않은 것인 냥 포장된다. 고문기술자는 피고문자를 효율적 업무 처리의 대상으로서 만난다. 업무를 잘 처리한다는 명분을 위해 인간적 가치가 방치되는 것이다. 일종의 가치 전도가 일어난다. 이처럼 고문은 인간의 기본적 가치를 훼손한다는 점에서 명백한 처벌의 대상이다.

인류사회에서 적극적 잔인함이 용인되는 경우가 아예 없는 것은 아니다. 자신의 생명을 지키기 위한 정당방위나 평화를 위한 전쟁 등을 수행할 경우에는 타인에게 고통을 가하는 것이 용인된다. 그 이유는 정당방위나 전쟁이라는 수단밖에는 가해자를 제압할 적당한 방법이 없는 경우가 있기 때문이다. 정당방위는 상대방이 먼저 사람 존중의 가치를 훼손하려고 하기 때문에 부득이하게 발생한다. 정당방위는 가해자의 잔인함에 맞서기 위해 부득이하게 용인할 수밖에 없는 적극적 잔인함이다. 정당한 전쟁 역시 마찬가지다. 상대국의 야욕에 의한 침략은 그 자체로 잔인한 행위이다. 이런 악의적 침략을 방어하기 위해서는 맞서 싸우는 길밖에 다른 방법이 없다. 그러므로 자국을 지키기 위한 전쟁은 개인의 정당방위와 마찬가지로 부득이하게 허용할 수밖에 없다.

다만 정당방위가 흔쾌한 것만은 아니다. 정당방위나 정당한 전쟁을 수행하더라도 거기에는 부득이하게 잔인한 행위를 수반해야하기 때문이다. 강도에 대해 정당방위를 수행하는 사람은 상대에게 물리적 타격을 가할 수밖에 없다. 또한 전쟁을 수행 중인 군인들은 적군을 죽이는 일을 하지 않을 수 없다. 아무리 부득이한 정당한 전쟁이라고 할지라도 대부분의 경우 그 결과는 참혹하기 이를 데 없다. 전쟁의 과정에서 군인들뿐만 아니라 많은 시민들이 죽고, 삶의 터전이 폐허로 변한다. 어떤 전쟁이든 상대를 죽여야 하는 적극적 잔인함이 만연하기 때문이다. 이러한 측면에서 보자면 정당방위나 정당한 전쟁은 도덕적으로 허용되어야 하지만, 미연에 방지하는 것이 더욱 현명한 처사이다.

소극적 잔인함

고문이나 전쟁과 같은 적극적 잔인함이 사라진다고 하여 바로 평화가 오는 것은 아니다. 적극적 잔인함과는 다른 소극적 잔인함이 존재할 수 있기 때문이다. 소극적 잔인함이란 적극적 전인함과 달리 악의적으로 고통을 가하는 사람이 명시적이지 않음에도 불구하고 잔인함이 발생하는 경우를 가리킨다. 소극적 잔인함이란 고통 받는 사람에 대해 공동체 구성원들이 아무런 행위를 하지 않음으로써 발생한다. 사람에 대한 존중이 필요한 상황에서 사람에 대한 존중이 실천되지 않음으로써 소극적 잔인함이 발생한다. 다음은 소극적 잔인함의 한 사례이다.

> 최고은 작가(32)는 2011년 1월 29일 경기도 안양시 석수동의 월세 집에서 사망한 채로 발견됐다. 경찰에 따르면 갑상선 기능 항진증과 췌장염을 앓고 있던 최고은 작가가 치료를 제대로 받지 못한 상태에

서 며칠 동안 제대로 먹지 못해 사망했다. 최고은 작가를 처음 발견한 이웃 주민은 그녀의 집 현관에 "며칠째 아무것도 못 먹었다. 남는 밥이랑 김치가 있으면 집 문을 두들겨 달라"는 내용의 쪽지가 붙어 있어 음식을 싸왔는데 최고은 작가가 이미 숨져 있었다고 말한 것으로 전해졌다. 최고은 작가는 한국예술종합학교 영상원 영화과를 졸업하고 2002년 단편영화 '연애의 기초'로 데뷔했다. 이후 '새벽정신'(2004), '젖꼭지가 닮았다'(2004) 등을 발표했으며 2006년에는 '격정 소나타'로 아시아나국제단편영화제에서 단편의 얼굴상을 수상했다. (중략) 그러나 이후 차기작이 불발되며 생활고에 시달리다 결국 32세 꽃다운 나이에 숨을 거둬 많은 이들을 안타깝게 하고 있다.[5]

작가 최씨는 자신이 좋아하는 직업을 자율적으로 선택했을 뿐만 아니라 그 직업에 충실했다. 그러나 그녀는 그 직업을 통해 생계를 꾸려나갈 수 없었다. 작가 최씨가 굶어죽도록 악의적으로 고통을 준 사람은 없다. 그러한 점에서 본다면 작가 최씨의 비참함은 적극적 잔인함 때문에 발생한 것이 아니다. 그녀가 자신의 직업을 자유롭게 선택하고 주변에서도 의도적으로 고통을 준 사람이 없음에도 불구하고 이러한 비참한 결과가 일어나고 말았다.

작가 최씨와 같은 소극적 잔인함은 인 감정을 방치함으로써 발생한다. 인 감정이 방치되는 정도가 강할수록 소극적 잔인함의 강도가 커진다. 우리가 비록 타인에게 악의적으로 적극적인 위해를 가하지 않을지라

◇◇◇◇

5 정지은 기자, 「최고은 작가 요절 충격. '남은밥 좀 주오' 유언」, 《서울신문》, 2011년 2월 8일.

도 소극적 잔인함에 의해 누군가가 비참한 상태에 놓일 수 있다. 나아가 그러한 비참한 상태에 놓인 사람이 자신의 노력을 다할지라도 그 상황에서 탈출하지 못할 때가 있다. 이처럼 누군가의 비참한 상황을 알고서도 외면하거나 방치하는 것이 소극적 잔인함이다. 소극적 잔인함이란 타인의 고통 해소를 돕더라도 자신에게 어떤 조그마한 고통이 수반되지 않음에도 불구하고 타인의 고통 상태를 허용함으로써 발생한다.[6] 이와 같이 아무런 조취를 취하지 않음으로써 타인의 고통 상태를 허용하는 소극적 잔인함은 사회에 인 결핍 증상이 일반화돼 있음을 의미한다. 소극적 잔인함이 만연한 사회에서는 이타적 관심을 단념함으로써 타인의 고통을 더 이상 고려의 대상으로 삼지 않는다.

인의 상실과 잔인함의 발생

소극적 잔인함이나 적극적 잔인함은 모두 인 감정의 상실을 수반한다. 인은 선의지를 추동시키는 매우 중요한 도덕 감정이다. 타인의 고통에 대한 공감이 상실될 때에 잔인함이 발생한다. 우리는 다양한 요인들 때문에 인 감정을 방치하기 쉽다. 명예, 욕구, 권력, 부귀 등과 같은 다양한 요인들 때문에 인 감정이 보존되지 않는다.

우리는 타인에게 고통을 주면 안 된다는 사실을 잘 안다. 그럼에도 불구하고 현실에서는 타인에게 악의적으로 고통을 주는 적극적 잔인함이

6 David McCarty, "Harming and Allowing Harm," *Ethics*, Vol. 110-4, 2000, p. 749.

나 타인의 고통을 방치하는 소극적 잔인함이 발생한다. 사람들은 타인을 고문해서는 안 되며, 실업으로 인해 굶어죽는 사람이 있어서는 안 된다는 사실을 잘 안다. 그러나 그와 같은 도덕 판단이 항상 실천으로 이어지는 것은 아니다.

인에 관한 도덕 지식이 실천되지 못하는 이유는 욕망의 추구와 밀접한 관련이 있다. 부적절한 욕망의 추구는 도덕 지식을 불완전한 상태에 놓이게 만든다. 그것은 마치 술에 심하게 취한 사람이 평소에 잘 알던 길의 방향을 인지하지 못한다는 것과 같다. 평소에는 고문이 부당한 것이라는 인식을 가지고 있던 사람일지라도, 자신이 권력자가 된 뒤에는 고문을 정치적 수단으로 사용하기도 한다. 또한 우리는 건강을 위해 규칙적인 생활을 해야 한다고 생각하면서도 인터넷게임에 빠지면 생활 규칙을 잊어버리기 쉽다. 이와 같이 우리가 매우 잘 알고 있던 건전한 도덕 판단들조차도 다양한 욕망들로 인해 망각되거나 변질되곤 한다.

인 감정의 상실은 개인의 욕망 추구뿐만 아니라 사회적 차원의 집단의식에 기인하기도 한다. 집단 차원에서 인 감정을 상실한 사회를 우리는 잔인한 사회라고 부른다. 잔인한 사회의 시스템은 사람들에게 고통을 주도록 설계되어 있다. 사회에서 제도적으로 혹은 관습적으로 잔인함을 용인할 경우에 잔인함은 일상이 된다. 그 결과 개인들은 잔인한 행위를 하면서도 그러한 잔인함에 무감각해진다.

작가 최씨의 사례에서도 인 감정의 상실이 사회적 차원에서 구조화되어 나타난다는 것을 알 수 있다. 작가 최씨의 경우처럼 실업자는 직업을 구하지 못해 생존을 위한 고통에 시달려야만 한다. 사회에 제도화된 무한경쟁의 원리는 구직경쟁에서 낙오된 사람의 고통을 배려하지 않는다. 무한경쟁을 통해 일정 비율의 구직자는 취업을 하지만 나머지 비율의 사람들은 실업을 면할 수 없다. 무한경쟁의 원리가 제도화됨으로써 실업자들은 사회의 잉여인간으로 전락한다. 그들은 주체적으로 생존할 수 있는 사회 구성원이 되지 못하고 주변부로 밀려난다. 사람들은 그러한 잉여인간에 대해 더욱 노력이 필요한 사람, 운이 없는 사람, 좋은 인맥이 없는 사람 등과 같은 이유를 대면서 그들의 고통에 대해 정당성을 부여한다.

작가 최씨의 경우처럼 일정한 직업이 없어서 굶어 죽어갈 때에 아무도 거기에 관심을 갖지 않는다. 무한경쟁에 처한 다른 사람들 역시 자신들의 삶을 영위하기에 바쁘기 때문이다. 나아가 개인들은 사회의 잔인한 경쟁제도를 자의든 타의든 내면화한다. 그러한 상황에서 경쟁에 실패한 일정 비율의 사람들은 실업으로 인해 고통을 받을 수밖에 없다. 그 누구도 악의를 가지고서 타인에게 고통을 주는 행위를 하지는 않지만, 개인들이 용인한 비인간적 제도에 의해 고통받는 사람들이 발생한다. 소극적 잔인함의 경우에 가해자가 구체적으로 드러나지 않는다. 소극적 잔인함은 사회 제도나 관행 속에 교모하게 은신해 있다. 적극적 잔인함은 확연하게 드러난다는 점에서 비판하기가 쉽지만, 집단적 차원의 소극적 잔인함은 우리의 삶에 광범위하게 유포되어 있다는 점에서 자각하기가 쉽지 않다.

용기의 요청

잔인함이 인류의 역사에서 사라진 적은 없다. 잔인함의 종류는 살인, 강도, 고문, 학대, 학정 등 이루 헤아릴 수 없이 다양하다. 적극적 잔인함은 인 감정에 거슬러 악의적으로 타인에게 해를 끼친다는 점에서 악덕임에 틀림없다. 나아가 소극적 잔인함은 다른 사람들의 고통을 외면하고 방치하는 것을 정당하게 생각한다는 점에서 역시 악덕임에 틀림없다.

건전한 교양을 가진 사람이라면 이러한 잔인함들에 대해 비판적이다. 잔인함에 대한 비판은 미움, 분노, 혐오와 같은 부정적 감정으로부터 시작한다. 맹자가 말한 수오지심(羞惡之心)이 바로 잔인함을 비판하는 직관적 감정이다. 수오지심이란 자신의 잘못에 대한 부끄러움과 타인의 잘못에 대한 미움의 감정을 가리킨다. 사람이라면 누구나 타인에게 고통을 야기하는 잔인함에 대해 분노의 감정을 갖기 마련이다. 사람들은 타인에게 악의적으로 고통을 가했을 때에 자신의 잘못에 대해 부끄러워하게 된다. 또한 어떤 사람이 다른 사람에게 악의적으로 고통을 가했을 때에 그 사람의 잘못에 대해 미움이나 분노의 감정을 갖는다. 수오지심을 보존한 사람이라면 고문기술자의 고문 행위에 대해 자연스럽게 미움과 분노의 감정을 표출한다. 만약 고문기술자가 자신이거나 자신과 매우 친한 사이라고 한다면 그에 대해 부끄러움이나 죄책감을 가질 것이다. 이와 같이 수오지심은 잔인함을 응징하고자 하는 비판적 감정이다.

정치적 잔인함에 대한 저항 역시 미움이나 분노를 통해 드러난다. 맹자에 의하면 위정자의 정치 행위가 잔인해지면 시민들이 미워하게 된다.

> 맹자: 몽둥이로써 사람을 죽이는 것과 칼로써 사람을 죽이는 것에 다름이 있습니까?
>
> 양혜왕: 다름이 없습니다.
>
> 맹자: 칼로써 사람을 죽이는 것과 정치로써 사람을 죽이는 것에 다름이 있습니까?
>
> 양혜왕: 다름이 없습니다.
>
> 맹자: 왕의 주방에는 기름진 고기가 있고 마구간에는 살찐 말이 있

지만, 백성 중에는 굶주린 기색이 있고 들에는 굶주려 죽은 시체가 있으니, 이것은 짐승을 몰아다가 사람을 먹게 하는 것입니다. 짐승끼리 서로 잡아먹는 것조차도 사람들이 미워하는데(惡), 백성의 부모가 되어 정치를 행하면서 짐승을 몰아다가 사람을 먹게 하는 것을 면치 못하니, 어찌 백성의 부모라고 하겠습니까?[7]

몽둥이로써 사람을 죽이는 것은 잔인한 행위이다. 칼로써 사람을 죽이는 것도 잔인한 행위이다. 그와 마찬가지로 정치로써 사람에게 고통을 주는 것도 잔인한 행위이다. 이러한 잔인함에 대해 사람들은 미움의 감정을 표출한다. 정치가 시민들을 굶어죽게 할 경우에 시민들은 미움과 분노의 감정을 표출한다.

이러한 정치적 미움은 도덕적 판단을 내포하고 있다는 점에서 도덕감정에 속한다. 도덕적 미움에는 "악의적으로 남에게 고통을 주는 것은 의롭지 못하다"는 인지가 내포되어 있다. 달리 말하면 거기에는 "측은지심을 거스르는 사람은 좋지 않은 사람이다"라는 인지가 내포되어 있다. 나아가 사람들은 의도적으로 측은지심을 위반하는 사람에 대해 더 큰 미움의 감정을 갖는다. 그 이유는 타인에게 인격이 있다고 믿기 때문이다. 타인이 나쁜 의지를 가지고 있다고 믿을 경우에 그 사람을 미워하게 된다. 도덕적 미움은 타인의 나쁜 인격에 대한 부정적 감정이다.

◇◇◇◇

7 『맹자』, 「양혜왕상」, 3장. 殺人以梃與刃, 有以異乎? 曰無以異也. 以刃與政, 有以異乎? 曰無以異也. 曰庖有肥肉, 廐有肥馬, 民有飢色, 野有餓莩, 此率獸而食人也. 獸相食, 且人惡之, 爲民父母, 行政不免於率獸而食人, 惡在其爲民父母也?

도덕적 분노 역시 도덕적 미움과 같이 타인의 잘못을 비판하는 부정적 감정이지만, 폭발적인 에너지를 동반하여 타인의 잘못을 생생하게 비판한다는 점에서 차이가 있다. 도덕적 미움이 타인의 나쁜 품성에 초점이 맞추어져 있다면, 도덕적 분노는 타인의 나쁜 행위에 초점이 맞추어져 있다. 분노에는 타인의 나쁜 행위를 거부하고 응징하고자 하는 의지가 포함되어 있다. 분노하는 사람은 눈살을 찌푸리면서 타인의 해로운 행위에 대해 비판적 언사를 쏟아낸다. 분노는 자신이 가진 에너지를 폭발시킴으로써 타인의 잘못된 행동을 가만두지 않고자 하는 정서적 조치이다.

분노는 타인의 나쁜 행위로부터 자신의 삶을 보호하는 역할을 한다. 분노함으로써 타인의 나쁜 행위에 대해 경고를 보낸다. 나아가 심한 분노는 타인의 나쁜 행위를 멈추게 하는 경우도 있다. 도둑, 강도, 사기꾼 등으로부터 자신을 보호하기 위해서는 그들의 나쁜 행위에 대해 분노할 줄 알아야 한다. 분노에 의해 타인의 나쁜 행위를 억제시킬 수 있다. 나쁜 행위를 한 타인은 분노에 직면함으로써 자신의 행위에 대해 반성하게 된다. 이와 같이 분노는 나쁜 행위를 인지하여 비판하는 역할을 수행한다.

미움과 분노는 다양한 상황에서 발생한다. 우리는 개인적 차원에서 상대의 폭력, 속임수, 무례 등에 대해 미워하거나 분노한다. 나아가 사회적 차원에서 잘못된 정치에 대해 미워하거나 분노한다. 가령 민주주의 사회에서 집단적인 시위는 불공정한 정책에 대해 미움과 분노를 표출하는 매우 자연스러운 정치 문화이다. 사람들은 옳지 않다고 여기는 정부의 정책에 대해 미움과 분노의 감정을 표출한다.

도덕적 미움과 도덕적 분노는 개념적 차원에만 국한되지 않고 기상을 통해 드러난다. 맹자는 잔인함에 대한 미움과 분노의 기상을 호연지기(浩然之氣)라고 말한다. 호연지기란 잘 배양된 용기(勇氣)를 가리킨다. 호연지기는 크고 강한 기상으로서 정의와 연계되어 있다.[8] 호연지기와 같은 용기를 기르기 위해서는 잔인함에 대해 실제로 미워하고 분노해야 한다. 실제의 캔버스 위에 물감을 칠해야만 그림이 그려지듯이, 잔인함에 대한 비판은 미움과 분노에 기초한 용기의 상태로서 존재한다.

맹자에 따르면 용기에는 작은 용기(小勇)와 큰 용기(大勇)가 있다. 작은 용기가 자신의 사적 자존심을 지키기 위한 것이라면, 큰 용기는 공적인 대의를 지킴으로써 형성된 기상이다. 작은 용기가 자신의 보존에 그친다면 큰 용기는 시민을 부당한 고통으로부터 지켜낸다. 맹자는 저항적 분노를 통해 사회적 부조리를 개혁할 줄 아는 큰 용기를 가지라고 조언한다.

> 왕께서는 작은 용기를 갖지 마소서. 대저 칼을 어루만지며 화난 눈으로 보면서 "저들이 감히 어찌 나를 당할 수 있겠는가?"라고 하는 것은 필부의 용기로서 한 사람을 대적하는 데 그칠 뿐입니다. 왕께서는 큰 용기를 가지소서. (중략) 문왕은 한 번 분노하여 천하의 백성을 편안하게 했습니다.[9]

잔인한 정권에 대한 응징을 위해서는 큰 용기가 요구된다. 작은 용기가 사적 차원에서 일어난다면, 큰 용기는 공적 차원에서 일어난다. 공적인 영역에서 잔인함이 발생했을 때에 그것을 극복하기 위해서는 큰 용기

8 『맹자』, 「공손추상」, 13장. 其爲氣也, 至大至剛, 以直養而無害, 則塞於天地之間. 其爲氣也, 配義與道, 無是, 餒也. 是集義所生者, 非義襲而取之也, 行有不慊於心則餒矣.

9 『맹자』, 「양혜왕하」, 3장. 王請無小勇, 夫撫劍疾視曰, 彼惡敢當我哉, 此匹夫之勇, 敵一人者也, 王請大之. (중략) 文王一怒, 而安天下之民.

가 필요하다.

잔인함의 응징

비록 최고 권력이라고 할지라도 잔인한 행위를 할 경우에는 미움과 분노의 감정을 불러일으킨다. 잔인함이 심한 경우에는 혁명을 불러오기도 한다. 가령 은나라 탕왕(湯王)이 걸(桀) 임금을 내쫓고, 주나라 무왕(武王)이 주(紂) 임금을 정벌한 것이 그러하다. 탕왕과 무왕의 방벌은 신하가 군주를 시해하는 것이어서 하극상의 쿠데타로 보일 수도 있지만, 잔인한 권력이 타인의 생존권을 해칠 경우에는 응징되어야 한다. 심지어 맹자는 잔인한 권력자를 시해하더라도 아무런 문제가 없다고 본다. 잔인한 권력자는 비록 정치적으로 왕의 지위에 있을지라도 도덕적으로는 도적이나 강도에 다름 아니기 때문이다.

> 인을 해치는 자를 도적(賊)이라고 부르고, 의를 해치는 자를 강도(殘)라고 부른다. 도적과 강도를 한 명의 사내라고 부른다. 한 명의 죄지은 사내 주(紂)를 죽였다는 것은 들었어도 군주를 시해했다는 것은 듣지 못했다.[10]

맹자는 걸주와 같은 임금을 도적이나 강도와 같다고 말한다. 사람을

10 『맹자』, 「양혜왕하」, 8장. 曰, 賊仁者謂之賊, 賊義者謂之殘. 殘賊之人謂之一夫, 聞誅一夫紂矣, 未聞弑君也.

해치는 것은 곧 인을 해치는 것이다. 이들은 흉포한 학정을 통해 사람들을 괴롭혔던 것으로 악명이 높은 군주들이다. 맹자는 이들을 군주라고 부르기에 부적합하며, 단지 한 명의 사내일 뿐이라고 말한다. 그들에 대한 시해가 정당한 까닭은 사람들에게 해를 끼친 한 명의 사내를 응징한 것이기 때문이다.

다만 아무에게나 폭정을 응징할 자격이 있는 것은 아니다. 사람을 존중할 줄 아는 유덕자라야 폭정을 응징할 자격이 있다. 유덕자에 의한 응징은 혁명에서 보인다. 일차적으로 혁명 세력이 도덕적 정당성을 가지고 있어야 한다. 나아가 그나라 시민들이 혁명 행위를 전폭적으로 지지해야 한다. 맹자는 그러한 경우에 폭정에 대한 혁명적 응징이 정당하다고 본다. 탕왕의 혁명이 그러한 조건을 충족시키고 있다.

> 『서』에 이르기를, "탕왕이 한 번 정벌을 함에 갈(葛) 땅으로부터 시작했다"고 했다. 천하의 사람들이 그를 신뢰하였다. 동쪽을 정벌하면 서쪽의 오랑캐들이 원망하고, 남쪽을 정벌하면 북쪽의 오랑캐들이 원망하였다. 그들은 "왜 우리를 나중에 하는가?"라고 원망하였다. 백성의 바람은 마치 큰 가뭄에 비구름이 일어나기를 기다리는 것과 같았다. 시장으로 가는 사람들이 그치지 않았고, 밭을 가는 사람들이 멈추지 않았다. 그 군주를 주벌하고 백성을 위로하는 것이 마치 제때에 비가 내리는 것과 같아서 백성이 크게 기뻐하였다.[11]

◇◇◇◇

11 『맹자』, 「양혜왕하」, 11장. 齊人伐燕取之, 諸侯將謀救燕. 宣王曰, 諸侯多謀伐寡人者, 何以待之? 孟子對曰, 臣聞七十里爲政於天下者, 湯是也. 未聞以千里畏人者也. 書曰, 湯一征, 自葛始, 天下信之, 東面而征, 西夷怨, 南面而征, 北狄怨, 曰奚爲後我? 民望

맹자에 따르면 학정을 당하는 나라의 사람들은 혁명군이 올 때에 기쁘게 받아들인다. 제때에 내리는 비처럼 혁명군과 피정벌국 시민들 간에 뜻이 부합한다. 이처럼 폭정을 개혁할 주체는 도덕적 정당성과 함께 시민의 인정을 받아야만 한다.

적극적 잔인함의 측면에서 본다면 악한 권력은 악한 개인보다 훨씬 더 나쁘다. 악안 권력자는 공적인 지위를 악용해 잔인한 행위를 하기 때문에 그 결과가 더욱 처참하다. 바람이 불면 풀이 눕듯이 권력자의 정치 행위는 공적 장치를 통해 많은 사람들에게 매우 빠르게 영향을 준다. 불인한 사람이 권력을 쥐면 가혹한 잔인함이 사회에 만연하게 된다.[12] 그런 까닭에 폭정은 반드시 시민들의 분노와 용기에 의해 응징되어야 한다.

수오지심과 자율적 주체성

잔인함은 사람들의 저항적 정서를 억압함으로써 자율적 주체성을 상실하게 만드는 병폐가 있다. 파시스트 전제 권력은 잔인함을 통해 공포감을 형성함으로써 사람들로 하여금 미움과 분노의 감정을 드러내지 못하도록 유도한다. 시민들이 권력적 잔인함에 대해 비판하면, 전제 권력은 저항하면 많은 불이익이 뒤따를 것이라는 공포감을 심어줌으로써 시민들로 하여금 미움과 분노의 감정을 표출하지 못하도록 만든다. 권력의 공포정치는 사람들로 하여금 부당한 인격이나 행위에 대해 비판하지 못하도록

◇◇◇◇

之, 若大旱之望雲霓也, 歸市者不止, 耕者不變, 誅其君而吊其民, 若時雨降, 民大悅.

12 『맹자』, 「이루상」, 1장. 不仁而在高位, 是播其惡於衆也.

강제한다.

사람들이 자율적 주체성을 얻기 위해서는 잔인함에 대해 미움과 분노의 감정을 자유롭게 표출할 수 있는 환경이 필요하다. 자신에게 해를 주는 나쁜 인격을 미워하고, 타인의 나쁜 행위에 대해서는 분노하는 것이 인지상정이다. 도덕적 미움과 분노는 부정의에 대한 공격 본능이다. 권력적 잔인함에 대한 미움과 분노는 정책 행위가 부당하다고 생각할 때 드러내는 의사 표현이다. 그러한 점에서 민주주의 체제가 공고해지기 위해서는 부당함에 대해 미워하고 분노할 수 있는 언론 환경 및 시위 문화가 확보되어야 한다.

마땅히 미워해야 할 때에 좋아하는 척 해야 하거나, 마땅히 분노해야 할 때에 겸손한 척 해야 하는 것이야말로 인간을 부자연스러운 존재로 전락시킨다. 타인이 자신에게 부당하게 고통을 줌에도 불구하고 거기에 대해 웃어야 하는 비극적인 상황을 생각해보자. 서비스업 노동자들은 감정 노동이라는 미명 하에 타인의 부당한 행위에 대해 억지로 웃음을 보여줘야 하는 경우가 많다. 항공기 승무원이나 백화점 판매 직원들은 고객의 부당한 요구나 욕설에 대해 친절히 대할 것을 요구받는다. 이러한 처지의 감정 노동자들은 부당한 요구에 대해 끓어오르는 혐오와 분노를 억제하는 대신에 미소를 지어야 한다. 이와 같은 미움과 분노의 부당한 억압은 인간의 정서적 자율성을 훼손한다는 점에서 심각한 문화적 병리가 아닐 수 없다.

인류는 자신에게 고통을 주는 존재에 대해 미워하고 분노하는 감정을 오랜 시간에 걸쳐 진화시켜왔다. 부당한 것에 대한 미움과 분노는 생존을 위한 본능적 감정이다. 인간이 자율적 주체성을 확보하기 위해서는 미움과 분노의 감정을 적절하게 표출할 수 있어야 한다. 노동자는 고용자의 정의롭지 못한 처우에 대해, 백화점 판매원은 고객의 부당한 요구에 대해, 시민은 정부의 부정의한 정책에 대해, 학생은 타당한 근거가 없는 선생님의 강의에 대해, 자식은 진로에 대한 부모의 강권에 대해, 후배는 선배의 무리한 요구에 대해 미워하고 분노할 수 있는 문화가 성숙되어야 한다. 도덕적 미움과 분노의 적절한 표출은 사람들로 하여금 잔인함을 응징함으로써 자율적이고 민주적인 주체성을 획득하도록 돕는다.

6장

자유주의의 한계

자유의 토대

자유주의에 익숙한 사람들은 타인에게 해를 끼치지 않는 이상 개인은 자유로울 수 있다고 믿는다. 자유주의적 시각에서 보자면 우리에게는 자신을 충분히 소유할 수 있는 권리, 곧 무엇인가를 하고자 할 때에 타인으로부터 방해받지 않을 권리가 있다.[1] 강한 자유주의자인 노직(Robert

1 발렌타인의 정의에 따르면, 엄격한 의미의 자유주의는 "행위자가 처음부터 충분하게 자신을 소유하면서 외부 사물에 대해 소유권을 얻기 위한 도덕적 힘을 갖는다고 보는 도덕적 견해"이다. 개인의 자유를 함축하는 개인의 자기 소유 개념은 밀이 제시한 자유주의 관념의 핵심이다. 밀의 위해의 원리는 개인의 자기 소유권을 보호하기 위한 필요조건이라고 볼 수 있다. Peter Vallentyne, "Libertarianism," *The Stanford Encyclopedia of Philosophy* (fall 2010 Edition), Edited by Edward N.

Nozick)에 따르면 인간은 사회적 존재로 여길만한 합당한 근거가 없으며, 오히려 독립된 개인으로 보는 것이 더 타당하다.

> 자신의 좋은 것에 대해 일부 희생을 감수할 만한 사회적으로 가치 있는 것이란 없다. 오직 개인으로서 자신의 삶을 영위하고 있는 서로 다른 사람들이 있을 뿐이다. 이러한 개인들 중 한 명을 타인의 이득을 위해 이용하는 것은 그를 활용해 타인을 이롭게 하는 것일 뿐이다.[2]

노직은 사회적 가치를 위한 개인의 희생은 어떠한 경우에도 감수될 수 없다고 본다. 개인은 오직 자신을 위해 살아가는 자유로운 존재이다. 자유의 침해보다 더 큰 악은 없다. 이러한 자유주의적 입장에서 보자면 사회는 개인의 자유를 보호하는 데에 있을 뿐이다. 그는 개인의 자유를 보장할수록 좋은 사회라고 본다는 점에서 강한 자유주의 입장을 취하고 있다.

그렇다면 개인의 자유는 어느 정도나 허용될 수 있을까? 자유주의자라고 하여 아무런 제약도 없는 적극적 자유만을 옹호하는 것은 아니다. 왜냐하면 자신의 자유가 타인의 자유를 침해할 경우에는 모순을 가져오기 때문이다. 자유뿐만 아니라 쾌락의 경우도 상황은 마찬가지다. 개인의 쾌락은 자유주의에서 최대한도로 추구되지만, 그렇다고 하여 무제약적으로 허용되는 것은 아니다. 타인의 쾌락을 해치는 개인의 쾌락 추구는 모

◇◇◇◇

Zalta,URL = 〈http://plato.stanford.edu/archives/fall2010/entries/libertarianism/〉.

2 Robert Nozick, *Anarchy, State, and Utopia*, Basic Books, 1974, p. 32.

순을 일으키기 때문이다. 이와 같은 이유 때문에 자유 관념에는 일정한 제약이 요청된다.

자유에 대한 제약은 밀의 『자유론』에서 그 이론적 정초가 보인다. 밀은 자유 관념을 정당화하는 과정에서 잔인함의 금지를 필요조건으로서 제시한다. 밀은 두 가지 격률에 근거한 위해의 원리를 통해 잔인한 행위를 금지함으로써 개인의 자유에 한계를 설정한다.

> 첫째 격률은 한 개인은 자신의 행동에 대하여, 자신 이외의 타인의 이익에 영향을 미치지 않는 한 사회에 책임을 지지 않는다는 것이다. 충고되는 것, 지시되는 것, 설득되는 것, 다른 사람들이 자신의 선을 위하여 필요하다고 생각하는 경우에 다른 사람에 의해 회피되는 것 등이 사회가 그 사람의 행동에 대하여 비난 혹은 혐오를 정당하게 표현할 수 있는 유일한 방법이다. 둘째 격률은 한 개인은 다른 사람의 이익에 대하여 편파적인 유의 행동에 대해서 책임을 지고, 만일 사회가 사회적 혹은 법적 처벌이 사회 보호를 위하여 필수적이라고 생각한다면, 개인은 그러한 처벌을 감수해야 한다는 것이다.[3]

첫째 격률에서 보면 개인은 타인에게 해를 끼치지 않는 한 자신의 자유에 대한 권리를 갖는다. 둘째 격률에서 보면 개인은 타인 및 사회에 대해 피해를 주었을 경우에 그에 대한 책임과 처벌을 감수해야 한다. 밀의 첫째 격률에 따르면 타인으로부터 간섭받지 않을 권리가 있다. 이는 '~로

3 존 스튜어트 밀, 김형철 옮김, 『자유론』, 서광사, 1992, pp. 125-126.

부터의 자유', 곧 소극적 자유권이 우선적으로 보장되어야 한다는 것을 뜻한다.

홀투그(Nils Holtug)에 의하면 밀과 같은 자유주의자의 부정적 자유권 보장에 대한 정식은 다음과 같다.

> 국가는 누군가가 타인의 소극적 자유권을 침해하지 못하도록 방지하기 위하는 경우에 한해서만 개인의 생활에 간섭할 수 있다.[4]

이러한 해석에 따르면 타인에게 해를 주는 적극적 잔인함의 경우를 제외한다면 개인은 어떠한 활동이라도 자유롭게 할 수 있다. 적극적 잔인함은 악의적으로 타인에게 고통을 준다는 점에서 당연히 금지되어야 할 항목이다.

강한 자유주의자 노직은 위해의 원리를 자유의 극대화 측면에서 이해한다. 노직은 "서로 다른 개인들은 별개의 삶을 영위하므로 아무도 타인을 위해 희생되지 않아야 한다"고 말한다.[5] 그는 인간이 사회적으로 서로 떨어져 있는 존재로 이해되어야 하며, 사람들 사이를 도덕적으로 조율하는 행위가 발생해서는 안 된다고 주장한다. 노직에게 위해의 원리란 자유에 대한 "부가적 제약(side constraint)" 사항이지 원천적 제약 사항이 아니다. 그에게 위해의 원리란 단지 개인의 자유를 보호하기 위한 적극적 선언인 셈이다.

---

4 Nils Holtug, "The Harm Principle," *Ethical Theory and Moral Practice*, Vol. 5, Netherlands: Kluwer Academic Publishers, 2002, pp. 382-283

5 Robert Nozick, *Anarchy, State, and Utopia*, Basic Books, 1974, p. 33.

그러나 만약 위해의 원리가 자유 보호를 위해 적극적 잔인함만을 금지하는 데 그친다면 치명적인 문제를 불러온다. 왜냐하면 그러한 경우에는 소극적 잔인함을 용인하는 폐단이 발생하기 때문이다. 적극적 잔인함을 금지한다고 하여 소극적 잔인함이 더불어서 사라지는 것은 아니다. 소극적 잔인함이 남아있는 사회에서는 여전히 비인간적인 고통을 당할 수 있다. 그러한 점에서 보자면 적극적 잔인함의 금지만으로는 자유가 충분하게 정당화되지 않는다.

가령 32살이라는 젊은 나이에 생계가 곤란해 죽어야 했던 시나리오작가 최씨의 경우를 보자. 그녀는 갑상선항진증이라는 병에 걸렸을 뿐만 아니라 장기간 실업자 상태를 면치 못하다가 결국 죽음에 이른다. 그녀에게는 타인에 의한 어떤 직접적 위해가 없었다. 적극적 잔임함만을 금지하는 강한 자유주의에 따르면 그녀는 죽음 당시에 자유로운 상태였다. 하지만 그녀는 그러한 자유에도 불구하고 비참한 죽음에 직면하고 만다. 그녀는 한국예술종합학교를 졸업했을 뿐만 아니라 각종 시나리오를 써서 수상한 적도 있다. 그러한 점에서 그녀가 능력이 없거나 노력이 부족했다고 보기는 어렵다. 안타깝게도 그러한 상황에서 그녀는 굶어 죽을 자유만 얻을 수 있었다.

적극적 잔인함의 측면에서만 위해의 원리를 정당화한다면 소극적 잔인함에 대해 도덕적 면죄부를 줄 수 있다. 밀은 우리가 타인의 이해관계에 영향을 미치지 않는 한 어떤 도덕적 책임도 수반되지 않는다고 주장한다.[6] 타인의 권리를 침해하지 않는 한 도덕적 비난의 대상이 되어서는 안

6 밀은 "자기 자신의 선에는 관계되지만 타인과 한 개인이 관계하는 데 있어 타인의 이익에 영향을 미치지 않는 행동과 성격으로 인해 그가 감수해야 할 유일한 불편

된다는 것이다. 이러한 관점에 따르면 소극적 잔인함은 자유의 부산물 정도로 치부된다.

강한 자유주의자가 주장하듯이 적극적 잔인함의 금지만으로는 자유를 충분히 정당화하기 어렵다. 가령 누군가가 악의를 가지고서 타인을 적극적으로 해치지 않을지라도, 여전히 소극적 잔인함에 의해 사람들이 비참한 상태에 빠질 개연성이 있기 때문이다. 비록 작가 최씨에게 직접적인 위해를 가한 사람을 특정하기 어렵다고 할지라도, 그녀는 굶어죽는 데 이른다. 이러한 비참함의 원인을 모두 그녀에게만 돌리면서 나머지 사람들에게는 아무런 책임이 없다고 말하는 것이 과연 온당할까?

자유의 제약 조건으로서 위해의 원리는 적극적 잔인함에서 나아가 소극적 잔인함에 대한 제약도 포함해야 하는 것으로 보인다. 소극적 잔인함에 대한 제약이 왜 필요한지를 이해하기 위해서는 밀이 두 번째 격률에서 제시한 사회 보호 개념에 유의할 필요가 있다. 사회를 보호한다는 것은 사회적 복지를 실천한다는 것을 뜻한다. 사회적 복지 제도가 훼손될 경우에는 직접적으로 타인에게 해를 끼치는 사람이 없을 때조차도 해를 입는 사람이 등장할 수 있다. 환언하자면 적극적 잔인함을 금지하더라도 소극적 잔인함이 발생할 수 있다.

이 때문에 밀은 소극적 잔인함을 제거하기 위한 복지정책에 찬성한

은 타인의 비우호적인 판단과 엄격하게 구분될 수 없는 불편뿐이라는 사실이다." 라고 말한다. 밀의 이 구절은 개인의 자유를 옹호하기 위한 것이지만, "타인의 비우호적인 판단"이 갖는 의미에 대해서는 충분하게 논의하지 않고 있다. "타인의 비우호적인 판단" 곧 평판 역시 우리의 삶에서는 매우 중요한 역할을 하며, 이것의 도덕적 의미는 오히려 덕 윤리학의 측면에서 더욱 잘 이해된다. 존 스튜어트 밀, 김형철 옮김, 『자유론』, 서광사, 1992, p. 105.

다. 예를 들어 차에 탑승해 안전띠를 매지 않으면 교통사고를 당할 위험에 노출된다. 이러한 부주의한 사고를 방지하기 위해서는 온정주의적 보호 프로그램이 사회적으로 시행되어야 한다. 밀의 자유주의는 오토바이 운행 시 헬멧 착용, 안전띠 착용, 향정신성 의약품의 금지, 대중 도박의 금지 등과 같은 온정주의적 법안에 찬성한다. 이러한 온정주의적 사례들을 통해 보자면 위해의 원리는 두 가지 종류의 위해에 대한 방지를 함축한다. 하나는 직접적으로 타인에게 해를 끼침으로써 개인의 권리를 침해하는 적극적 잔인함의 금지이고, 다른 하나는 사회적 복지정책의 결핍으로 인한 사람들의 고통을 방치하는 소극적 잔인함의 방지이다. 밀은 이러한 두 종류의 잔인함에 대한 방지를 기초로 하여 개인의 자유를 추구한다.

밀이 제시한 위해의 원리가 소극적 자유만을 보호하기 위해 제시된 것은 아니다. 타인에 의한 간섭, 방해, 제약 등이 부재한 경우가 소극적 자유에 해당한다면, 개인이 자신의 삶을 제어하면서 자신의 근본 목적을 실현할 수 있는 것은 적극적 자유에 해당한다. 전자가 권리에 기초한 최소한의 도덕성을 요구한다면, 후자는 덕에 기초한 광범위한 도덕성을 요구한다. 위해의 원리가 단지 전자만을 위한 것이라면 소극적 자유를 보호하는 데 그칠 것이다. 그러나 둘째 격률에 의하면 사회적 협력 조건이 개인의 자유를 제약하기도 한다. 둘째 격률은 외양상 개인의 자유를 제약하는 것으로 보이지만, 실상은 적극적 자유가 뿌리내리고 있는 사회적 토대에 대한 존중이기도 하다. 개인이 아무리 자유롭다고 하더라도 자기 스스로를 죽인다면 다른 자유들이 다 무화되듯이, 자유를 가능하게 해주는 사회적 토대 역시 훼손되어서는 안 된다. 가령 부모가 갓 나은 아이에게 자유를 주기 위해 홀로 방치한다면, 가정과 종족은 파괴되고 말 것이다. 그러한 측면에서 보자면 개인의 자유란 그것을 뒷받침 해주는 사회적 토대와 함께 보장될 수 있다.

밀의 자유주의는 소극적 잔인함을 방지하는 과정에서 존중 및 협력의 관념을 수용한다. 자유를 제약하는 사회적 복지 원칙은 밀에서 시작하여 롤즈(John Rawls)의 최소 수혜자 우선의 원칙으로 이어진다. 합당한 자유주의자인 롤즈는 사회적 불평등이나 경제적 불평등이 초래되었을 때에 최소 수혜자에게 가장 큰 이득이 우선적으로 주어져야 한다고 주장함으로써 복지의 원칙을 지지한다. 롤즈는 복지 원칙에서 나아가 협력 조건까지도 받아들인다.

> 사람들은 자족적인 협동구조로서 당연시되는 사회에 태어나서 정상적인 인격을 형성할 수 있는 능력을 소유하며, 전생에 걸쳐서 협력적인 사회 구성원으로 살아가는 인격체라고 가정한다.[7]

롤즈에 의하면 개인들은 공정한 협력 조건을 받아들임으로써 자신의 자유를 더욱 잘 실현할 수 있다. 사회적 협력 조건은 개인의 자유와 배치되는 것이라기보다 개인의 자유를 더욱 확고하게 해주는 역할을 한다. 자유로운 개인들은 사회적 협력 조건 위에서 서로의 자유를 인정할 수 있다. 롤즈에게 인간의 상호 협력은 자유로운 사회를 위한 부차적 조건이 아니라 본질적 조건이다.

7 존 롤즈, 장동진 옮김, 『정치적 자유주의』, 동명사, 1998, p. 370.

위해의 원리와 덕 윤리학적 조건

밀이 제시하듯이 적극적 잔인함과 소극적 잔인함에 대한 방지가 필요하다. 이 두 가지 잔인함의 방지가 반드시 개인의 자유를 정당화하기 위한 것만은 아니다. 잔인함의 방지는 자유에서 나아가 덕의 보존을 위한 필요조건이기도 하다. 왜냐하면 개인의 자유를 극대화하는 과정에서 인덕목이 훼손되어서는 안 되기 때문이다.

자유주의가 제시하는 위해의 원리에 함축된 "위해(harm)"란 나쁜 의지를 가지고서 타인에게 능동적으로 나쁜 결과를 야기하는 적극적 잔인함을 뜻한다. 그런데 이와 같이 타인에 대한 능동적 위해라는 측면에서만 위해의 원리를 이해한다면 그 윤리학적 함의를 충분히 밝힐 수 없다. 왜냐하면 악의를 가진 가해자를 지시하기 어려운 소극적 잔인함이 발생할 수 있기 때문이다.

예를 들어 산에서 길을 잃은 뒤에 갈증 때문에 쓰러져 있는 사람이 있다고 가정해보자. 이 경우에 산에 쓰러져 있는 사람에게 직접적으로 해를 끼친 악의적인 가해자를 발견하기 어렵다. 그럼에도 그러한 고통스러운 처지에 빠진 사람이 있다는 사실은 여전히 그 사회에 소극적 잔인함이 발생하고 있다는 것을 의미한다. 이러한 경우에 사회에서는 소극적 잔인함이 일어나지 않도록 구호제도나 복지제도를 시행한다. 가령 산에서 길을 잃은 사람은 119에 구호를 요청함으로써 도움을 받을 수 있다. 만약 그러한 사회적 구호 제도가 마련되어 있지 않은 경우에는 더욱 처참한 상태에 놓이게 될 것이다. 이러한 경우를 고려한다면, 타인에게 능동적으로 해를 끼치는 적극적 잔인함뿐만 아니라 소극적 잔인함의 방지를 위한 노력이 요청된다.

브링크(David Brink)에 의하면 위해의 원리는 잔인함의 방지를 위한 자유의 제약과 관련하여 두 가지 의미를 함축한다.[8]

〈함축 1〉: A는 B가 타인에게 해를 끼치는 것을 막기 위해서만 B의 자유를 제약할 수 있다.

〈함축 2〉: A는 타인에게 해로움이 발생하는 것을 막기 위해서만 B의 자유를 제약할 수 있다.

위의 두 함축에서 A는 사회이고 B는 개인을 가리킨다. 〈함축 1〉에서는 직접적으로 타인에게 해를 끼친 가해자를 지시할 수 있는 반면에, 〈함축 2〉에서는 피해자의 고통에 직접적으로 영향을 준 가해자를 발견하기 어렵다. 〈함축 2〉에 따르면 아무도 능동적으로 타인을 해치지 않는다고 할지라도, 여전히 누군가가 해로움을 당하는 소극적 잔인함이 발생할 수 있다. 후자의 경우를 간접적 위해라고 말할 수 있다. 〈함축 1〉의 경우는 의심의 여지없이 가해자에게 법적 처벌이 뒤따르지만, 〈함축 2〉의 경우와 같은 간접적 위해를 제약하기 위해서는 더욱 복잡하고 미세한 개입이 필요하다. 밀에 따르면 사소한 공격, 도덕적 나태, 비온정적 이기주의 등이 간접적 위해에 해당하며, 그것들은 타인에게 명백하게 해를 가져오는 경우에 한해서만 금지되어야 한다.[9]

〈함축 2〉에 따른다면 개인의 자유는 자유주의자의 애초 의도보다도

---

8 David Brink, "Mill's Moral and Political Philosophy," *The Stanford Encyclopedia of Philosophy* (Fall 2008, 9 Edition).

9 J. S. Mill, *On Liberty*, Hackett, 1978, pp. 73-91.

훨씬 더 축소될 수밖에 없다. 〈함축 2〉를 받아들일 경우에 개인의 자유를 더욱 많이 제약해야 하므로 더 이상 순수한 자유주의자라고 보기 어렵다. 밀은 실제로 〈함축 2〉를 받아들인다는 점에서 강한 자유주의자라고 보기 어렵다. 강한 자유주의자가 〈함축 1〉만을 지지한다면, 밀과 같은 공리주의자는 공동체의 쾌락을 증진시키기 위해 〈함축 2〉까지도 스스럼없이 수용한다.

비록 우리가 〈함축 1〉을 받아들인다고 하더라도 여전히 〈함축 2〉와 관련해 소극적 잔인함이 발생할 수 있다. 모든 사람들이 능동적으로 나쁜 의지에 의해 나쁜 행위를 하지 않더라도 소극적 잔인함이 발생할 수 있다. 구체적인 가해자는 없지만 비참한 상태에 처한 사람들이 우리 주변에 있을 수 있다. 만약 사회에서 이와 같이 안타까운 처지에 있는 사람들에 대해 아무런 주의도 기울이지 않는다고 한다면, 여전히 가해자 비지시적인 소극적 잔인함이 발생한다. 그런 까닭에 소극적 잔인함을 적절히 제약하기 위해서는 〈함축 2〉가 필요하다.

〈함축 1〉에서는 적극적 잔인함을 법적인 방식으로 금지한다. 하지만 〈함축 2〉에서는 소극적 잔인함을 어떻게 막을 것인지가 아직 잘 드러나 있지 않다. 소극적 잔인함은 금지의 대상으로 삼기에는 불분명한 부분들이 많이 있다. 사람들 사이의 온정이나 협력이 부족할 경우에 소극적 잔인함이 발생하기 때문이다. 그러한 점에서 소극적 잔인함의 방지와 관련해 다음과 같은 덕 윤리학적 권장이 새롭게 요청된다.

〈함축 3〉: A가 B에게 인의 보존을 권장한다면 타인에게 해로움이 발생하는 것을 줄일 수 있다.

〈함축 3〉에 따르면 사람들에게 인의 보존을 권장함으로써 소극적 잔인함을 줄일 수 있다. 여기에서 권장이란 설득과 자발성에 기초한다는 점에서 권위적 강제와는 다르다. 권위주의는 어떤 기준을 강제로 부과함으로써 사람들에게 선택의 자유를 허용하지 않는다. 이에 반해 권장은 토론과 설득에 그치며, 받아들일지의 여부는 개인의 자유에 달려있다. 권장이란 인이 보존되어야 한다는 사실을 사람들에게 제안하고, 토론하고, 설득할 뿐이다. 인을 실천하는 것이 어떤 것이며, 어떤 의미가 있는지에 대해 사람들에게 충분히 알리는 것이 바로 권장이다. 〈함축 3〉에서 사회는 인의 보존을 권장하며, 개인에게는 충분한 선택의 자유가 있다. 만약 사회에서 인의 보존이 충분히 권장된다고 한다면 많은 사람들이 자발적인 방식으로 소극적 잔인함을 줄이는 데 참여할 것이다.

이제까지의 논의에 따르면 위해의 원리는 세 가지 다른 입장에서 해석될 수 있다. (1) 개인의 자유의 측면에서 접근하는 강한 자유주의 입장, (2) 유용성의 측면에서 접근하는 공리주의 입장, (3) 인 덕목을 중시하는 덕 윤리학적 입장 등이 그것이다. 자유주의와 공리주의는 〈함축 3〉에까지 나아가지 않는다. 하지만 덕 윤리학은 인의 보존이 그 자체로 가치 있다고 여기며, 인을 보존하면 자연스럽게 위해를 줄일 수 있다고 본다. 위해의 원리가 〈함축 3〉을 배제할 때에는 현실에 엄존하는 소극적 잔인함을 방치하기 마련이다. 왜냐하면 소극적 잔인함은 인의 결여로 인해 발생하기 때문이다. 그러한 점에서 〈함축 3〉은 위해의 원리를 위한 덕 윤리학적 조건이라고 부를 수 있다.

정리컨대, 잔인함을 막기 위해서는 〈함축 1·2·3〉이 모두 필요하다. 덕 윤리학적 조건인 〈함축 3〉을 수용할 때라야 개인의 자유가 실질적으로 삶의 질을 향상시키는 데에 기여할 수 있다.

소극적 잔인함과 도덕적 책임

적극적 잔인함뿐만 아니라 소극적 잔인함을 해소하기 위해 덕 윤리학에 기초한 도덕 실천이 요청된다. 덕을 보존하지 못할 경우에 소극적 잔인함이 발생한다. 비록 적극적 잔인함에 대해 법적인 처벌이 뒤따른다고 하더라도 덕의 개발이 이루어지지 않을 경우에는 여전히 소극적 잔인함이 발생할 수 있다. 이 때문에 잔인함의 통제를 위해서는 법적 처벌뿐만 아니라 덕에 관한 적절한 소양이 요청된다. 매카티(David McCarty)가 말한 것처럼 잔인함을 동반한 해로움은 적절한 동의, 책무, 금지 등의 규칙에 의해 종합적으로 제어되어야 한다.[10] 단지 엄한 법적 처벌만이 능사인 것은 아니다. 우리의 문화나 개인의 성품에 도덕적 선악에 대한 적절한 소양이 갖추어지지 않으면 잔인함을 줄이는 일에 성공하기 어렵다.

덕의 함양이 없이 법적 강제에 의해서만 통치되는 사회를 좋은 사회라고 보기 어렵다. 공자에 의하면, "사람들을 법으로 인도하여 처벌을 할 경우 처벌을 면하려고만 할 뿐 부끄러워할 줄 모르게 된다. 그러나 만약 사람들을 덕으로 인도하여 적절한 예법을 준수하게 한다면 부끄러워할 줄 알면서 선해지려고 한다."[11] 덕의 권유는 강제가 아니라 자연스럽게 타고난 감정들을 자율적으로 보존하도록 조언함으로써 이루어진다.

과연 소극적 잔인함에 대한 도덕적 책임은 누구에게 있을까? 소극적

10 David McCarty, "Harming and Allowing Harm," *Ethics*, Vol. 110-4, 2000, pp. 749-779.

11 『논어』, 「위정」. 3장. 子曰, 道之以政, 齊之以刑, 民免而無恥. 道之以德, 齊之以禮, 有恥且格.

잔인함에는 직접적이고 구체적인 가해자가 존재하지 않기 때문에 그에 대한 책임의 주체를 지시하기가 쉽지 않다. 비록 소극적 잔인함에 대한 도덕적 책임이 누구에게 있는지를 특정할 수 없다고 할지라도, 공동체에 우선적 책임이 있다는 것을 부인하기 어렵다. 왜냐하면 소극적 잔인함은 사회적 차원에서 덕이 방기될 때에 나타나는 경향이 있기 때문이다. 만약 고통을 당하고 있는 누군가가 타인이나 사회에 의해 도움을 받을 수 없다고 한다면, 그러한 사회를 좋은 사회라고 할 수 있을까? 공동체적 소홀이 소극적 잔인함을 방치함으로써 누군가의 삶을 훼손한다는 점에서 그에 대한 공동체적 책임 문제를 마냥 덮어놓을 수는 없다.

맹자는 소극적 잔인함의 사회적 책임 문제와 관련해 다음과 같은 사례를 제시한다.

> 늙어서 부인이 없는 사람을 홀아비(鰥)라고 하고, 늙어서 남편이 없는 사람을 과부(寡)라고 하고, 늙어서 자식이 없는 사람을 독신자(獨)라고 하고, 어려서 부모가 없는 고아(孤)라고 한다. 이 네 가지 경우는 세상의 궁핍한 백성으로서 하소연할 데 없는 사람들이다. 문왕은 정사를 펴고 인을 베풀 때에 반드시 이 네 부류의 사람들을 먼저 하였다. 『시경』에서는 이르기를, "부자들은 괜찮지만 이들 곤궁한 이들이 가엾다"고 했다.[12]

맹자가 제시하듯이 홀아비, 과부, 독신자, 고아 등의 경우에 병에 걸

◇◇◇◇

12 『맹자』, 「양혜왕하」. 老而無妻曰鰥, 老而無夫曰寡, 老而無子曰獨, 幼而無父曰孤. 此四者, 天下之窮民而無告者. 文王發政施仁, 必先斯四者. 詩云, 哿矣富人, 哀此煢獨.

리거나 실업자가 되었을 때에 쉽게 비참한 상태에 처하게 된다. 홀로 살다가 생계가 막막해 죽음에 이르렀던 작가 최씨의 경우가 그러하다. 작가 최씨의 경우처럼 자신의 비참한 상황에 대해 구체적으로 하소연할 데 없다는 것이 무엇을 의미할까? 맹자는 작가 최씨와 같이 하소연할 데 없는 소극적 잔인함의 상황에 대해 그 책임을 공동체에 묻는다. 왜냐하면 공동체의 존재 이유가 바로 적극적 잔인함과 소극적 잔인함을 제거하거나 최소화하는 것, 달리 말하면 인정(仁政)과 덕치(德治)의 실현에 있기 때문이다.

인정(仁政)을 추구하는 덕 윤리학은 공동체의 매우 중요한 속성으로서 온정주의를 받아들인다는 점에서 밀이 제시한 자유주의와 유사하고, 잔인함을 비판한다는 점에서 공리주의와 유사하다. 그러나 덕 윤리학은 덕의 권장을 자유나 공리의 필요조건이라고 여긴다는 점에서 양자와 차이를 보인다.

인정을 펼치는 공동체는 자유주의의 도덕적 기초인 적극적 잔인함의 금지뿐만 아니라 소극적 잔인함의 해소에 대해서도 중대한 책임이 있다. 국가에서 소극적 잔인함을 해결하기 위한 제도를 갖고 있지 않을 경우에 하소연할 데가 없어 죽음에 이르는 비참한 상황이 발생한다. 이 때문에 사회는 소극적 잔인함에 대한 일정한 책임이 있다. 특히 소극적 잔인함의 희생자가 삶을 영위할 수 있는 능력과 의지가 충분한 경우에 사회적 책임은 증대된다. 예를 들어 어떤 실업자가 일할 수 있는 건강한 심신과 일하려는 의지가 있음에도 불구하고 취직할 데가 없는 경우가 그러하다. 이러한 비자발적 실업자는 충분히 직무 능력이 있음에도 불구하고 구직경쟁에서 졌다는 이유만으로 생계에 위협을 받는다. 그런데도 사회가 그러한 사태를 방치한다면 그것은 소극적 잔인함을 용인한다는 점에서 잔인한 공동체일 수밖에 없다. 소극적 잔인함을 유발하는 무한경쟁 사회는 덕을 상실했다는 점에서 건강한 공동체라고 할 수 없다. 그러한 측면에서 인은 자유주의 사회에서도 여전히 포기할 수 없는 중요한 윤리학적 조건이다.

7장

공리주의의 한계

쾌락과 좋음의 관계

공리주의에서 주장하는 삶의 목적으로서 행복 관념은 상당 부분 쾌락의 추구와 고통의 회피에 기초한다. 공리주의는 최대의 행복을 얻기 위해 고통을 줄이고 쾌락을 늘리는 것이야말로 도덕의 목적이라고 본다. 우리에게 잘 알려진 공리주의자들 중 한 사람인 밀은 쾌락의 획득과 고통으로부터 해방 정도에 의해 행복의 강약이 정해진다고 본다.

> 공리 또는 최대 행복의 원리를 도덕의 정초로 받아들이는 신조에 따르면, 행위는 행복을 증대시키기 위해 기여하는 정도에 비례해서 옳은 것이 되고, 행복에 반대되는 것을 산출하는 데 기여하는 정도에 비례해서 그릇된 것이 된다. 행복이란 쾌락의 상태와 고통의 부

> 재를 의미하고, 불행이란 고통의 상태와 쾌락의 상실을 의미한다. (중략) 즉 공리주의 도덕 이론이 근거하는 인생관, 말하자면 쾌락과 고통으로부터의 해방이 목적으로서 유일하게 바람직한 것이다.[1]

과연 밀이 주장하듯이 쾌락의 증가와 고통의 회피에 의해서만 행복을 정의내리는 것이 타당할까? 만약 그러한 공리주의적 정의에 따른다면, 사디스트로서 주인과 마조키스트로서 노예의 만남은 매우 이상적인 인간관계일 것이다. 사디스트 주인은 노예를 학대함으로써 만족감을 느끼며, 마조키스트 노예는 주인으로부터 학대를 받음으로써 쾌락의 양을 증대시킬 수 있다. 사디스트 주인은 남을 학대하는 삶에 매우 익숙하며, 마조키스트 노예는 남으로부터 학대받는 방식의 삶에 매우 익숙하다. 그들은 모두 학대하기와 학대받음이 유포된 문화 속에서 자랐기 때문에 다른 방식의 삶에 대해서는 무지할 뿐만 아니라 좋아하지도 않는다. 이들은 그저 학대를 주고받는 문화를 통해 쾌락의 총량을 증대시킬 수 있다.

이들 사이에서 발생하는 쾌락은 자가당착적이다. 이들에게는 학대를 통한 고통이 있어야만 쾌락이 가능하기 때문이다. 보통의 경우에 고통으로부터 해방되기 위해서는 학대를 그만두어야 한다. 그렇지만 사디스트와 마조키스트가 쾌락을 얻기 위해서는 학대를 통한 고통주기가 선행해야 한다. 고통이 곧 쾌락을 수반하므로 이러한 역설이 생겨난다. 이들의 관계에는 고통을 주고받는 행위가 익숙한 문화로 자리함으로써 고통이 곧 쾌락을 생산하는 필수 요소가 된다. 공리주의에서 주장하듯이 이들

1 존 스튜어트 밀, 이을상 옮김, 『공리주의』, 지식을 만드는 지식, 2008, p. 35.

사이에서 쾌락의 획득과 고통으로부터 해방은 모순적인 관계라기보다 상보적인 관계로서 정립된다. 사디스트 주인과 마조키스트 노예 사이에 고통과 쾌락이 상보적 관계를 형성하는 이유는 양자의 교환을 행복으로서 인식하는 문화가 있기 때문이다. 그들이 고통을 주고받는 행위를 중지할 경우에는 거기에 수반되는 쾌락도 동시에 사라지고 만다. 이들 사이에서의 쾌락은 고통에 의해 형성된다는 점에서 고통과 쾌락은 불가분적 관계를 맺고 있다.

이처럼 고통을 통한 쾌락의 등가적 상승의 사례는 우리 주변에서도 쉽게 찾을 수 있다. 흔히 말하는 고진감래가 그것이다. 동계 올림픽에 출전하는 스케이트 선수는 금메달을 목에 걸기 위해 수많은 고통을 감내해야 한다. 경기나 훈련 도중에 발목 관절과 무릎 관절에 부상을 입기도 한다. 심지어 스파르타식 훈련을 하는 문화권의 경우에는 연습에서 비롯하는 매우 가혹한 신체적 고통을 감내해야만 한다. 스케이트 선수가 그러한 고통을 감내하는 이유는 올림픽 경기에서 메달을 획득함으로써 쾌락을 보상받기 때문이다. 고통이 선행하지 않고서는 세계대회 메달 획득은 성취될 수 없다. 그런 까닭에 극심한 고통을 감내하며 훈련을 했던 선수는 경기에서 이겨 금메달을 획득한 뒤에 울음을 터뜨리는 경우가 있다.

이뿐만이 아니다. 산모는 출산할 때 참기 어려운 산통을 느낀다. 또한 아기를 양육하기 위해서는 경제적 고통을 비롯하여 아기의 대소변을 치우는 것과 같은 고통이 따른다. 아기의 출산과 양육을 위해서는 이러한 고통들은 피할 수 없다. 어쩌면 인생 전체가 다양한 고통들의 연속일지도 모른다. 태어나는 고통, 성장통, 질병 등 생리적 현상에 따르는 고통들이 수 없이 많다. 나아가 사회에는 입시, 구직, 승진 경쟁 등에 따르는 스트레스가 기다리고 있다. 사람들이 흔히 추구하는 인생의 보람을 얻기 위해서는 온갖 시련과 고통을 피해갈 방법이 없다. 유의미한 삶을 위해서는 다양한 종류의 고통들을 감내해야만 한다. 이와 같이 고통이 쾌락의 산출에 깊이 연관되어 있을 경우에 우리는 그러한 고통의 실상을 잘 알면서도 감내하려고 한다.

쾌락의 획득과 관련해 공리주의적 주장에 물음을 제기할 수 있다. 과연 쾌락의 획득이 반드시 좋은 것일까? 언뜻 보면 이 말이 맞는 듯이 보일 지도 모른다. 그러나 어떤 쾌락은 매우 파괴적이다. 앞에서 보았던 사디스트나 마조키스트가 추구하는 학대로서 쾌락은 파괴적이다. 마찬가지로 알코올 중독이나 마약 중독은 삶을 병들게 한다. 중독된 쾌락도 쾌락의 한 종류임에 틀림없지만, 건강한 것이라고 말하기는 어렵다.

과연 공리주의가 주장하듯이 쾌락의 획득과 고통으로부터 해방이 행복에 이르는 유일한 기준이라고 할 수 있을까? 쾌락을 얻고 고통에서 벗어나면 그것이 곧 행복이라고 말할 수 있을까? 앞에서 제시한 반례들에서 보듯이 단순히 쾌락의 증가와 고통으로부터 해방이라는 이분법적 도식만으로는 행복에 대한 적절한 설명을 내놓기 어렵다. 쾌락의 획득보다 중요한 것은 쾌락이 얼마나 훌륭한지의 여부다. 또한 고통으로부터 해방보다 중요한 것은 고통이 삶과 어떠한 관계가 있는가이다. 쾌락의 획득과 고통으로부터 해방보다 상위에 좋은 삶이라는 관념이 위치한다. 단지 쾌락을 획득하는 것이 아니라 좋은 쾌락을 얻어야 하며, 단지 고통으로부터 해방되기보다 유의미한 고통의 경우에는 감내해할 때가 있다. 쾌락과 고통은 좋은 삶에 대한 통찰을 통해 어느 정도 조정될 수 있는 가치들이다.

인은 쾌락의 획득과 고통으로부터 해방에 기초하는 쾌락주의나 공리주의적인 방식이 아니라 좋음의 관점에서 정당화된다. 인이란 좋은 삶에 핵심적인 가치이다. 물론 인을 수행하는 과정에 즐거움이 주어진다. 다른 사람과의 협력을 통해 사랑, 우정, 동료애 등을 경험하는 것은 즐거운 일이다. 그러나 인을 수행하는 과정에 항상 쾌락만이 따르는 것은 아니다. 때로는 인을 실천하기 위해 고통을 감내하거나 쾌락을 제쳐두어야만 하는 경우가 있다. 아기를 사랑하는 부모는 아이를 양육하기 위해 각종 물리적 고통 및 정신적 스트레스를 감수해야만 한다. 또한 정치가가 시민을 위한 공정한 정책을 입안하고 시행하기 위해서는 자신의 욕구를 억제해야만 한다. 이처럼 쾌락의 추구와 고통의 회피는 좋은 삶이라는 궁극적 목적과의 연관성 속에서 이해되어야 한다. 좋은 삶이 무엇인지를 고려하지 않은 쾌락의 획득이나 고통으로부터 해방은 맹목적인 실천으로 귀착될 우려가 있기 때문이다.

인의 실천에 따르는 쾌락이나 고통은 좋음의 추구에 수반되는 것들이다. 애정을 가지고서 자신의 아기를 돌봐주는 경우를 보자. 거기에는 아기를 안아주는 기쁨이 수반되는가 하면, 아기의 대소변을 치워주는 고통이 수반되기도 한다. 아기에 대한 부모의 사랑이 단지 아기를 안아줌으로써 기쁨을 얻기 위한 것만은 아니다. 부모는 아기를 돌봐주는 것이 좋은 삶의 일부라고 생각한다. 또한 부모는 아기의 대소변을 치워주는 고통에 대해서도 좋은 삶의 일부라고 여기기 때문에 마다하지 않는다. 이와 같이 부모는 고통이나 쾌락을 넘어 좋음의 측면에서 아기의 양육을 종합적으로 정당화한다.

공리주의의 한계

우리는 흔히 공리주의가 쾌락의 증대와 고통의 감소를 무제약적인 최고의 원리로서 삼는다고 오해할 수 있지만, 실상은 그렇지 않다. 공리주의의 비조라고 할 수 있는 밀은 쾌락의 증대와 고통의 감소라는 공리의 원리에 제약을 가한다. 그가 공리주의에 제약을 가하는 이유는 단지 쾌락과 고통 개념만으로는 공리주의를 정당화할 수 없다고 보기 때문이다. 밀은 쾌락의 증대와 고통의 감소를 제약하는 전제 조건으로서 행복이라는 개념을 끌어들인다. 사실상, 그가 언급하는 행복은 좋음과 깊이 연관되어 있다. 그러한 점에서 밀의 공리주의는 일정 부분 공리주의에서 나아가 덕 윤리학을 전제한다. 특히 그의 저서 『공리주의』 제3장 "공리 원리의 궁극적 제재에 관해"를 보면 덕 윤리학적 주장을 공리주의의 출발점으로서 넌지시 인정하고 있다.

쾌락의 증대와 고통의 감소에만 근거한 순수한 공리주의는 성립하기 어렵다. 개인적 차원에서 임의적으로 추구하는 쾌락이 개인적 행복이라면, 사회나 인류 차원에서 추구하는 쾌락은 일반적 행복이다. 개인 차원에서 보자면 사디스트는 타인에게 폭력을 가함으로써 개인적 행복을 얻을 수 있지만, 인류의 차원에서 추구되는 일반적 행복을 충족시키지는 못한다. 절도, 살인, 방화, 배신, 사기 등은 사회 구성원에게 고통을 안겨준다는 점에서 일반적 행복에 반하는 행위이다. 밀은 일반적 행복이 높은 차원의 목적이 되어야 한다고 본다. 그러한 점에서 적어도 밀은 개인적 차원을 넘어선 인류 차원에서의 일반적 행복이 있다고 가정한다.

일반적 행복이란 인류의 오랜 경험에서 형성된 양심일 수도 있고, 우주를 작동시키는 신이 있다고 한다면 신의 의지일 수도 있다. 비록 신의 존재에 대해서는 논증하기 어렵지만, 인류의 오랜 경험에서 형성된 양심의 존재에 대해서는 충분히 고려해볼 만하다. 양심이 선천적인 것인지 아니면 후천적 관습에 의해 형성된 것인지를 결정하기는 어렵다. 그럼에도 불구하고 인류에게 양심이라는 마음의 작동 원리가 존재한다는 것은 부인하기 어렵다. 인류의 오랜 경험을 통해 형성된 양심은 밀이 말하는 일반적 행복의 근거이다. 밀도 그러한 사실을 다음과 같이 고백한다.

> 어쨌든 이런 인류의 양심에 호소하는 감정이 존재한다는 것은 인간의 본성에 비춰보더라도 사실이다. 또한 이런 감정이 실제로 존재하고, 이런 감정을 인내심을 가지고 충분히 계발시킨 사람이 큰 힘을 발휘한다는 사실은 경험이 여실히 증명해준다. 이와 같이 양심에 따른 감정이 다른 도덕 법칙과 관련해서 계발되는 것과 마찬가지로 공리주의와 관련해서도 매우 강인하게 계발되지 못할 이유란 전혀 없다.[2]

위에서 밀이 제시한 양심은 공리주의적 전제로부터 연역된 것이라기보다 반대로 공리주의적 토대를 형성한다. 밀은 양심과 같은 일반적 행복의 토대를 "심정의 토대"라고 부르기도 한다. 심정의 토대로서 양심은 좋음이 무엇인지를 판정한다. 인류가 공통적으로 개발해온 양심에 기초해 일반적 행복을 구성하고 있는 좋음의 내용이 정의된다. 밀에 의하면 양심에 기초한 좋음이 윤리적 기준으로서 확립되고 난 뒤에야 비로소 행복의

◇◇◇◇

2 존 스튜어트 밀, 이을상 옮김, 『공리주의』, 지식을 만드는 지식, 2008, p. 91.

의미가 이해될 수 있다.

공동체적 일체감이야말로 양심에 기초한 좋음들 중 하나이다.

> 일체감을 지닌 사람들에게 일체감은 자연적인 감정이 지닌 성격들을 두루 갖추고 있다. 이들의 마음속에는 일체감이 교육이 심어놓은 미신으로서 받아들여지거나, 사회의 권력이 강압적으로 부과하는 법률로서 받아들여지는 것도 아니며, 오히려 없어서는 안 될 하나의 속성으로 받아들여지고 있다. 이런 확신이야말로 바로 최대 행복의 도덕이 지닌 궁극적인 제재인 셈이다.[3]

이처럼 밀은 공리주의를 주장함에도 불구하고 사람들 사이의 일체감(feeling of unity)이 인류가 발전시켜온 자연적이고 양심적인 감정이라는 것을 전제한다. 일체감은 협력을 추구하는 공감 능력에 기초한다. 인류가 공감 능력을 발전시켜왔다는 것은 인간이 공동의 이익을 위해 협력을 추구하는 사회적 존재라는 것을 뜻한다. 사회 상태라고 하는 것은 억지로 꾸미거나 강압적으로 주입한 것이라기보다 인간의 자연적 속성에 속한다. 인간이 쾌락의 증대와 고통으로부터 해방으로서 행복을 추구할지라도, 그러한 행복은 협력과 존중의 가치에 의해 제약받는다. 바꾸어 말하면, 인은 인류가 지향하는 좋음이라고 할 수 있으며, 그러한 좋음의 제약 위에서만 행복에 이를 수 있다.

3 위의 책, p. 104.

좋음으로서 행복과 쾌락으로서 행복

밀의 공리주의는 인이 도덕 담론의 기초적 토대라는 점은 인정하지만, 그가 생각하는 궁극적 도덕 원칙은 여전히 공리주의적 행복 관념에 있다. 행복은 쾌락의 증대나 고통의 감소를 정당화하는 공리주의의 궁극적 전제이다. 밀은 도덕적 바람직함을 나타내는 유일한 징표가 사람들이 바라는 것(desire)일 뿐이라고 여긴다. 밀은 사람들이 자신이 바라는 것을 얻음으로써 행복해질 수 있으며, 행복을 얻음으로써 좋은 삶이 가능하다고 본다. 공리주의는 행복만이 유일하게 바람직한 것, 곧 최고의 목적이라고 본다. 행복 이외의 다양한 목적들은 행복을 얻기 위한 수단으로서 바람직한 것들이다.[4]

공리주의는 덕 역시 행복을 통해 정당화된다고 본다. 밀은 덕이란 인간이 추구해온 매우 오래된 가치로서 행복의 한 부분이라고 말한다.

> 공리설에 의하면 덕은 당연히 본래적으로 목적의 일부인 것이 아니라 목적의 일부가 될 가능성이 있다. 즉 지금 사심 없이 덕을 사랑하는 사람에게는 덕이 목적의 일부가 된다. 이런 사람들은 행복의 수단으로서 덕을 바라며 소중하게 생각하는 것이 아니라 자신의 행복의 일부로서 덕을 바라며 소중하게 여기는 것이다.[5]

공리주의에서 어떤 목적을 소망한다는 것은 행복을 바란다는 것을

4 위의 책, pp. 107–108.
5 위의 책, p. 111.

뜻한다. 밀은 행복이 삶의 최고의 목적이며, 덕은 그러한 목적의 일부가 될 수 있다고 말한다. 덕이 목적일 경우에 덕의 실천은 그 자체로 행복을 얻는 것일 수 있다. 쉽게 말하여 덕을 실천하는 이유는 행복에 이를 수 있기 때문이다.

다만 공리주의에서 행복은 쾌락의 획득과 고통의 회피를 내포하며, 덕 역시 그러한 행복 관념에 종속된다.

> 쾌락을 촉진시키는 것과 특히 고통을 회피하는 것 외에 덕에 대한 본래적인 욕망이나 동기가 있는 것은 아니다. 그러나 이와 같이 형성된 연상 작용을 통해 덕은 그 자체로서 선하게 느껴지고, 또한 다른 선과 마찬가지로 매우 강렬하게 소망될지도 모른다.[6]

> 행복의 일부가 되지 않는 한, 그 자체로서 소망되는 것은 아무것도 없다. 덕 자체를 위해 덕을 바라는 사람은 덕을 의식하는 것이 곧 쾌락이거나 덕이 없음을 의식하는 것이 곧 고통이기 때문에, 또는 두 개의 이유가 모두 겹쳤기 때문에 덕을 바라는 것이다.[7]

밀이 말한 덕은 쾌락의 추구에 의해 요청된다. 공리주의에서 유덕한 행위는 쾌락을 증대시켜주기 때문에 좋은 것으로 인식된다. 구체적으로는 쾌락에 대한 연상 작용으로 인해 덕을 좋다고 인식한다는 것이다. 공리주의에서 덕은 즐거움을 주며, 부덕은 고통을 준다. 밀에 의하면 덕이

6 위의 책, p. 114.

7 위의 책, p. 115.

추구되는 이유는 쾌락의 추구와 고통의 회피에 기초한 행복과 관련된다. 공리주의에 따르면, 덕 개념에 내포된 좋음이란 쾌락으로서 행복에 의해 성립한다. 이와 같이 공리주의적 행복 관념은 좋음(善, goodness)을 쾌락으로부터 추론한다.

밀이 말한 것처럼 덕은 쾌락을 가져오는 경향이 있다. 그러나 덕이 쾌락을 촉진시킨다는 것만으로 덕을 충분히 정당화 할 수 없다. 덕이란 쾌락을 가져오기 때문에 좋은 것이라기보다, 좋은 것이기 때문에 쾌락을 가져오는 경향이 있다. 덕을 올바로 규정하기 위해서는 좋음이 쾌락보다 우선한다는 것에 유의해야 한다. 우리는 좋은 것을 획득했을 때에 기뻐한다. 그러나 무엇을 기뻐한다고 하여 그것이 반드시 좋은 것은 아니다. 쾌락으로서 행복을 획득했다고 하여 반드시 좋은 삶에 이른 것은 아니다. 쾌락으로서 행복관은 행복의 관념을 심리적 영역에 국한시킴으로써 행복에 요구되는 좋음의 영역을 온전하게 고려하지 못한다. 물론 행복에 이르기 위해서는 심리적 측면에서의 쾌락도 중요한 요소이다. 그러나 심리적 쾌락 역시 좋음의 영역으로부터 독립되어 정당화될 수 없다. 우리가 쾌락으로서 행복을 정당화하기 위해서는 거기에서 나아가 좋음이 무엇인지를 묻지 않을 수 없다. 왜냐하면 인간의 직관 및 반성 능력은 좋음의 지평에서 다양한 목적들이나 수단들을 종합해왔기 때문이다.

가령 원시인은 들짐승을 사냥해 손으로 날고기를 움켜쥐고 먹지만, 현대인은 오븐에 구워 포크를 이용해 식사한다. 원시인은 손으로 날고기를 움켜쥐고 먹으면서 고기를 먹는 즐거움을 누렸다면, 현대인은 익힌 고기를 포크로 먹으면서 고기 먹는 즐거움을 누린다. 쾌락의 측면에서 물음을 던져보자. 원시인과 현대인 중에서 누구의 쾌락이 더 강도가 높을까? 쾌락만으로 양자의 식사 방식을 이해할 경우에 누구의 쾌락이 더 강한 것인지를 판단하기란 쉽지 않다. 원시인처럼 손으로 날고기를 먹는 것을 좋아하는 사람도 있을 것이고, 현대인처럼 포크로 구운 고기를 먹는 것을 좋아하는 사람도 있을 것이다.

이번에는 좋음의 측면에서 물음을 던져보자. 손으로 날고기를 움켜쥐고 먹는 것과 포크를 이용해 익힌 고기를 먹는 것 중에 어느 것이 더 좋을까? 물론 이 물음에 대해서도 사람에 따라 다양한 대답이 나올 수 있다. 그렇지만 양자 중에서 어느 편이 좋다고 판단을 내리든 간에 좋음의 이유는 쾌락의 이유와는 설명 방식에 있어 차이를 보인다. 의사라고 한다면 원시인처럼 손으로 날고기를 먹게 되면 각종 세균에 감염되기 때문에 좋지 않다고 말할 것이다. 의사가 제시한 좋음이란 단순히 쾌락만으로 정당화되는 것이 아니라 식사와 관련된 위생을 고려함으로써 성립한다. 위생학적 측면에서 보자면 날고기보다는 익힌 고기가 좋다. 이와 마찬가지로 생태학자, 동물학자, 미학자, 영양학자, 동물애호가, 채식주의자 등 다양한 사람들이 각자 자신의 입장에서 좋음에 대해 의견을 내놓을 수 있다.

물론 좋음 역시 쾌락을 수반하는 경향이 있으며, 행복에 기여한다. 가령 세균에 감염되지 않은 고기를 섭취함으로써 보다 건강한 생활을 할 수 있다. 그러나 좋음이 쾌락을 수반한다고 하여 밀의 주장처럼 좋음이 곧 쾌락에 의해서만 정당화되는 것은 아니다. 그것은 쾌락으로서 행복과 좋음으로서 행복을 비교해보면 알 수 있다. 우리가 일상에서 사용하는 좋음의 의미를 보자. '좋다'는 것은 두 가지 용법으로 사용된다. 먼저 '~에 좋다'라고 말하는 경우가 있다. 가령 어떤 사람들은 끓인 물은 감기에 좋고, 철학고전은 사유를 확장하는 데에 좋고, 진실은 신뢰를 확보하는 데에 좋다고 말한다. 이와 같이 '~에 좋음'은 다른 목적을 달성하기 위한 수단으로서 좋음을 의미한다. 수단으로서 좋음은 유익함 혹은 복지의 획득에 수단적으로 기여한다. 마치 돈이 복지에 필요한 물건들을 구입할 수 있는 좋은 수단인 것과 같다.

한편 우리는 '~은 좋다'라고 말하기도 한다. 가령 어떤 사람들은 물놀이가 좋고, 산책이 좋고, 독서가 좋다고 말한다. 이 경우의 좋음은 그 자체로서 좋음, 곧 목적으로서 좋음이다. 목적으로서 좋음은 좋음과 행복이 일치되어 있다. 물놀이가 좋다고 여기는 사람은 물놀이를 함으로써 행복하고, 산책이 좋다고 여기는 사람은 산책을 함으로써 행복하다. 이처럼 목적으로서 좋음은 행복과 일치한다.

공리주의자들처럼 쾌락의 양과 질에 의해서만 행복을 정의할 경우에는 좋음의 고유한 의미를 쾌락으로만 환원하는 오류를 범하게 된다. 가령 어떤 사람은 풀장에서의 물놀이가 쾌락을 주므로 풀장에서 물놀이를 하면 행복에 이른다. 그러나 좋음의 측면에서 그러한 물놀이에 문제제기를 할 수도 있다. 어떤 피부과 의사가 풀장에서의 물놀이가 피부질환을 일으킬 수 있으므로 몸에 좋지 않을 수 있다고 경고한다고 해보자. 풀장에서의 물놀이는 쾌락을 주지만, 한편으로 피부에는 좋지 않을 수 있다. 그러한 경우에 풀장에서의 물놀이를 즐기는 것이 정말 좋은 것인가라고 물음을 던지게 된다. 이처럼 쾌락은 좋음의 측면에서 다양한 비판 및 성찰을 요구받게 된다. 그러한 까닭에 쾌락 그 자체로부터 좋음을 추론하고자 하는 공리주의의 입장은 좋음에 내포되어 있는 종합적 가치평가의 역할을 소홀히 할 위험성이 있다.

우리는 쾌락이나 고통의 특수한 측면을 검토해 좋음이 무엇인지 평가하거나, 관련되는 모든 측면을 총체적으로 검토함으로써 좋음이 무엇인지 평가한다. 전자가 개별적 차원에서의 좋음이라고 한다면, 후자는 종합적 차원에서의 좋음이다. 좋음에 관한 종합의 정도가 넓어질수록 고려하는 요인들의 양도 늘어나게 된다. 모든 것을 다 고려함으로써 도달한 좋음을 궁극적 좋음 혹은 최고선이라고 말할 수 있다. 최고선이 무엇인지를 규정하기는 현실적으로 쉽지 않지만, 논리적으로는 가장 이상적인 행복에 도달하게 해준다.

종합적 차원에서 좋음을 추론하는 과정에서 중요한 고려 요인이 바로 쾌락의 증진과 고통의 해소라고 할 수 있다. 그러한 점에서 공리주의에서 내세우는 쾌락으로서 행복은 좋음으로서 행복을 규정하는 중요한 요소이다. 쾌락과 고통은 좋음을 추론하는 과정에서 중요하게 참조된다. 가령 우리는 물놀이의 즐거움을 얻기 위해 물놀이를 하는 것이 좋은지, 아니면 피부질환에 노출되지 않기 위해 물놀이를 하지 않는 것이 좋은지를 고민해야 한다. 생활의 편리함을 위해 각종 플라스틱 용기를 사용해야 좋은지, 아니면 건강 및 환경 보호를 위해 가능한 사용하지 않는 것이 좋은지를 숙고해야 한다. 우리는 매우 다양한 종류의 쾌락 및 고통을 가지고 있으며, 이것들을 좋음의 측면에서 종합한다. 좋음은 다양한 쾌락들을 평가하는 조정자 역할을 한다. 좋음의 관점에서의 총체적 종합의 결과로서 도출된 최고선에 의해 최고의 행복이 무엇인지 산출할 수 있다.

좋음은 미리 결정되어 있는 본질적 실체라기보다 경험과 숙고를 통해서 그 내용이 발전되어간다. 과거에는 각종 플라스틱 용기가 그 편의성 때문에 좋다고 인식되었지만, 지금은 환경문제를 일으키기 때문에 정말 좋은 것인지의 문제를 불러오고 있다. 이처럼 현실에서 특수한 좋음에 대해서는 추론하기 쉽지만, 진정한 좋음이 무엇인지를 결정하기란 쉬운 일이 아니다. 그럼에도 불구하고 우리는 무엇이 더 좋은지를 물음으로써 더 나은 행복을 얻으려고 한다.

좋음으로서 인

인은 좋음을 결정하는 과정에서 매우 큰 비중을 차지하는 요소이다. 이 말은 인이 좋음으로서 행복을 추구할 때에 반드시 고려해야 할 사항이라는 것을 뜻한다. 인이 좋음으로서 행복에 관여하는 정도가 높으므로 인을 배제하고서 쾌락의 적절성을 논의하는 것은 옳지 않다. 인은 인간관계에서 우리가 추구하는 쾌락이 얼마만큼 실현되어야 적절한지를 결정할 때에 많은 영향력을 행사한다. 쉽게 말하여 인과 쾌락의 관계에서 인이 우선성을 갖는다.

좋음이 무엇인지를 결정할 때에 인의 덕목을 배제하거나 축소하는 사상이 있다. 맹자와 논쟁했던 묵가의 공리주의적 전통이 그러하다. 밀이 쾌락의 증대와 고통의 감소를 통해 행복을 증진시키려고 한 것처럼, 묵자는 이로움(利)의 증대와 해로움(害)의 감소를 통해 행복을 증진시키려고 한다. 그러한 점에서 묵자는 공리주의자라고 규정할 수 있다. 묵자의 공리주의는 이로움이 좋은 것이고 해로움이 나쁜 것이라는 전제를 취한다. 묵자는 이로움을 증대하고 해로움을 감소시킬 수 있는 방안으로서 모든 사람들에 대해 차별(別)이 없는 동등한 사랑을 베풀어야 한다는 겸애설(兼愛說)을 주장한다. 묵자는 겸애야말로 가장 좋은 형태의 인이라고 생각한다. 한마디로 말하여 겸애는 묵가의 공리주의적 인 관념이다.

남의 나라를 위하는 것이 자기 나라를 위하는 것과 같다고 한다

> 면, 어찌 홀로 자기 나라를 들어서 남의 나라를 공격하는 자가 있겠는가? 남의 나라를 위하는 것이 곧 자기 나라를 위하는 것과 같다. 남의 도읍을 위하는 것이 자기 도읍을 위하는 것과 같다고 한다면, 어찌 홀로 그 도읍을 들어서 남의 도읍을 정벌하는 자가 있겠는가? 남의 도읍을 위하는 것이 곧 자기 도읍을 위하는 것과 같다. 남의 집을 위하는 것이 자기 집을 위하는 것과 같다고 한다면, 어찌 홀로 자기의 집을 들어서 남의 집을 어지럽히는 자가 있겠는가? 남의 집을 위하는 것이 곧 자기 집을 위하는 것과 같다. 이와 같다면 나라와 도읍이 서로 공격하지 않고, 사람들과 집들이 서로 해치지 않을 것이다. 이것은 세상에 해로울까? 아니면 세상에 이로울까? 반드시 세상에 이로울 것이다.[8]

묵자는 이로움과 해로움의 양을 계산함으로써 가장 많은 이로움을 가져오는 사랑의 방식이 바로 겸애라고 주장한다. 묵자는 자신의 나라를 사랑하는 것과 동일한 강도로 다른 나라를 사랑하고, 자신의 가족을 사랑하는 것과 동일한 강도로 남의 가족을 사랑하라고 말한다. 묵자는 동등한 사랑인 겸애를 통해 해로움의 총량을 줄이고 이로움의 총량을 늘리고자 한다. 묵자의 공리주의적 겸애설은 이로움과 해로움의 양을 계산함으로써 쾌락으로서 행복을 추구한다. 이 때문에 인에 내재한 자연스러운

◇◇◇◇

8 『묵자』, 「겸애하」. 藉爲人之國, 若爲其國, 夫雖獨擧其國, 以攻人之國者哉? 爲彼者由爲已也. 爲人之都, 若爲其都, 夫誰獨擧其都, 以代人之都者哉? 爲彼猶爲已也. 爲人之家, 若爲其家, 夫誰獨擧其家, 以亂人之家者哉? 爲彼猶爲已也. 然卽國都不相攻伐, 人家不相亂賊. 此天下之害與? 天下之利與? 卽必曰天下之利也.

특성들이 쾌락으로서 행복을 획득하기 위한 수단으로서 이해된다.

묵자의 주장과 달리, 인은 쾌락을 얻기 위한 수단으로서 좋음이라기보다 그 자체 목적으로서 좋음이다. 예를 들어 부모에게 효도하는 것은 용돈을 더 많이 타내거나 다른 사람들로부터 불효자라는 비방을 듣기 싫어서인 경우도 있겠지만, 그보다는 그 자체로 좋기 때문이다. 타인에 대한 사랑, 우정, 존중 등 인과 관련된 감정들은 대부분 그 자체로 좋은 가치들이다. 인이 그 자체 목적으로서 좋음인 이유는 인 감정의 자연적 속성 때문이다. 인 감정은 타인이 누구냐에 따라 친함의 정도에 있어 차이를 보인다. 타인의 아이보다 자신의 아이에게 더욱 강한 애정을 쏟는 것이 인간의 자연스러운 성향이다.

묵자의 겸애설은 쾌락의 총량을 극대화하기 위해 인에 내재한 자연적 속성으로서 좋음을 훼손한다. 묵자의 공리주의적 원리는 이익의 총량을 극대화하기 위해 모든 국가, 집안, 사람 등을 동등화 혹은 균질화 한다. 묵자는 공리주의적 계산을 통해 나의 가족과 타인의 가족이 그냥 일반적 가족이라는 점에서 동등한 중요성을 지닌다고 가정한다. 자신의 부모든 타인의 부모든 '부모'라는 일반적 관념에 기초해 동일하게 취급한다. 자기 부모의 장례이든 타인 부모의 장례이든 장례라는 점에서는 동일하다. 최대의 이로움을 얻기 위해서는 모든 장례는 검소한 것이 좋으며, 자기 부모의 장례도 예외일 수 없다. 이러한 공리주의 논리에 따르면 가장 검소한 장례를 치르기 위해서는 시신을 들판에 버리는 방안이 고려되어야 할 것이다. 왜냐하면 그렇게 하는 것이 가장 비용이 적게 들기 때문이다.

그러나 맹자에 의하면 부모의 시신을 유기하는 것은 인 감정에 위배된다는 점에서 좋지 않다. 사람은 어머니의 뱃속에 태아 상태로 있을 때나 태어난 뒤에 어머니의 많은 보살핌을 받는다. 그러한 보살핌을 통해 어머니와 자식 사이에는 강한 애착이 형성된다. 자신의 부모와 타인의 부모는 애착의 질에서 매우 다르다. 이 때문에 사람들은 자기 부모의 시신을 들판에 버리는 것에 대해 좋지 않게 생각한다. 단순히 쾌락의 총량만을 늘리기 위해 부모에 대한 애착의 감정을 훼손하는 것은 사소한 어떤 것을 상실한 것이 아니라 매우 중요한 가치를 상실했음을 뜻한다.

그러한 까닭에 맹자는 묵가의 겸애가 부모에 대한 친근감을 배제하는 것을 두고 "아버지도 없다"[9] 고 비판한다. 맹자는 묵가의 겸애설이 부모에 대한 친밀감을 방치함으로써 인의 가치를 훼손한다는 점에서 바르지 못한 사설(邪說)이라고 공격한다.[10] 맹자가 볼 때에 인 감정을 훼손하는 묵자의 겸애설은 인간성에 대한 통찰이 부족하다. 맹자의 표현에 의하면 묵자의 겸애설은 정수리에서 발꿈치에 이르기까지 닳아 없어지더라도 세상에 이득이 된다면 그렇게 해야 한다고 주장한다.[11] 맹자의 이 말은 묵자의 겸애설이 사람의 본질적 가치를 훼손함으로써 공리를 극대화하는 것에 대한 비판이다. 인의 가치를 파괴해가면서까지 공리를 추구하는 것은 자기 모순적이다. 인의 가치를 적절하게 보존할 때라야 쾌락으로서 행복도 의미가 있기 때문이다.

공리주의자인 밀조차도 인류가 추구해온 일반적 행복에 의해 다른 쾌락들에 대해 제약을 가했듯이, 인은 쾌락의 총량을 증진시킨다는 이유만으로 훼손해서는 안 되는 가치이다. 만약 잡다한 쾌락의 총량을 증진시키기 위해 인의 가치를 훼손한다면 이는 마조키즘적인 쾌락으로 전락하

9 『맹자』, 「공손추하」, 9장. 墨氏兼愛, 是無父也.

10 『맹자』, 「공손추하」, 9장. 楊墨之道, 不息孔子之道不著, 是邪說, 誣民, 充塞仁義也.

11 『맹자』, 「진심상」, 26장. 墨子兼愛, 摩頂放踵, 利天下, 爲之.

기 십상이다. 세상의 복지를 증진시키기 위해 자신의 몸을 정수리부터 발꿈치에 이르기까지 닳아 없어지게 만드는 것이 바로 그러한 종류의 쾌락 증진이다. 자신이 소유한 중요한 가치를 훼손하는 것에 대해 쾌락을 느낀다면 이를 두고 좋은 쾌락이라고 말하기 어렵다. 좋음의 견지에서 반드시 요청되는 가치들을 소홀히 하는 쾌락의 관념은 정당화되기 어렵다. 이러한 자가당착적 쾌락의 추구는 다양한 쾌락들에 대해 좋음의 견지에서 종합적으로 평가하지 않을 때 발생한다.

양적 쾌락의 제약

공리주의 관점에서 볼 때에 쾌락의 양을 감소시키는 행위는 좋지 않다. 사회 속에서 살아가는 많은 사람들 사이에는 동일한 목적을 획득하기 위해 불가피하게 경쟁이 발생한다. 이러한 경우에는 가장 합리적인 경쟁 체제가 요구된다. 공리주의 시각에서 보자면 합리적인 경쟁 체제란 최대의 공리를 이끌어낼 수 있어야 한다. 즉 사람들 사이의 경쟁 체제를 통해 사회 전체의 이득을 이끌어낼 수 있어야 한다. 우리는 이러한 공리주의적 경쟁 체제에 대해 효율적 합리성을 갖추었다고 표현한다. 우리는 공리주의적 효율성을 갖춘 경쟁 체제가 사회에 더욱 많은 이득을 안겨줄 것이라고 보면서 그것을 옹호한다.

그러나 이익의 최대화를 추구하는 양적 공리주의가 좋음의 측면을 고려하지 않을 경우에 사람들에게 고통을 야기하기도 한다. 공리적 효율성은 다음과 같은 방식으로 피해자를 양산할 수 있다.

> 만약 당신이 당신의 호텔을 닫는다면 이웃 음식점이 해를 입을 것이다. 만약 당신이 나보다 먼저 나타난다면 공공버스에 빈자리가 남지 않을 것이다.[12]

자본주의 사회가 효율성을 발휘하기 위해서는 장사가 안 되는 호텔은 문을 닫을 필요가 있다. 또한 공공버스의 빈자리는 먼저 차지하는 사람에게 앉을 권리를 부여하는 것이 여러모로 효율적이다. 공리의 극대화를 위해서는 이러한 효율성은 매우 합리적인 것이다. 그러나 이러한 합리적인 경쟁 체제로 인해 문을 닫은 호텔 주변의 음식점들은 영업이 되지 않을 것이며, 공공버스에 나중에 오른 사람들은 자리를 얻을 수 없다. 효율적 경쟁 체제로 인해 크든 작든 고통을 당하는 사람들이 발생할 수밖에 없다. 이러한 측면에서 보자면 공리주의적 시각에서의 효율적 경쟁 체제는 그로 인해 야기되는 고통을 충분히 감내할 수 있을 때에만 정당화될 수 있다.

특히 대기업이나 국가의 정책이 공리주의적 효율성에 기초한 경쟁 방식을 장려할 경우에는 실업률의 증가 등을 통해 막심한 피해를 입는 개인들이 나올 수 있다. 전체 이득을 극대화할 수 있는 경쟁제도라고 할지라도 일부 사람들은 그 때문에 피해를 입는다. 가령 시나리오 작가로서 독립적으로 살아가기 위해서는 다른 작가들과의 경쟁에서 상위 50% 안에 들어야 하는 경쟁제도가 있다고 해보자. 이 경우 10명 중에서 작가로

12 Arthur Ripstein, "Beyond the Harm Principle," *Philosophy & Public Affairs*, Vol. 34, 2006, pp. 227–228.

서 역량을 갖춘 상위 5명은 정규직이 되어 독립적으로 생활할 수 있다. 이들을 갑 그룹이라고 해보자. 그 다음 순위 4명은 작가로서 능력은 있지만 경쟁에 실패해 비정규직으로서 가난하게 생활하거나 남에게 의존한 채 생활해야 한다. 이들을 을 그룹이라고 해보자. 마지막 1명은 작가로서 역량도 부족할 뿐만 아니라 의존할 곳이 전혀 없어서 죽음에 이르게 된다. 이를 병 그룹이라고 해보자. 양적 공리만을 경쟁의 기준으로 삼을 경우에 갑 그룹은 작가로서 타고난 능력이나 질 좋은 교육 덕분에 경쟁에 승리하여 경제적으로 풍부한 생활을 영위할 수 있지만, 을 그룹의 사람들은 작가로서 상당한 능력과 관심을 가지고 있음에도 불구하고 늘 생계를 걱정하면서 타인에게 의존하거나 가난하게 살아가야 한다. 심지어 병 그룹은 무능력한데다가 주변에 하소연할 데도 없어서 비참한 최후를 맞이할 수밖에 없다. 승자와 패자의 이득 차이가 커질수록 경쟁은 더욱 치열해질 수밖에 없다. 무한경쟁으로 치달을수록 모두가 경쟁에서 이기기 위해 심혈을 기울이므로 전체 이득의 총량은 늘어나게 된다.

하지만 을 그룹의 가난과 병 그룹의 죽음을 개인의 무능력 차원으로만 한정하여 이해해서는 안 된다. 을 그룹과 병 그룹에 대해 사회에서 아무런 동정심이나 책임감을 느끼지 않는다면, 그러한 경우가 바로 소극적 잔인함이 만연한 상태이다. 갑 그룹의 사람들이 잔인한 행위를 의도하지 않았음에도 불구하고 을과 병 그룹의 사람들은 경쟁제도에 의해 고통을 받아야 한다. 공동체의 경쟁제도에 의해 을 그룹의 가난과 병 그룹의 죽음이 수반된다. 병 그룹의 사람들은 살고자 하는 의욕이 있음에도 불구하고 죽음에 이르게 된다. 이러한 경우에 대한 책임은 소극적 잔인함을 용인하는 공동체의 경쟁 제도에 있다. 공동체에서 이득의 총량만을 극대화하기 위한 무한경쟁 제도를 도입하여 사람에 대한 존중의 가치를 훼손함으로써 소극적 잔인함을 불러오게 된다. 무한경쟁이 물질적 부를 매우 효율적으로 증대시켰다고 할지라도, 그 과정에서 인의 가치를 훼손한다면 좋음으로서 행복을 획득할 수 없다.

질적 쾌락의 제약

질적 공리주의에 따르면 쾌락은 고급 쾌락과 저급 쾌락으로 구분되며, 단순히 저급 쾌락을 증대시키기보다 고급 쾌락을 추구하는 편이 더 큰 행복을 가져다준다.

> 공리의 원리는 다음과 같은 사실, 즉 어떤 종류의 쾌락은 다른 종류의 쾌락보다 훨씬 더 바람직하고, 한층 더 가치 있다는 점을 인정한다. 다른 모든 것을 평가할 때는 양과 마찬가지로 질도 고려되는 것이 보통인데, 유독 쾌락을 평가할 때만 반드시 양에 의존하라는 것은 불합리하지 않는가?[13]

쾌락의 질은 쾌락의 양이 가져다 줄 수 없는 행복을 가져다준다. 배부른 돼지보다 배고픈 소크라테스의 삶을 원하는 사람이 있는 것도 쾌락의 질 때문이다. 질적 공리주의에 따르면 음식을 먹을 때에 단지 배불리 먹는 것보다 질 좋은 음식을 먹는 것이 더 좋다. 고급 레스토랑에서 식사

13 존 스튜어트 밀, 이을상 옮김, 『공리주의』, 지식을 만드는 지식, 2008, p. 39.

하는 것이 보통의 레스토랑에서 식사하는 것보다 더 고급 쾌락을 가져온다. 따라서 식사의 측면에서 좋은 삶에 이르기 위해서는 되도록이면 자주 고급 레스토랑에서 식사를 함으로써 고급 미감을 누릴 수 있어야 한다.

그러나 인의 가치를 배제한다면 질적 쾌락의 획득이 정당화되기 어렵다. 생산과 소비의 관점에서 보았을 때 고급 음식은 그 양이 한정적일 수밖에 없어서 사회의 모든 구성원이 늘 고급 레스토랑에서 식사할 수 없는 노릇이다. 한정된 고급 재화를 더욱 많은 사람들에게 분배할수록 고급 미감을 즐길 수 있는 기회는 줄어들게 된다. 이 경우에 누가 더 자주 고급 레스토랑에서 식사를 해야 좋을까? 고급 재화가 한정되어 있을 경우에 질적 공리주의는 자주 이러한 물음에 직면할 수밖에 없다. 그 때문에 특정 계층은 자신들이 향유하던 고급 미감을 보호하기 위해 고급 음식을 균등하게 분배하지 않으려고 할 것이며, 쾌락의 향유를 둘러싸고 계급화가 이루어지기 쉽다. 상류층이 자신들의 고급 쾌락을 유지하기 위해서는 상류층의 수를 줄이는 대신에 중류층의 수를 확대할 필요가 있다. 중류층은 자신들의 쾌락의 질을 유지하기 위해 하류층의 수를 확대할 필요가 있다. 이와 같이 질적 공리주의는 고급 재화가 한정되어 있을 경우에 누가 고급 쾌락을 향유할 자격이 있느냐와 관련하여 언제나 계급 간 갈등을 불러오기 마련이다. 계급 간 갈등에서 인의 덕목이 훼손된다면 고급 쾌락은 상위 권력자들의 전유물로서 전락하게 된다. 그 훼손 정도가 심할 경우에 특권층에 들지 못하는 소외계층은 잔인함에 노출된다. 특히 현대와 같은 무한경쟁적인 자본주의 사회에서 고급 쾌락의 획득을 둘러싸고 발생하는 소극적 잔인함은 효율적 경쟁이라는 미명 아래 합리화되는 경향이 있다.

이와 같은 폐단을 개선하기 위해서는 소극적 잔인함의 방지라는 덕 윤리학적 제약이 필요하다. 특정 계급이 고급 쾌락의 향유만을 극대화할 경우에 많은 사람들의 삶은 피폐해지고 만다. 맹자가 제시한 물고기 요리와 곰발바닥 요리 비유를 통해 질적 공리주의에 덕 윤리학적 제약이 요청된다는 것을 알 수 있다.

> 물고기 요리도 내가 바라는 바이고 곰발바닥 요리도 내라 바라는 바이다. 이 두 가지를 함께 얻을 수 없다면 물고기 요리를 버리고 곰발바닥 요리를 취할 것이다. 사는 것도 내가 바라는 바이고 의로움도 내가 바라는 바이다. 이 두 가지를 함께 얻을 수 없다면 사는 것을 버리고 의로움을 취할 것이다. 사는 것은 내가 바라는 바이지만, 욕구에는 사는 것보다 더 심한 것이 있다. 그러므로 구차하게 얻지 않는다. 죽음은 내가 싫어하는 바이지만 싫어함에는 죽음보다 더 심한 것이 있다. 그러므로 환난조차 피하지 않는다.[14]

고대 중국 사람들의 일반적 관점에 따르면 물고기 요리보다 곰발바닥 요리가 훨씬 맛이 좋다. 이것은 사람이라면 누구나 고급 쾌락과 저급 쾌락을 구분할 줄 안다는 것을 뜻한다. 사람들이 죽음보다 삶을 좋아하는 것도 요리의 경우와 마찬가지다. 그러나 맹자는 쾌락보다 더 중요한 윤리적 조건이 있다고 생각한다. 그것은 양심에서 나오는 유덕한 삶이다. 맹

---

14 『맹자』, 「고자상」. 孟子曰, 魚我所欲也, 熊掌亦我所欲也, 二者不可得兼, 舍魚而取熊掌者也. 生亦我所欲也, 義亦我所欲也, 二者不可得兼, 舍生而取義者也. 生亦我所欲, 所欲有甚於生者, 故不爲苟得也. 死亦我所惡, 所惡有甚於死者. 故患有所不辟也.

자는 덕의 추구가 쾌락의 추구보다 더 중요한 조건이라고 생각한다. 이 때문에 사람들은 부덕의 강요에 맞서기 위해 고통과 죽음마저 받아들이기도 한다.[15] 맹자는 아무리 고급 쾌락이라고 하더라도 그것이 적극적 잔인함이나 소극적 잔인함을 발생시킬 경우에는 정당화될 수 없다고 본다.

정치 권력자인 위정자의 경우에 고급 쾌락을 추구하기 위해 소극적 잔인함을 용인하는 정책을 펼치는 경우가 많다. 맹자는 제선왕이 고급 쾌락을 추구하면서 시민을 위한 정책을 소홀히 하는 것을 비판한 적이 있다. 제선왕은 음악, 사냥, 섹스 등과 관련한 고급 쾌락을 즐기느라고 국가의 정책을 소홀히 하였다. 맹자는 제선왕이 고급 쾌락을 즐기는 것에 대해 혼자 즐길 것이 아니라 시민과 함께 즐기라고 충고한다.

즐거움을 시민과 함께 하라는 맹자의 충고를 글자 그대로 따른다면 질적 공리주의로 해석되기 쉽다. 그러나 맹자가 즐거움을 시민과 함께 하라는 말의 저변에는 덕 윤리학이 자리하고 있다. 맹자의 본의는 제선왕 홀로 고급 쾌락을 즐기다가 정책적으로 소극적 잔인함을 방치해서는 안 된다는 데 있다. 제선왕처럼 고급 쾌락을 추구하다가 복지정책을 소홀히 함으로써 일반 시민 중에 "부모 자식 사이에 만나지 못하는 경우나 형제와 처자가 유리되어 사는 경우"[16]가 발생해서는 안 된다. 인 감정을 훼손하면서까지 고급 쾌락을 추구하는 것은 도덕적으로 정당화될 수 없다. 맹자는 통치자가 적극적 잔인함이나 소극적 잔인함에 의해 시민들을 비참

15 『맹자』, 「고자상」. 生亦我所欲, 所欲有甚於生者, 故不爲苟得也. 死亦我所惡, 所惡有甚於死者, 故患有所不辟也.

16 『맹자』, 「양혜왕하」. 父子不相見, 兄弟妻子離散.

한 상태에 처하게 해놓고서 고급 쾌락만을 탐닉하는 것에 대해 부덕하다고 비판한다. 이와 같이 아무리 고급 쾌락이라고 할지라도 덕을 훼손하면서까지 추구해서는 안 된다.

8장

잔인함의 제약과 인의 요청

인정(仁政)

적극적 잔인함과 소극적 잔인함이 사라진 사회를 이상사회라고 해보자. 그러한 이상사회란 인정(仁政) 혹은 왕정(王政)이 실현된 사회이다. 인정의 공동체는 덕을 잘 보존함으로써 잔인함을 없애기 위해 노력한다. 인정 국가는 잔인함의 방지를 위해 가장 우선적으로 사회적 정의와 평등을 추구한다. 인정 국가는 약탈, 강도, 도둑, 사기 등과 같은 적극적 잔인함을 금지한다. 특히 인정 국가는 공권력에 의해 잔인함이 발생하지 않도록 신중하다. 국가는 잔인함 방지에 앞장서야 한다는 점에서 국민을 대상으로 잔인함을 행할 경우에는 그 존립의 정당성을 인지 못한다.

인정 국가는 세금제도, 경제활동, 취업제도, 사법제도, 소유 등과 관련해 정의와 평등의 가치를 추구한다. 국가가 권력을 악용해 특정 계층에게만 이득이 되고 다른 계층에게 해가 되는 불평등한 정책을 펼쳐서는 안 된다. 어느 계층을 막론하고 평등하게 자연과 자원을 이용하고 생산 및 소비 활동을 할 수 있어야 한다. 이를 바꾸어 말하면 자원의 분배에서 소외되는 사람이 없어야 하고, 일정한 능력을 갖춘 사람들이 직업을 못 구하여 실업자가 되어서는 안 된다. 건강한 시민이라면 누구나 세금제도, 경제활동, 자본의 소유, 사법제도 등에서 소외됨이 없도록 정의롭고 평등한 정책이 시행되어야 한다.

인정 국가는 소극적 잔인함이 발생하지 않도록 덕치를 펼친다. 홀아비, 과부, 독신자, 고아 등 자신의 곤궁에 대해 하소연할 곳 없는 사람들이 고통에 방치되어서는 안 된다. 만약 국가가 덕치를 펼치지 않아 사람들의 곤궁을 방치할 경우에 소극적 잔인함을 용인하게 된다. 소극적 잔인함을 제거하기 위한 사회적 약자에 대한 구호 정책은 덕치에 기초한 복지 정책을 통해 드러난다.

인정을 펼치는 이상사회는 상호 존중의 가치를 보존함으로써 적극적 잔인함과 소극적 잔인함이 발생하지 않는 사회이다. 물론 인정을 펼치는 국가라고 하여 모든 개인들이 최대의 행복을 획득하는 것은 아니다. 살만한 공동체의 최소 요건으로서 잔인함 방지가 필요하다. 인정(仁政)이란 최대의 행복에 대한 청사진을 제공하는 긍정적 유토피아라기보다, 잔인함을 제거함으로써 일상의 삶을 보호하는 것을 우선시한다. 그러한 측면에서 비록 인정이 펼쳐지는 덕치 사회일지라도 삶의 궁극적 행복은 여전히 개인들의 몫으로 남을 수밖에 없다.

인정(仁政)이나 덕치(德治) 모델이 실제로 가능한지에 대해 다음과 같이 의문을 표할 수도 있다. 정말로 공동체에서 적극적 잔인함과 소극적 잔인함을 방지하는 정책을 시행하는 것이 가능할까? 인류의 장구한 역사에서 보면 인정이 실현된 사회보다는 실현되지 못한 사회가 더 많다. 한비자가 지적하듯이 유가에서 말하는 성인이란 천 년에 한 번 나올까말까 하며, 인정 국가를 기대하는 것 역시 수주대토와 같이 어리석은 유토피아론에 그칠 위험이 크다. 따라서 인정 국가론이 현실적 설득력을 얻기 위해서는 발생한 잔인함에 어떻게 대처할지에 대한 구체적 답변이 제시되어야 한다.

사람을 소비하는 잔인한 사회

친친지쇄(親親之殺)의 논리는 인정을 실현하는 구체적 방법들 중 하나이다. 친친지쇄란 사람들 사이의 친함에 강도의 차이가 있다는 것을 말한다. 친친지쇄의 논리는 현실에서 발생한 다양한 잔인함들 중에 어떤 것을 먼저 해소할 것인지에 대한 현실적인 기준이 된다. 친친지쇄에 따르면 고통에 처한 대상들을 구제하는 데에는 친함의 정도에 따라 순서가 정해진다.

> 군자는 사물에 대해서는 아끼기는 하지만 인자하지 않고, 백성에 대해서는 인자하기는 하지만 친하지는 않다. 가족과 친하고서 백성에 인자하고, 백성에 인자하고서 사물을 아낀다.[1]

1 『맹자』, 「진심상」. 君子之於物也, 愛之而弗仁, 於民也, 仁之而弗親, 親親而仁民, 仁民而愛物.

군자는 사물에 대해서는 아낌(愛)을, 백성에 대해서는 인자함(仁)을, 가족에 대해서는 친함(親)의 감정을 갖는다. 이러한 구별적인 사랑은 친밀감의 정도에 기초한다.

친함의 등급은 잔인함을 구제하는 순서에 대한 현실적 기준이 된다. 이에 따르면 잔인함이 발생했을 경우에 가장 친한 가족부터 구제한 다음에 이웃, 백성, 사물 등의 순으로 도움을 준다. 친친지쇄에 따라 인을 멀리까지 확충(擴充)할 수 있다.[2] 인의 확충이란 가까이에서부터 시작하여 점차 멀리에 있는 사물에까지 미치는 것을 말한다. 인은 모든 대상에 대하여 동일하게 작동하는 것이 아니라, 친한 사람에게서 시작하여 점차 소원한 사람에게까지 유비적으로 적용된다.

> 인한 사람은 그 사랑하는 바로써 사랑하지 않는 바에 미치고, 인하지 못한 사람은 그 사랑하지 않는 바로써 사랑하는 바에 미친다.[3]

인의 확장이 아무런 근원도 없이 우연적으로 이루어지는 것은 아니다. 인자는 친밀한 관계의 사랑을 점차적으로 더 넓은 인간관계로 확장한다. 이에 반해 불인자는 자신의 친밀한 관계마저 소원하게 만든다.

친친지쇄의 논리에 근거해 한 공동체의 잔인함 정도를 평가할 수 있다. 가장 잔인한 국가는 적극적 잔인함이 빈번하게 발생하는 국가이다.

2 Bryan W. Van Norden, "The Virtue of Righteousness in Mencius," *Confucian Ethics: a Comparative Study of Self, Autonomy, and Community*, Edited by Kwong-loi Shun and David B. Wong, Cambridge University Press, 2004, p. 150.

3 『맹자』, 「진심하」. 仁者以其所愛及其所不愛, 不仁者以其所不愛及其所愛.

다른 사람을 죽이거나 다른 사람의 것을 빼앗는 것이 용인되는 공동체가 바로 잔인한 공동체이다. 빼앗지 않고는 만족할 수 없는 사회, 곧 폭력을 용인하는 전제주의 국가가 그러하다.

적극적 잔인함에도 강약의 차이가 있다. 더 친밀한 관계에 있는 사람들에게 위해를 행사할 때에 잔인함의 강도가 더욱 커진다. 우리는 생존하기 위해 채소나 고기를 먹음으로써 동식물에게 위해를 가한다. 거기에서 나아가 생존을 위해 타인을 해치는 경우를 보자. 타인을 해치는 것은 채소나 고기를 먹는 것보다 훨씬 잔인한 행위이다. 왜냐하면 우리는 동식물보다 인간에 대한 친밀감이 훨씬 크기 때문이다. 그러한 점에서 보면 아무리 부득이한 상황이라고 할지라도 다른 누군가를 희생시키는 일은 사물을 희생시키는 것보다 훨씬 잔인한 행위일 수밖에 없다.

전쟁 상태에서는 사람을 희생시키는 극도의 잔인함이 만연한다. 전쟁 상태에서는 채소와 동물만을 희생시키는 것이 아니라 적국의 병사들을 죽여야만 내가 살아남을 수 있다. 전쟁 중에는 자신의 생존을 위해 타인을 소비한다. 타인을 소비하는 경쟁이 펼쳐지는 곳에서 타인은 나의 생존을 위한 음식에 다름 아니다. 그러한 극단적 상황에서는 자신이 살아남기 위해 타인을 죽일 수밖에 없다.

자신이 살기 위해 사람을 소비하는 식인 풍습이 있다. 아직 상호 존중에 기초한 공동체가 충분히 형성되지 않았을 고대시기에 식인 풍습이 유행하였다. 샌데이(Peggy Reeves Sanday)의 연구에 의하면 인류는 거의 4,000년 동안 34%가 식인 풍습을 가지고 있었다. 식인 풍습에는 종족의 시신을 먹는 족내 식인 풍습이 있는가 하면, 전쟁에서 죽인 상대 집단의 시신을 먹는 족외 식인 풍습도 있다. 조상의 시신을 먹는 족내 식인 풍습은 조상의 영혼과 에너지를 전달받기 위해서 이루어진다. 한편 족외 식인 풍습은 주로 전쟁 중에 적군 포로에 대해 행해졌다. 전쟁 중에 적군 포로가 생기면 되돌려 보내거나 노예로 삼는 방식이 있다. 포로를 되돌려 보내는 것은 그들의 복수를 초래할 수 있으므로 합리적이지 못하다. 그렇다면 포로를 데리고 와서 노예로 삼아야 한다. 농경민이라면 포로를 노예로 삼아 농사일을 시키면 많은 소득을 올릴 수 있다. 그러나 유목민의 경우에는 포로에게 양식이나 주거 등을 공급해야 하므로 오히려 경제적으로 손해이다. 이 때문에 포로를 처리하는 가장 유익한 방법이 그들을 죽여 시신을 먹는 것이다. 더구나 적군 포로의 시신은 중요한 에너지원이기도 하다. 멀리 원정에 나가 적군과 싸울 때에는 기아에 굶주리는 경우가 많다. 그 때에 적군의 시신은 식량 역할을 한다.[4]

전쟁이나 식인 풍습처럼 어쩔 수 없이 사람을 소비해야만 생존이 가능하다면, 그것은 매우 처참한 일이다. 더 이상 소비할 채소나 고기가 없는 상태에 직면해, 생존하기 위해서는 부득이하게 타인을 소비해야만 하기 때문이다. 거기에서 나아가 자신의 이웃을 해쳐야만 생존이 가능한 경우, 자신의 친구를 죽여야만 생존이 가능한 경우, 심지어 자신의 형제나 부모를 죽여야만 생존이 가능한 경우 등을 생각해볼 수 있다. 이러한 사례들은 패륜적 사회에서 나타난다.

잔인함의 끝은 어떤 방식으로도 자신의 생존을 유지할 수 없는 사회이다. 타인을 희생시킨 것도 모자라 자신마저도 부득이하게 죽음을 선택할 수밖에 없는 사회, 그러한 사회야말로 의심의 여지없이 가장 잔인한 사회이다. 그러한 극악무도한 난세에는 어떤 방식으로도 자신의 목숨조

4 Jesse J. Prinz, *The Emotional Construction of Morals*, Oxford University Press, 2007, pp. 224–225.

차도 지킬 수 없다.

진시황의 전제정치

적극적 잔인함이 극에 달했던 역사적 사례는 중국 진시황의 전제적 통치에서 보인다. 진시황은 대형 토목공사를 했던 황제로 유명하다. 지금의 만리장성은 진시황이 북방의 흉노족을 방어할 목적으로 쌓기 시작했으며 명나라 시대에 이르기까지 공사는 계속되었다. 만리장성은 감숙성의 가욕관(嘉峪關)에서 시작해 하북성의 산해관(山海關)에 이르기까지 그 길이가 무려 6,300 킬로미터에 이른다고 한다.

진시황은 만리장성 외에도 대규모 공사를 많이 하였다. 아방궁도 그 중 하나이다. 아방궁은 2층 건물로서 동서로 700미터(500보) 남북으로 120미터(50척)에 이르며, 만 명 가량을 수용할 수 있었다고 한다.[5] 나중에 기원전 207년에 항우(項羽)가 진나라를 멸망시킬 때에 아방궁을 불태웠다.

나아가 진시황은 사후를 위해 생전에 거대한 무덤을 축조하였다. 진시황릉은 높이가 76미터에 이르며, 앞에 서면 산을 마주한 느낌이 든다. 진시황이 죽어 그 무덤에 안치되었을 때에 수많은 후궁, 장인, 노예들이 순장되었다고 한다. 또한 서안(西安) 임동(臨潼)에 있는 진시황릉를 호위하기 위해 만든 병마용갱(兵馬俑坑)이 1974년에 한 농부가 우물을 파다가 발

5 사마천, 『사기』, 「진시황본기」. 乃營作朝宮渭南上林苑中. 先作前殿阿房, 東西五百步, 南北五十丈, 上可以坐萬人, 下可以建五丈旗.

견되었다. 그 안에 병사들의 모습과 말의 모습을 한 토우가 많이 들어 있었다.

대부분의 전제군주는 세를 과시하기 위해 대형 토목공사에 열을 올린다. 진시황 시절에 축조된 만리장성, 아방궁, 진시황릉도 그러한 사례들 중에 하나이다. 그러한 대형 토목공사를 하기 위해서는 많은 인력과 긴 시간이 소비된다. 아방궁과 진시황릉을 건설하는 데 약 70여만 명의 인력을 동원했다고 한다.[6] 성을 쌓기 위해 많은 장정들이 고향을 떠나 건설 현장에서 인생을 보내야 했다. 뿐만 아니라 성이 축조된 이후에도 허허벌판에 세워진 성을 지키기 위해 많은 젊은이들이 희생되어야 했다. 이와 같은 극심한 인간 착취는 당시 사람들로부터 인정받기는커녕 미움과 분노를 샀다.

진시황의 대규모 토목공사들은 하나 같이 시민의 생업과는 전혀 무관한 것이었다. 진시황릉은 오직 자신의 사후세계를 위한 것이었다는 점에서 어처구니없는 공사였다. 아방궁이나 만리장성 공사도 대규모 인력을 동원함으로써 노동력을 착취했지만 시민의 삶에는 전혀 도움이 되지 않았다. 아방궁은 왕의 절대 권력을 보호하기 위해 지나치게 세금을 걷음으로써 시민의 재화를 수탈하는 거대한 창고와 같은 역할을 했다. 만리장성 역시 흉노족의 침입을 막아내기에는 무력하였다. 나중에 북방 유목민족이 중국을 정복하여 원나라를 건설한 것에서도 만리장성이 유용한 군사시설이 아님을 알 수 있다. 오히려 진시황은 안보를 내세워 시민들을 노역에 동원하였다. 범법자를 성의 축조 과정에 소집하였는데, 점차 나라에

6 사마천, 『사기』, 「진시황본기」. 隱宮徒刑者七十餘萬人, 乃分作阿房宮, 或作麗山.

불만을 품은 사람들이 범법자로 몰려 노역을 하게 된다. 성 축조공사에 소집된 사람들은 대부분 고향으로 돌아가지 못하고 그곳에서 생을 마감하는 경우가 많았다.

진시황 당시의 시민들은 절대 권력의 무리한 인력동원을 증오하였다. 그래서 사람들은 아들이면 낳지 말고, 딸이면 곱게 기르라는 노래까지 만들어 불렀다. 아들을 낳아 키워놓으면 대규모 공사에 끌려가 노역하다가 죽으므로 아예 낳지 말라는 것이다. 통치 권력이 시행하는 정책적 사업들은 시민의 생업을 위한 것이어야 함에도 진시황의 경우는 자신의 절대 권력을 유지하고 과시하기 위해 시민을 괴롭혔다.

사마천은 가의(賈誼, 기원전 200~168)의 말을 인용해 진시황의 전제정치를 다음과 같이 비판한다.

> 진시황은 탐욕스럽고 비루한 마음을 품었으며, 자신의 격분에서 나온 계책을 시행했다. 공신들을 믿지 않고 선비와 백성을 멀리했다. 왕도를 폐하고 사적인 권위를 내세워 서적을 금지하고 형벌과 법령을 잔혹하게 하였다. 그는 속임수와 힘을 앞세우고 인과 의를 등한시하면서 포악으로써 천하를 다스렸다. 무릇 다른 나라를 겸병하는 데에는 속임수와 힘을 높이 치지만, 천하를 안정시키는 데에는 권력에 따르는 것을 귀하게 여긴다. 이는 취하는 것과 지키는 것이 서로 다른 기술이라는 것을 말한다. 진나라가 전국시대를 거쳐 천하를 통일했으나, 예전의 방법을 바꾸지 않고 예전의 정책을 바꾸지 않았다. 이것은 천하를 취하는 방법과 천하를 지키는 방법에 차이가 없는 것이다. 진나라는 외롭게 홀로 천하를 소유하고 있었으므로 그 멸망은 마치 서서 기다리는 것과 같이 쉽게 다가왔다.[7]

진시황은 시민을 전쟁 시의 병사처럼 취급했다. 전국시대는 합종이나 연횡과 같은 계책이 난무하면서 진나라를 중심으로 여러 나라들이 서로 싸우던 시절이었다. 그러한 혼란으로 인해 사람들이 전쟁을 위해 동원되었다. 정치는 전쟁준비와 안보를 최우선으로 삼았으며, 사람들 역시 전시 상황의 한복판에서 살아갈 수밖에 없었다. 진시황은 제후국들 간의 그러한 전쟁을 종식하고 최종적인 승자가 되었다. 그러나 그는 통일제국을 건설한 뒤에도 계속적으로 군사독재와 안보정치를 혹독하게 유지할 뿐이었다.

진나라는 진시황이 죽자 그의 아들 호해(胡亥)가 2대 황제로 즉위하였다. 그 역시 진시황과 마찬가지로 포악한 학정을 일삼다가 집권 3년차에 승상 조고(趙高)에게 죽임을 당하면서 진나라는 멸망의 길로 들어선다. 통일제국 진나라는 번다한 형벌제도를 통해 사람들을 죽이고, 관리들의 다스림도 매우 각박하였다. 나아가 상벌이 실제와 부합하지 않았고, 세금도 헤아릴 수 없을 만큼 혹독했다. 많은 사람들이 죄를 뒤집어쓴 뒤에 형벌을 받아 길에서 처형되기 일쑤였다. 이에 사람들의 생활은 고달프기 짝이 없었다. 제후 및 대부에서 시작해 서민에 이르기까지 모든 사람들이 자신의 처지를 위태롭게 여기고, 곤궁과 고통 속에서 자신의 자리를 불안하게 여겼다. 그런 까닭에 민심이 쉽게 동요되었다.[8]

◇◇◇◇

7 사마천, 『사기』, 「진시황본기」. 秦王懷貪鄙之心, 行自奮之智, 不信功臣, 不親士民, 廢王道, 立私權, 禁文書而酷刑法, 先詐力而後仁義, 以暴虐爲天下始. 夫幷兼者高詐力, 安定者貴順權, 此言取與守不同術也. 秦離戰國而王天下, 其道不易, 其政不改, 是其所以取之守之者[無]異也. 孤獨而有之, 故其亡可立而待.

8 사마천, 『사기』, 「진시황본기」. 二世不行此術, 而重之以無道, 壞宗廟與民, 更始作阿房宮, 繁刑嚴誅, 吏治刻深, 賞罰不當, 賦斂無度, 天下多事, 吏弗能紀, 百姓困窮而主

물론 통치 권력은 엄정한 법 집행을 통해 대형 토목공사를 진행할 수 있다. 그렇지만 혹독한 법에만 의거한 정책 시행은 정당성이 없다. 시민의 자발적 참여가 없이 법적 강제에 의해서만 진행되는 정부 사업은 시민의 삶을 피폐하게 만든다. 아방궁이나 만리장성처럼 애국이나 호국을 위한다는 명분 아래 대형 토목공사를 진행하지만, 그 과정에서 시민의 삶은 궁핍해져간다. 이처럼 시민의 삶을 고려하지 않는 무리한 정책이 펼쳐질 때에 덕이 상실된다.

가의의 평가에서 나오듯이, "편안한 백성은 더불어서 의를 행할 수 있지만, 위태로운 백성은 더불어서 비행을 저지르기 쉽다."[9] 통일제국 진나라의 전쟁정치는 적극적 잔인함에 기초한 통치를 펼쳤으며, 그러한 통치를 통해 시민에게 고통을 줌으로써 나라의 멸망을 재촉하였다. 국가가 적극적 잔인함을 시행할 경우에 전제국가나 폭력국가로 귀착된다. 그러한 국가의 통치자를 폭군이라고 부른다.

잃어버린 마음을 찾아서

비록 적극적 잔인함이 발생하지 않았다고 할지라도 여전히 소극적 잔인함이 발생할 수 있다. 소극적 잔인함이 만연한 사회를 방심(放心) 사회라고 부른다. 만약 국가가 정책적으로 소극적 잔인함을 용인한다면 그러한

◇◇◇◇

弗收恤. 然後姦僞並起, 而上下相遁, 蒙罪者衆, 刑戮相望於道, 而天下苦之. 自君卿以下至于衆庶, 人懷自危之心, 親處窮苦之實, 咸不安其位, 故易動也.

9 사마천, 『사기』, 「진시황본기」. 安民可與行義, 而危民易與爲非.

정치를 방정(放政)이라고 부른다. 방심 사회와 방정 국가에서는 극심한 경쟁에서 뒤쳐지면 곤궁 속에서 심신이 피폐해져간다. 방심 사회에서는 곤궁한 사람들에게 아무런 도움을 주지 않는다. 만약 사람들이 가까운 가족의 곤궁에 대해서까지 방치하는 데 이를 경우에 소극적 잔인함은 극도에 다다르게 된다. 방심 사회에서는 소극적 잔인함이 발생할 경우에 그 이유를 개인의 책임으로만 떠넘기면서 애써 외면하려든다. 서로에 대한 무관심과 부덕한 경쟁제도가 소극적 잔인함을 양산한다. 공동체적 차원에서 소극적 잔인함을 어떻게 방지할 것인지에 대한 대책이 확보되지 않으면 부지불식간에 많은 사람들이 소극적 잔인함의 희생자가 되기 쉽다.

맹자는 적극적 잔인함과 소극적 잔인함을 막기 위해 잃어버린 인의 마음을 되찾으라고 권유한다.

> 인은 사람의 마음이고, 의는 사람의 길이다. 그 길을 버려두고서 말미암지 않고, 그 마음을 잃어버리고도 구할 줄 모르니, 슬프구나! 사람들은 닭과 개가 나가면 구할 줄 알지만, 마음을 잃어버리고도 구할 줄 모른다. 학문은 다른 데에 있는 것이 아니라, 잃어버린 마음을 구하는 데 있을 따름이다.[10]

인의 마음을 되찾는 길은 불인한 전제 권력에 저항함으로써 인자로서의 자율적 주체성을 회복하는 데에 있다. 공자는 오직 인자라야 다른 사람을 사랑하고 다른 사람을 미워할 수 있다고 말한 적이 있다. 공자의

---

10 『맹자』, 「고자상」, 11장. 孟子曰, 仁人心也, 義人路也. 舍其路而不由, 放其心而不知求, 哀哉? 人有鷄犬放則知求之, 有放心而不知求. 學問之道, 無他, 求其放心而已矣.

이 말은 인한 사람에 대해서는 사랑하지만, 불인한 사람에 대해서는 미워하라는 것을 뜻한다. 불인에 대해서는 미워하고 비판함으로써 방지할 수 있다. 포악한 정치권력에 대해서는 미워하고 분노할 줄 알아야 한다.

불인에 대해 미워하고 분노할 줄 알아야 포악한 전제 권력의 노예로 전락하지 않을 수 있다. 노예를 보라. 노예는 부당한 지배 아래 있으면서도 그것에 대해 미워하거나 분노할 줄 모른다. 노예는 신체뿐만 아니라 정신마저 예속 상태에 처함으로써 지배자의 포악한 명령을 자연스러운 것으로 받아들인다. 그것은 지배자가 가진 명령의 권리와 노예가 가진 복종의 의무가 양측 모두에게 너무나 당연한 것으로서 여겨지기 때문이다. 비판 능력이 결여된 노예는 지배자의 어떤 명령이든지 받아들여서 충실히 수행하려고 할 뿐이다. 이와 같은 노예의 지배자에 대한 예속은 부당한 것에 대한 미움과 분노의 감정을 무화시켜버린다. 이미 심신이 예속된 노예에게 다시 자유가 주어진다고 하더라도 주인의 불인을 비판하는 능력을 회복하는 데에는 상당한 시간이 걸린다.

청나라 마지막 황제인 선통황제(宣統皇帝) 부의(溥儀: 1906~1967)에게서 그러한 현상을 볼 수 있다. 부의는 1908년에 황제에 부임했지만 채 3년이 못되어 신해혁명이 일어나자 강제적으로 퇴위된다. 나중에 부의는 일본 제국주의에 의해 다시 만주국의 황제로 복권되지만, 1945년 연합군의 승리와 함께 소련에 포로로 잡혀간다. 그러다가 1950년 8월 초에 부의는 중국으로 압송되어 무순(撫順) 전범관리소에서 10년간 투옥되어 일반 시민이 되기 위한 사상교육을 받는다. 부의는 1959년에 특별사면을 받은 뒤에 황제가 아닌 중국 시민의 한 사람으로서 다시 태어난다. 그 뒤 그는 북경 식물원 직원 및 전국정치협상회의 문사자료연구위원회 자료전문위원 등을 역임한다.

부의의 이야기는 영화감독 베르나르도 베르톨루치에 의해 1987년도에 『마지막 황제』라는 영화로도 만들어졌다. 이 영화에는 부의가 전범관리소에 투옥되어 황제의 신분에서 일반 시민의 신분으로 되돌아오는 교육 과정이 생생하게 묘사되어 있다. 황제는 시중드는 몸종의 도움 없이는 자신의 손으로 직접 방청소를 하거나 옷을 입거나 하지 못한다. 마찬가지로 몸종은 황제에게 옷을 입혀주고 방청소를 해주는 일 등을 수행해야만 자신의 존재 의미를 느낀다. 이처럼 전제적 지배자가 되는 길과 노예가 되는 길은 동시에 이루어진다. 그 두 길은 전제적 지배자가 노예에게 부당한 명령을 내릴 수 있는 권리를 획득함으로써 완성된다. 황제는 몸종에 대한 명령에 익숙하고, 몸종은 황제의 명령을 받아 수행하는 일에 익숙하다. 몸종은 황제의 명령에 대해 화를 내지 않고 언제나 충성한다. 황제의 지배와 몸종의 충성은 타고난 본능과 같이 몸에 밴다. 명령에만 익숙한 황제와 굴종에만 익숙한 몸종의 비대칭적 인간관계가 대칭적 인간관계로 바뀌기는 쉬운 일이 아니다. 이 때문에 황제와 몸종은 기나긴 시간 동안 시민교육이라는 고통스러운 훈련을 겪은 뒤에야 비로소 대등한 시민으로서 거듭나게 된다.

우리가 이미 전제적 지배자나 노예 생활에 익숙해져 있다면, 잃어버린 인의 정치와 잃어버린 인의 마음을 회복하는 데에는 상당히 많은 노력이 필요하다. 인에 대한 감각을 삶속에서 꾸준히 숙성시켜감으로써만 인의 정치를 회복할 수 있다. 인에 익숙해짐(仁熟)은 꾸준한 실천을 통해서만 가능하다. 그것은 어두운 곳에만 익숙해져 있던 눈이 밝은 빛에 익숙해지는 데에 시간이 걸리는 것과도 같다. 불인한 전제정치의 혁파는 전제적 지배자의 나쁜 행위에 대해 실제로 분노하고 비판하고 저항함으로써 가능하다. 나아가 인의 정치를 실현하는 것 역시 현실세계에서 실제로 존중과 협력의 경험을 쌓아감으로써 가능하다.

제2부

인(仁) 사상 소묘

9장
인의 자연성

사람의 본성이 이타적이냐 이기적이냐의 문제는 동서철학사에서 매우 오래된 논쟁거리이다. 이와 관련해 공자에게서 시작해 맹자, 성리학, 양명학 등으로 이어지는 전통적 인 사상에서는 사람의 본성에 이타성이 내재한다고 생각한다. 그 근거는 사람에게서 이타적 본능이 쉽게 발견된다는 데 있다. 가령 대부분의 어머니는 자신의 아기를 정성스레 돌보고자 한다. 부모가 아기를 사랑해야 한다고 일부러 마음먹기 전에 사랑이 저절로 거기에 있다. 어머니가 사랑의 마음으로 아기를 돌본다면 비록 아기 키우는 방법을 배우지 않고 출산한다고 하더라도 아기 양육에 크게 문제될 것이 없다.[1] 부모의 자식 양육이란 지식의 전수에 있다기보다 사랑

1 『대학』, 전9장. 康誥曰, 如保赤子. 心誠求之, 雖不中, 不遠矣. 未有學養子而后, 嫁者也.

으로 보살피는 데 있다. 이 때문에 맹자는 부모가 자식에 대해 직접 엄하게 지식을 교육하는 것은 친밀감을 해치므로 좋지 않다고 말한다.[2] 부모가 교육 과정에서 자식의 잘못을 질책하거나 선을 강권하는 사이에 애틋한 정이 훼손될 수 있기 때문이다. 부모와 자식 사이의 사랑뿐만 아니라 다양한 사례를 통해 사람의 본성에 이타적 성향이 내재한다는 사실을 알 수 있다.

그러나 모든 사상가가 인의 자연성 테제를 흔쾌히 수용하는 것은 아니다. 인간의 이타적 본성에 회의적 시각을 품으면서 이기적 본성을 지지하는 사상가도 많이 있다. 이기적 성향 역시 이타적 성향만큼이나 쉽게 찾을 수 있기 때문이다. 마치 야생마가 자신의 충동에 따라 제멋대로 날뛰는 것과도 같이 인간에게는 강한 이기적 욕구가 있다. 굶주린 사람은 먹을 것을 찾기 위해 수단과 방법을 가리지 않는다. 아기는 배고프면 먹을 것을 달라고 울고, 심심하면 놀아달라고 보챈다.[3] 만약 자연스럽게 발생하는 이기적 충동에 맡겨둔다면 혼란만 초래할 뿐이다. 이기적 본성론자는 이기적 혼란을 극복하기 위해서는 잘못에 대해 엄한 처벌을 가하고, 예의를 제정해 사람들을 선으로 유도해야 한다고 주장한다.

인간의 본성이 이타적인지 이기적인지에 관해 양자택일적으로 대답하기가 어려워 보인다. 인간에게는 이타적 성향과 이기적 성향이 모두 관

2 『맹자』, 「이루상」, 18장. 公孫丑曰, 君子之不教子何也? 孟子曰, 勢不行也. 教者必以正, 以正不行, 繼之以怒, 繼之以怒則反夷矣. 夫子教我以正, 夫子未出於正也, 則是父子相夷也. 父子相夷則惡矣. 古者易子而教之. 父子之間不責善, 責善則離, 離則不祥莫大焉.

3 야생마, 굶주린 사람, 아기 등의 비유는 『순자』에 나온다. 『순자』, 「신도」, 5장. 若馭樸馬, 若養赤子, 若食餒人. 故因其懼也而改其過, 因其憂也而辨其故, 因其喜也而入其道, 因其怒也而除其怨, 曲得所謂焉.

찰되기 때문이다. 이기적 성향을 고려한다면 인간의 본성이 이타적일 뿐이라는 주장은 비현실적인 낭만에 불과하다. 이기적 성향으로 인해 발생하는 사람들 사이의 갈등과 충돌을 배제한 이타주의는 어리석은 사랑으로 끝나고 만다. 갈등을 해결하지 못하는 사랑은 끝장나기 마련이고, 전쟁에 대한 대비가 없는 평화는 오래가기 어려운 법이다. 그러한 측면에서 인간의 본성에서 이기성을 배제한 절대적 이타주의 관점은 성립하기 어렵다.

순자와 홉스의 부정적 가정

사람의 본성에 인의 성향이 내재한다고 가정하는 인의 자연성 테제는 얼마나 정당할까? 본성에 관한 이기주의 입장은 인 사상에 대해 자연주의적 반론을 제기한다. 이기주의에 기초한 자연주의적 반론은 사람의 본성에 인의 성향이 내재한다는 주장에 대해 부정적으로 생각하며, 그 근저에는 다음과 같은 물음이 자리하고 있다.

인간의 본성에는 정말로 도덕 감정으로서 인의 성향이 내재할까?

자연주의적 반론은 인 사상과 마찬가지로 인간의 자연성에 대해 관심을 둔다. 하지만 자연주의적 반론은 인의 성향을 배제한 채 오직 이기성의 측면에서만 인간의 자연성을 이해한다. 심리학적 이기주의가 그 대표적인 사례이다. 심리학적 이기주의는 인간의 심성이 본래 이기적일 뿐이라고 주장한다. 심리학적 이기주의는 자신의 이익을 추구하려는 성향이 인간의 본성에 지배적으로 자리하고 있다고 본다. 심리학적 이기주의는 타인에 대한 존중이나 협력을 인간의 자연 상태로부터 기대하기 어렵다고 본다. 인간의 타고난 이기적 특성은 자연스럽게 폭력으로 귀결되므로 제도를 통해 그러한 이기성을 제어할 수밖에 없다. 인간의 자연적 속성으로서 이기성을 극복하고자 외적인 강제 장치의 개발이 적극적으로 추진된다. 순자, 한비자, 홉스 등은 심리학적 이기주의를 전제하면서 이기심을 통제할 수 있는 사회적 제도의 필요성을 주장한다.

순자의 성악설은 인간 본성의 압도적 이기성을 주장하는 대표적 학설이다. 순자의 성악설은 본성에 대해 심리학적 이기주의를 전제한다. 성악설에 따르면 인간의 본성 상태로부터 협력을 이끌어낼 가능성이 없다. 성악설에서는 타고난 본성이 이기적이므로 본성에 따를 경우에 강탈과 폭력으로 귀착될 뿐이라고 가정한다.

> 사람의 본성은 나쁘다. 사람의 좋은 것은 인위적 노력 때문이다. 사람의 본성은 태어나면서부터 이로움을 좋아한다. 그러한 본성을 따르기 때문에 싸움이 생기고 양보가 사라진다. 사람의 본성은 태어나면서부터 나쁜 것을 싫어한다. 그러한 본성을 따르기 때문에 강탈과 도적이 생기고 충신이 사라진다. 사람의 본성은 태어나면서부터 귀와 눈의 욕구가 있어서 소리와 여색을 좋아한다. 그러한 본성을 따르므로 음란함이 생기고 예의와 법도가 사라진다. 그러므로 사람의 본성과 감정을 따른다면 반드시 싸움이 일어나 분수를 범하고 이치를 어지럽혀서 폭력으로 귀착된다.[4]

순자의 성악설은 인간의 본성에서 협력이나 존중의 가능성을 고려하지 않는다. 순자에 의하면 사람의 본성은 감각적인 쾌락과 욕구를 추구하는 이기적인 성향을 갖는다. 순자는 본성이 언제나 이기적이므로 조절하고 통제해야 할 대상으로 본다. 반면에 협력이나 존중과 같은 좋은 가치들은 후천적 노력에 의해서 생겨난다.

홉스도 순자와 마찬가지로 이기적 성향이 인간의 본성이라고 보면서 그러한 본성을 어떻게 통제할 것인지를 정치철학의 궁극적 목표로 삼는다. 홉스는 정부가 없을 경우에 사람들은 자기보존을 위해 파괴적 경쟁상태에 봉착하고 만다고 본다. 그는 이러한 상태를 자연 상태라고 부르며, 그것은 만인의 만인에 대한 전쟁 상태와도 같다. 그에 의하면 이기적 성향은 인간으로서는 제거할 수 없는 가장 원초적인 본능이다.

> 같은 것을 놓고 두 사람이 서로 가지려 한다면, 그 둘은 서로 적이 되고, 따라서 상대방을 파괴하거나 굴복시키려 하게 된다. 파괴와 정복을 불가피하게 만드는 경쟁의 주된 목적은 자기보존이다. 때로는 파괴와 정복에서 오는 쾌감 그 자체가 목적인 경우도 있다.[5]

> 인간은 그들 모두를 위압하는 공통의 권력이 존재하지 않는 곳에서는 전쟁상태에 들어가게 된다는 것이다. 이 전쟁은 만인에 대한 만

◇◇◇◇

4 『순자(荀子)』, 「성악(性惡)」. “人之性惡, 其善者僞也. 今人之性, 生而有好利焉, 順是故爭奪生而辭讓亡焉, 生而有疾惡焉, 順是故殘賊生而忠信亡焉, 生而有耳目之欲, 有好聲色焉, 順是故淫亂生而禮義文理亡焉. 然則從人之性, 順人之情, 必出於爭奪, 合於犯分亂理而歸於暴.”

5 토머스 홉스, 진석용 옮김, 『리바이어던』 1책, 나남, 2008, p. 169.

인의 전쟁이다.[6]

홉스에 의하면 인간은 자연 상태에서 자기보존을 추구할 뿐이며, 협력은 오직 정부라는 공권력을 통해서 이기성을 통제할 때에만 가능하다. 홉스는 이기성에 대한 사회적 통제 장치가 없을 경우에 혼란으로 귀착된다고 말한다. 이기주의자는 자신에게 이득이 된다면 상대에게 피해가 가는 행위조차도 서슴지 않고 수행하려는 성향을 갖는다. 이러한 홉스의 주장에 따르면 인간은 자연 상태로부터 상호 존중과 상호 협력을 이끌어낼 가능성이 없다.

심리학적 이기주의에 따르면 설령 사람들이 이타적 행위를 한다고 할지라도 그것은 이기성이라는 궁극적 목적을 성취하기 위한 부수적 행동으로서 이해된다. 이기주의자도 자신에게 이득이 된다고 여기는 경우에는 협력적 행위를 한다. 실제로 순자나 홉스와 같은 이기주의자도 상호 협력의 가능성을 부정하지 않는다. 이들은 예법이나 제도를 통해 이기적 인간들이 서로 협력함으로써 궁극적으로 더 많은 이득을 얻을 수 있다고 주장한다. 심지어 이들은 우리가 이타적 행위라고 생각하는 존중 및 배려의 행위조차도 이기적인 목적을 위해 요청되는 가치라고 주장한다.

그런 까닭에 우리가 실제로 어떻게 이득을 남길 것인지를 생각하는 데 이르면, 심리학적 이기주의는 합리적 이기주의 관점에 도달한다. 합리적 이기주의란 사람들이 예법과 제도를 통해 타고난 이기성을 적절히 억제함으로써 서로에게 더 많은 이득을 가져올 수 있다는 계산적 합리성에

6 위의 책, p. 171.

기초한다. 심리학적 이기주의는 타고난 이기성을 출발점으로 삼지만, 이득의 합리적 실현을 위해 서로의 이기적 성향을 적절히 제약함으로써 매우 영리한 방식으로 사회적 평화와 복지 상태에 도달하고자 한다.

심리학적 이기주의의 문제점: 이기심 억제와 인 보존의 구별

앞에서 제시한 심리학적 이기주의의 가장 큰 문제점은 인간의 본성이 오직 이기적일 뿐이라는 주장에 있다. 심리학적 이기주의는 인간의 심성에 내재하는 이타적 감정의 고유한 가치를 인정하지 않고 이기적 특성만을 편파적으로 옹호한다. 하지만 이기적 감정을 타고난다고 하여 협력이나 존중의 성향을 함께 타고날 가능성이 없다고 추론하는 것은 성급하다. 오히려 인간이 이기적 성향과 이타적 성향을 더불어 타고날 가능성이 더 높다. 가령 우리는 타인과의 경쟁 구도 속에서 자신의 이득을 최우선으로 추구하지만, 주변의 가족들이나 친구들과 기꺼이 협력하기도 한다. 즉 이기성과 이타성이 때와 장소에 따라 번갈아가며 나타난다. 그렇게 본다면 인간의 본성에 이기성이 내재한다는 사실이 반드시 이타성의 가능성을 배척하는 것은 아니다.

심리학적 이기주의자의 주장처럼 인간의 본성을 따를 경우에 반드시 폭력으로 귀결되는 것도 아니다. 심리학적 이기주의자의 주장이 성립하기 위해서는 인간의 본성이 상호 존중이나 상호 협력의 성향을 압도할 만큼 언제나 이기적이어야만 한다. 그런데 이와 같이 인간의 본성이 언제나 상호 존중이나 상호 협력을 압도할 만큼 이기적이라고 말할 수 있을까? 인간이 본성상 압도적인 이기성을 타고난다는 주장은 우리가 왜 자주 서로 존중하고 협력하는지에 대한 적절할 설명을 제공하지 못한다.

순자의 성악설이나 홉스의 자연 상태 가설은 타고난 협력적 성향에 대해 과소평가한다. 두 이론에서 주장하듯이 인간의 본성에 이기적 성향이 내포되어 있다고 하여 상호 존중이나 상호 협력의 성향이 부재하는 것은 아니다. 맹자가 말한 측은지심이나 불인지심은 협력의 원동력일 수 있다. 부모는 자식에 대해 애정이 있기에 자식의 양육에 기꺼이 많은 열정을 쏟아 붇는다. 나아가 부부는 상호 신뢰에 기초해 협력적인 삶을 일군다.

그러한 점에서 순자가 제시한 "사람의 본성과 감정을 따른다면 반드시 싸움이 일어난다"는 주장이나 홉스의 "만인에 대한 만인의 전쟁" 주장은 타고난 성향에 대한 편파적 시각에 불과하다. 타고난 이기성은 본성의 한 단면일 뿐이다. 인간의 본성에 대해 이기적이냐 이타적이냐의 양자택일적 대답을 내놓을 필요는 없다. 그런데도 불구하고 심리학적 이기주의자는 인간의 본성이 이기적일 뿐이라는 데로 논의를 몰아감으로써 상호 존중의 경향성을 애써 도외시하려고 한다.

바꾸어 말하면 이타주의가 이기적 성향을 모두 부정하는 학설인 것은 아니다. 가령 맹자의 성선설이 타고난 좋은 감정을 전제한다고 하여 이기적 욕망을 부정하는 것은 아니다. 순자나 홉스가 말한 것처럼 사실상 사람의 마음에는 식욕, 성욕, 명예욕, 재물욕 등과 같은 이기적 욕망이 내재한다. 이기적 욕망이 오히려 상호 존중의 감정보다 더 강한 경우도 많다. 다만, 사람에게 타고난 이기적 욕망이 있다는 사실이 측은지심과 같은 인 감정을 정당화하는 데에 전혀 방해가 되지 않는다. 인간의 본성에 이기적 욕망이 있다는 사실을 수용하더라도, 존중과 사랑에 근거하는 인 사상은 여전히 타당성을 갖는다. 맹자의 본의는 타고난 측은지심을 적절하게 보존하는 데에 있다. 맹자가 비판하고자 하는 것은 이기적 욕망 그 자체라기보다는 측은지심을 방치하는 데에 있다. 맹자는 측은지심을 보존함으로써 좋은 삶을 획득할 수 있다고 본다.

맹자와 달리 순자는 인간의 타고난 감정을 이기주의 측면에 고정시켜 이해함으로써 타고난 상호 존중의 감정에 대해 고려하지 않는다. 순자는 협력이나 존중과 같은 가치가 후천적 노력의 소산일 뿐이라고 본다.

> 사람의 본성은 배고프면 배부르게 먹고자 하고, 추우면 따뜻하고자 하고, 피곤하면 쉬고자 하니, 이런 것들이 사람의 성정(性情)이다. 이제 굶주린 사람이 어른을 보고서 감히 먼저 먹지 못하는 것은 사양하는 바가 있기 때문이고, 피곤하여도 감히 휴식을 구하지 못하는 것은 대신하려는 바가 있기 때문이다. 대저 자식이 아버지에게 양보하고, 동생이 형에게 양보하고, 자식이 아버지의 수고를 대신하고, 동생이 형의 수고를 대신한다. 그러한 두 가지 행동은 모두 본성에 반하고 감정에 거스르는 것이다. 따라서 효자의 도리는 예의(禮義)로 꾸민 질서이다.[7]

과연 순자의 주장처럼 사람들 사이의 양보와 존중이 후천적 노력을 통해서만 획득될까? 타인에 대한 양보와 존중이란 언제나 자신의 이기적 감정을 억제하는 것만을 의미할까? 과연 순자가 말한 것처럼 자신의

7 『순자』, 「성악」. 今人之性, 飢而欲飽, 寒而欲煖, 勞而欲休, 此人之情性也. 今人飢, 見長而不敢先食者, 將有所讓也, 勞而不敢求息者, 將有所代也. 夫子之讓乎父, 弟之讓乎兄, 子之代乎父, 弟之代乎兄, 此二行者, 皆反於性而悖於情也. 然而孝子之道, 禮義之文理也.

이기심을 억누르는 것만을 일러 예의라고 말해야 할까? 물론 상대에 대한 양보나 존중의 미덕이 실천되기 위해서는 이기심이 억제될 필요가 있다. 그러나 순자의 주장처럼 이기심이 억제되었다고 해서 그것이 양보나 존중의 실천을 의미한다고 보기 어렵다. 자신의 이기심 억제가 양보나 존중의 미덕을 낳는다는 견해는 다음과 같은 후건 긍정의 오류를 범하고 있다.

> 상대에 대한 양보와 존중의 미덕이 있는 사람은 자신의 이기심을 억제할 줄 안다.
> 누군가가 자신의 이기심을 억제할 줄 안다.
> 그러므로 그 사람은 상대에 대한 양보와 존중의 미덕을 갖추고 있다.

순자의 주장대로라면 후천적 노력이나 외적인 강제를 통해 자신의 이기심을 억제함으로써 양보와 존중의 미덕을 갖출 수 있다. 그러나 누군가가 자신의 이기심을 억제할 줄 안다고 하더라도 여전히 양보와 존중의 미덕을 결여할 가능성이 충분히 있다. 엄밀히 말하자면 이기적이지 않다고 하여 존중과 협력을 실천하고 있는 것은 아니다. 순자가 제시하듯이 엄한 법치를 통해 사람들의 이기심을 억제했다고 하여 그것이 곧바로 양보나 존중의 실천을 뜻하는 것은 아니다.

가령 엄한 법치 사회에서 생활하는 사람들은 자신의 이기심을 억제하는 네 매우 익숙하다. 담배꽁초를 길가에 버리면 중한 벌금이 뒤따르므로 그렇게 하지 않는다. 그러나 담배꽁초를 길가에 버리지 않는다고 하여 그 사람에게 타인을 존중하는 마음이 있다고 추론할 수는 없다. 왜냐하면 그러한 행위는 법적 처벌을 무서워하여 이루어진 것일 뿐, 타인을 존중하고자 하는 동기가 결여될 수 있기 때문이다. 법적 강제에만 의존하는 이기성의 억제는 처벌이라는 외적 동기에 의해 이루어지므로 반드시 거기에 존중의 감정이 내재되어 있는 것은 아니다.

순자가 외적 동기를 중시하는 이유는 양보와 존중을 가능케 하는 내적 동기를 타고나지 않는다고 보기 때문이다. 내적 동기가 결여된 채 외적 동기에 의해서만 유도된 행위를 두고 존중의 미덕이 충분히 발휘된 것이라고 평가하기 어렵다. 존중의 감정에는 반드시 내적 동기가 요청된다. 존중은 이기심의 억제만으로는 온전하게 획득되지 않는다. 존중의 미덕을 얻기 위해서는 맹자가 말하듯이 측은지심이나 불인지심을 보존하는 것이 이기심을 억제하는 것보다 중요하다. 그런 까닭에 순자가 말한 것처럼 단지 이기심이 억제된 상태가 곧 인이 실현된 이상적 상태라고 보기 어렵다.

유전자 이론의 시사

인간의 본성이 이기적이라는 주장은 순자의 성선설이나 홉스의 자연상태 가설뿐만 아니라 약육강식이나 적자생존과 같은 진화론을 통해서도 나타난다. 진화론에는 집단을 중심으로 선택이 이루어진다고 보는 집단선택설이 있는가 하면, 개체를 중심으로 선택이 이루어진다고 보는 개체선택설도 있다. 최근에는 그러한 기존의 이론들에서 나아가 유전자 선택설을 새롭게 제시하기도 한다. 도킨스(Richard Dawkins)의 견해가 그러하다. 그의 유전자 선택설은 유전자의 자기 증식을 위해 생물체의 활동이 이루어진다고 본다. 그는 유전자의 자기보존적 특성이 생물의 진화 과정을 밝힐 수 있는 중요한 열쇠라고 본다.

> 비정한 이기주의라는 유전자의 보편적 법칙에만 기초를 둔 인간 사회는 매우 험악한 사회가 될 것이다. 그러나 아무리 개탄스러운 일이라 해도 그것이 사실임에는 변함이 없다. (중략) 만약 당신이 나처럼 개개인이 공동의 이익을 위해 관대하게 이타적으로 협력하는 사회를 만들기를 원한다면 생물학적 본성으로부터 기대할 것은 거의 없다는 것을 경고로 받아들이기 바란다. 우리는 이기적으로 태어났다. 그러므로 관대함과 이타주의를 가르쳐 보자.[8]

위의 말을 보면 유전자 선택설이 인간을 이기적 존재로 규정하는 것으로 들린다. 유전자 선택설에 따르면 동물과 인간의 행위는 유전자의 자기보존을 위한 본능의 차원에서 설명될 수 있다. 도킨스는 유전자가 자기보존과 자기증식을 위해 생물들의 특정한 행위를 유도한다고 설명한다. 그는 생물학적 본성으로부터 협력을 기대할 수 없다고 단정한다. 인간은 생물학적으로 이기적이므로 협력은 오로지 후천적 가르침을 통해서만 가능하다는 것이다.

그러나 나중에 그는 이 말을 할 때에 인간의 본성에 대해 아직 명확한 결론을 갖고 있지 못했다고 고백한다. 그는 인간의 본성이 이기적이라는 상기의 주장이 정확하지 못하다고 판단하여 『이기적 유전자』 30주년 기념판 서문에서 바로잡는다. 그는 유전자 선택설이 인간의 이기적 본성

8 리차드 도킨스, 『이기적 유전자』, 을유문화사, 2010, p. 41.

을 단정하는 것이 아니라고 수정한다. 그가 처음에 그 책에서 언급한 "우리는 이기적으로 태어났다. 그러므로 관대함과 이타주의를 가르쳐 보자."는 말이 인간의 본성과 관련해 쓸데없는 오해를 불러온다는 것이다.

그에 따르면 '이기적 유전자'에서 '이기적'이라는 수식어는 유전자 선택설을 설명하기 위한 것이다. 유전자의 복제 수준에서 본다면 유전자는 이기적인 특성이 우세하다. 다만 유전자가 이기적 속성을 지닌다고 하여 협력을 하지 못하는 것은 아니다. 유전자는 자신의 이기적인 계획을 실현하기 위해 다른 유전자와 협력하기도 한다. 특히 유전자라는 미세 단위에서 나아가 개체나 집단의 차원에서 보면 협력 현상은 더욱 명확하게 드러난다. 개체나 집단 수준에서 이타적인 협력을 하는 사례들은 매우 많다. 그런 까닭에 그는 자신의 책명을 '이기적 유전자(The selfish gene)'가 아닌 '협력적 유전자(The cooperative gene)'라고 부를 수도 있다고 말한다.[9]

유전자 선택설이 시사하는 바는 생물들에게서 이기적 성향과 이타적 성향을 모두 찾을 수 있다는 점이다. 유전자의 자기보존을 위해서는 생명체의 단위에서 이기적 성향뿐만 아니라 이타적 협력의 성향도 요구된다. 유전자 선택의 관점에서 보자면 생물의 자연 상태를 이기성이나 이타성 중에서 양자택일적으로 규정하는 것은 무리이다. 인간 역시 이기적 성향과 이타적 성향을 함께 가질 수 있다. 유전자의 자기보존을 위해서는 이기적 전략이 이로운 경우도 있지만 이타적 협력이 이로운 경우도 있다. 그러므로 유전자의 진화 측면에서 볼 때에도 인간의 자연 상태 개념을 통해 심리학적 이기주의를 정당화할 수 있는 것은 아

9 위의 책, pp. 8-12.

니다.

유전자 선택설에 따르면 생물들의 행위에서 이기적 특성이 발견된다. 가령 어미 뻐꾸기는 알을 까치둥지에 낳고는 한다. 그러면 까치 알들 사이에서 먼저 태어난 뻐꾸기 새끼는 날개를 이용해 까치 알들을 둥지 밖으로 밀쳐내 떨어뜨린다. 뻐꾸기뿐만 아니라 제비 새끼를 까치둥지에 넣어도 마찬가지로 까치 알들을 둥지 밖으로 밀쳐낸다고 한다. 뻐꾸기 새끼나 제비 새끼가 까치 알들을 밀쳐내는 이유는 바로 이기적 유전자의 자기보존 본능 때문이다.[10] 도킨스는 유전자 선택설을 지지하기 위해 개미, 바다코끼리, 개코원숭이 등 다양한 사례들을 제시한다.

유전자 선택설에 따르면 생물들의 공생관계에서 협력적 특성도 발견된다. 악어새는 악어가 입을 벌리고 있으면 이빨 사이에 낀 음식찌꺼기를 부리로 빼서 먹는다. 그렇게 함으로써 악어새는 영양분을 취하고, 악어는 치아를 청소한다. 또한 말미잘과 흰동가리도 널리 알려진 공생관계이다. 흰동가리는 말미잘 근처에 은신하여 산다. 흰동가리는 주황색 바탕에 흰 줄이 선명하여 포식자의 눈에 잘 띈다. 흰동가리는 다른 물고기로부터 공격을 피하기 위해 말미잘의 촉수 사이에 숨는다. 왜냐하면 말미잘의 촉수에는 독을 지닌 자포가 있기 때문이다. 자포의 독성은 작은 물고기들을 즉사시킬 정도로 강하다. 흰동가리는 이 독에 면역력이 있어 말미잘의 촉수 사이를 은신처로 이용하고, 말미잘은 흰동가리가 유인한 먹이를 독을 이용해 잡아먹는다. 이밖에도 다양한 공생 전략이 생물들 사이에 존재한다.

◇◇◇◇

10 위의 책, pp. 234-235.

이처럼 현대 진화생물학은 인간의 본성이 이기적 특성과 이타적 특성을 모두 가지고 있다는 것을 뒷받침해준다. 생물은 자기보존을 위해 이기적 전략뿐만 아니라 이타적 전략을 필요로 한다. 어떤 경우에는 이기적 전략이 그리고 어떤 경우에는 협력 전략이 생물의 자기보존 가능성을 높인다.

사상사적으로 인간의 본성이 이기적이냐 이타적이냐를 두고 기나긴 논쟁이 전개되어왔다. 순자의 성악설, 홉스의 자연 상태 가설, 유전자 선택설 등은 인간의 타고난 성향이 이기적이라고 주장한다. 비록 인간의 본성이 이기적이라는 주장을 받아들인다고 하더라도, 이타적 협력과 존중의 경향성으로서 자연주의적 인 관념이 곧바로 부정되는 것은 아니다. 왜냐하면 인간의 타고난 감정 중에 이기적인 부분이 많다고 할지라도, 여전히 인과 같은 존중 및 협력의 감정도 있기 때문이다. 달리 말하자면 타고난 본성의 층위에서 볼 때 이기적인 감정과 이타적인 감정이 양자택일적인 것은 아니다. 인간 본성의 이기적 특성을 증명하는 것과는 별개로 인 감정을 타고난다는 주장 역시 유지될 수 있다. 그러한 사정은 유전자 선택설에서 존중과 협력이 매우 유력한 생존 전략이라는 사실에서 잘 확인된다. 그렇다고 한다면 존중과 협력의 본능에 기초한 인 사상은 여전히 유효하다.

삶에서 인이 불인과 논리적으로 병존할 수 있다고 한다면, 성악설이냐 성선설이냐와 같은 양자택일적인 소모적인 논쟁에 말려들 이유가 없다. 그러한 비논리적이고 소모적인 논쟁을 펼치기보다 인간에게서 현실적으로 드러나는 이기적 특성 및 이타적 특성의 성격을 분명하게 고찰하는 편이 현명한 처사로 보인다. 인간이 타고난 다양한 특성들 중에서 인은 인류가 오랜 시간에 걸쳐 진화시켜온 매우 유력한 생존 전략이다. 인간에게 협력의 성향이 어떤 상태로 내재하는지, 그리고 그것을 어떻게 개발할 것인지에 관해 탐구할 때라야 좋은 삶의 획득 가능성이 커진다.

자연 감정으로서 인

공자와 맹자에게서 시작하는 전통적 인 사상은 인의 자연성 테제를 지지한다. 인 사상에 의하면 인이란 자연스럽게 타고난 가치이다. 사람은 인하려고 노력하기 이전에 이미 스스로 인 감정을 가진 존재이다. 인은 무의식과 본능의 차원에서 작동하고 있는 원초적 감정이다. 인은 사람이 이기적 욕구를 타고나듯이 매우 원초적 상태에서 자연스럽게 발생하는 감정이다.

인은 본성에서 자연스럽게 발생하는 감정이라는 점에서 이기적 욕구의 발생과 유사성을 갖는다. 인 사상에서는 인간의 덕이 본성에 연원한다는 것을 설명하기 위해 생리학적 유비논증을 사용한다. 덕에 대한 생리학적 유비논증이란 인간의 본성에 생리적 욕구가 있듯이, 덕에 대한 경향성도 내재한다는 것을 뜻한다.

> 자기의 뜻을 성실히 한다는 것은 스스로 속이지 않는 것이다. 그것은 마치 나쁜 냄새를 싫어하고 아름다운 이성을 좋아하는 것과 같다. 이것을 일러 스스로 만족함이라고 부른다.[11]

인간은 본성적으로 나쁜 냄새를 싫어한다. 또한 남성은 예쁜 여성을 좋아한다. 이와 같은 생리학적 본능은 속일 수 없는 자명한 사실이다. 생리학적 본능이 작동하듯이 인간은 옳은 것을 좋아하고 그른 것을 싫어한다. 생리적인 욕구의 측면에서 호오가 자명하듯이, 도덕적 측면에서의 호오 역시 자명하다.

공자는 "아서라, 예쁜 여성을 좋아하듯이 덕을 좋아하는 사람을 보지 못했다"[12]고 말한 적이 있다. 공자는 아마도 사람들에 대한 많은 경험을 통해 이기적 욕구가 덕의 추구보다 더 강한 본능이라고 생각한 듯하다. 공자는 남녀 간의 애욕이 매우 강렬한 본능이라서 덕에 대한 선호가 거기에 미치기 어렵다고 본다. 다만, 눈여겨볼 점은 덕의 추구를 애욕에 비유한다는 점이다. 덕에 대한 추구는 남녀 간의 애욕만큼 강렬하기가 어렵지만 애욕과 마찬가지로 호오의 범주에 속한다. 공자의 이러한 입장은 덕의 실마리를 인간의 본성에서 찾을 수 있다는 것을 뜻한다. 덕 중에서 가장 중요한 위치를 차지하는 인 역시 본성적 선호의 한 종류이다.

생리학적 유비논증에서 보듯이 공자는 인의 자연성 테제를 지지한다. 공자의 인이란 사람에 대한 존중을 뜻한다. 다른 사람을 존중하는 일은 우리의 삶에서 매우 자연스러운 현상이다. 사랑이 그러하다. 공자는 제자가 인이 무엇인지를 묻자 사람을 사랑하는 것이라고 대답한다.[13] 사랑이란 늘 삶속에 있다. 누군가를 사랑하려고 작심하지 않더라도 사랑은 사람들 사이에서 자연스럽게 발생한다. 사랑은 마치 봄이 오면 꽃이 피어나는 것처럼 자연스럽게 피어난다. 사람들은 아기 시절에 부모를 사랑하고,

11 『대학』, 전6장. 所謂誠其意者, 毋自欺也, 如惡惡臭, 如好好色, 此之謂自謙.

12 『논어』, 「위령공」, 12장. 子曰, 已矣乎? 吾未見好德, 如好色者也. 『논어』, 「자한」, 17장. 子曰, 吾未見好德, 如好色者也.

13 『논어』, 「안연」, 2장. 樊遲問仁, 子曰愛人.

젊은 시절엔 이성을 사랑하고, 출산을 하면 자신의 아기를 사랑한다. 이러한 것들이 모두 사람들 사이에서 생겨나는 자연스러운 사랑의 현상들이다.

인의 외연이 사랑에 그치는 것만은 아니다. 인은 상대를 존중하는 우호적 감정들을 모두 포괄한다. 공손(恭), 관대(寬), 신뢰(信), 민첩(敏), 은혜(惠) 등도 인 범주에 포함된다. 타인에게 공손하면 업신여김을 당하지 않고, 관대하면 사람을 얻고, 신뢰하면 신임을 얻고, 민첩하면 공을 쌓고, 은혜를 베풀면 사람들로부터 지지를 받는다.[14] 이 덕목들 중에서 민첩은 사람에 대한 존중과 관련이 없는 것으로 보일 수도 있지만, 사실은 그렇지 않다. 공자가 말하는 민첩이란 일을 제때에 잘 처리함으로써 타인에게 누를 끼치지 않는 것이다.[15] 그러한 점에서 민첩은 사람 존중과 관련이 있다.

사랑, 공손, 관대, 신뢰, 민첩, 은혜 등과 같은 사람 존중의 행위들은 인의 자연성 테제에 부합한다. 이러한 행위들은 삶에서 아주 자연스럽게 발생한 것들이지 다른 목적을 위해 요청된 것들이 아니다. 자신에게 자연스럽게 드러난 인 감정을 잘 반추해본다면 인의 중요성을 자각할 수 있다. 쉽게 말해 인간은 본래 다른 사람들에 대해 공손하고 관대할 줄 안다.

인은 다른 목적을 얻기 위한 수단적 가치가 아니다. 가령 "공손하면 업신여김을 당하지 않는다"는 말을 보자. 타인으로부터 업신여김 당하지

14 『논어』, 「양화」, 6장. 子張問仁於孔子. 孔子曰, 能行五者於天下爲仁矣. 請問之. 曰, 恭寬信敏惠, 恭則不侮, 寬則得衆, 信則人任焉, 敏則有功, 惠則足以使人.

15 『논어』, 「학이」, 子曰, 君子, 食無求飽, 居無求安, 敏於事而愼於言.

않기 위해 공손한 경우가 있다. 그러한 공손함은 자연스럽게 발생한 것이라기보다 업신여김 당하지 않기 위해 요청된 것이다. 또한 타인의 마음을 얻기 위해 관대한 경우도 그러하다. 신뢰, 민첩, 은혜가 모두 그러하다. 인이 이처럼 단지 타인의 선심을 사기 위해 요청되는 것은 아니다. 사랑의 경우를 보면 특히 그러하다. 아이가 부모의 환심을 사기 위해 부모를 사랑하는 것이 아니고, 부모 또한 아이에게 보답받기 위해 아이를 사랑하는 것이 아니다. 부모와 아이가 있는 곳에 저절로 사랑이 싹튼다. 공손이나 관대도 마찬가지다. 사람이라면 누구나 내집단이나 이웃에 대해 자연스럽게 공손하고 관대하게 대한다. 이와 같이 인의 자연성 테제는 인이 저절로 우리의 삶속에 깃들어 있음을 시사한다.

공자는 일부러 상냥한 말이나 좋은 낯빛을 꾸며대는 사람치고 인한 경우가 드물다고 말한다.[16] 속으로는 그렇지 않으면서도 상대에게 환심을 사려고 겉으로만 꾸며서 잘 대하는 것은 인이 아니다. 가령 스튜어디스는 소속된 항공회사의 지침에 따라 상냥한 말과 웃음을 손님에게 보이지만, 그것은 자연스러운 감정이 아니라는 점에서 인에 해당하지 않는다. 오늘날 자본주의 체제 하에서 상당수의 매장에서 말투와 낯빛을 상냥하게 꾸며서 손님에게 호의를 보이지만, 그것을 인이라고 여기기는 어렵다.

인은 억지로 꾸미기보다 차라리 강직하고, 과감하고, 질박하고, 노둔한 듯이 보인다.[17] 왜냐하면 인은 겉모습보다는 자연스러운 마음에 근원하기 때문이다. 이 네 가지 종류의 성격을 가진 사람은 다른 사람들과 교류하는 데에 능숙하지 못한 측면이 있다. 강직한 사람은 자신의 생각을

16 『논어』, 「학이」, 3장. 子曰, 巧言令色, 鮮矣仁.

17 『논어』, 「자로」, 27장. 子曰, 剛毅木訥, 近仁.

고수하면서 타인과 잘 타협하지 못하곤 한다. 과감한 사람은 상황을 잘 고려하지 않고서 자신의 뜻대로 움직이는 경향이 있다. 질박한 사람은 일 처리가 세련되지 못한 것처럼 보인다. 어눌한 사람은 달변가처럼 화려한 언변으로 상대를 압도하지 못한다. 이러한 약점들은 이들이 외적인 표현에 있어서 세련되지 못하다는 것을 말해준다. 그러나 강직하고, 과감하고, 질박하고, 노둔한 사람은 이와 같은 약점에도 불구하고 호혜적인 활동을 하려는 내적인 지향성을 가지고 있다. 이들의 마음에는 이타적이고 협력적인 자연 감정을 갖고 있다는 점에서 상냥하게 보이도록 꾸미는 사람들보다 인에 가깝다.

측은지심과 불인지심

맹자도 공자와 마찬가지로 인의 자연성 테제를 받아들인다. 다양한 인간관계에서 다양한 종류의 친밀감이 자연스럽게 생겨난다.

> 사람이 어려서는 부모를 사모하고, 이성에 눈뜨게 되면 예쁜 소녀를 사모하고, 결혼하면 처자를 사모하고, 벼슬하면 임금을 사모하면서 신임을 얻지 못하면 가슴속에 열병이 난다. 큰 효자는 죽을 때까지 부모를 사모한다.[18]

18 『맹자』, 「만장상」, 1장. 人少則慕父母, 知好色則慕少艾, 有妻子則慕妻子, 仕則慕君, 不得於君則熱中. 大孝終身慕父母.

다양한 사랑의 감정은 사람이라면 누구나 갖게 되는 자연스러운 생리적 현상이다. 그것은 다양한 욕구들이 생겨나는 과정과 하등 다를 것이 없다.

맹자에 의하면 사람이라면 누구나 측은지심(惻隱之心)이나 불인지심(不忍之心)과 같은 인 감정을 타고난다. 인 감정은 노력을 통해 만들어낸 것이 아니라 저절로 타고난 것이다. 맹자는 신체적 능력을 타고나듯이 인 감정을 타고난다고 생각한다. 신체는 선천적으로 감각 능력을 타고난다. 입은 맛을 느끼고, 눈은 색깔을 보고, 귀는 소리를 듣고, 코는 냄새를 맡고, 사지는 편안함을 좋아한다. 이와 마찬가지로 사람은 인 감정을 타고난다. 건강한 사람이라면 누구나 사지가 있듯이 측은지심을 가지고 있다. 사람의 본성은 빈 노트 상태가 아닌 초고 상태와 같다. 초고에는 각종 생리적인 능력을 비롯해 사회성이나 도덕성의 단초도 포함되어 있다. 사람의 타고난 자질은 인류가 진화시켜온 유전형질들이다. 인간은 신체적 본능뿐만 아니라 측은지심이나 불인지심과 같은 도덕 감정들도 진화시켜왔다.

측은지심이나 불인지심은 인간의 마음에 선천적으로 구비되어 있다.

> 사람들은 모두 다른 사람에게 차마하지 못하는 마음(不忍之心)을 지니고 있다. (중략) 사람들이 모두 다른 사람에게 차마하지 못하는 마음을 가지고 있다고 말하는 까닭은 이러하다. 이제 아이가 우물에 빠지려고 하는 것을 갑자기 보았다고 한다면, 누구나 깜짝 놀라 측은하게 여기는 마음(惻隱之心)이 들 것이다. 그것은 어린 아이의 부모와 교분을 맺으려고 해서도 아니며, 마을 사람들이나 친구들에게 명예를 구해서도 아니며, 잔인하다는 악명을 싫어해서 그런 것도 아니다. 이로써 보건대 측은하게 여기는 마음이 없으면 사람이 아니며,

> 자신의 잘못을 부끄러워하고 타인의 잘못을 미워하는 마음이 없으면 사람이 아니며, 사양하는 마음이 없으면 사람이 아니며, 옳고 그름을 구분하는 마음이 없으면 사람이 아니다. 측은하게 여기는 마음은 인의 단서요, 부끄러워하고 미워하는 마음은 의의 단서요, 사양하는 마음은 예의 단서요, 옳고 그름을 구분하는 마음은 지의 단서다. 사람이 이 사단을 지니고 있음은 사지를 가지고 있는 것과 같다. 이 사단을 지니고 있으면서도 인의를 행할 수 없다고 말하는 사람은 자신을 해치는 사람이요, 자기 군주가 인의를 행할 수 없다고 말하는 사람은 군주를 해치는 사람이다. 무릇 나에게 있는 사단을 다 넓혀 채울 줄 알면, 마치 불이 처음 타오르며 샘물이 처음 나오는 것과 같을 것이다. 만일 이것을 확충할 줄 안다면 사해를 보호할 수 있고, 만일 확충할 줄 모른다면 부모도 섬길 수 없을 것이다.[19]

맹자는 정상적인 사람이라면 모두 불인지심과 측은지심을 자연스럽게 가지고 있다고 말한다. 우물에 빠진 아이를 구하려고 하는 사례는 인간에게 본래 측은지심이 내재한다는 것을 보여준다. 사람이라면 누구나

◇◇◇◇

19 『맹자』, 「공손추상」, 6장. 孟子曰: 人皆有不忍人之心. 先王有不忍人之心, 斯有不忍人之政矣. 以不忍人之心, 行不忍人之政, 治天下可運之掌上. 所以謂人皆有不忍人之心者, 今人乍見孺子將入於井, 皆有怵惕惻隱之心. 非所以內交於孺子之父母也, 非所以要譽於鄕黨朋友也, 非惡其聲而然也. 由是觀之, 無惻隱之心, 非人也; 無羞惡之心, 非人也; 無辭讓之心, 非人也; 無是非之心, 非人也. 惻隱之心, 仁之端也; 羞惡之心, 義之端也; 辭讓之心, 禮之端也; 是非之心, 智之端也. 人之有是四端也, 猶其有四體也. 有是四端而自謂不能者, 自賊者也; 謂其君不能者, 賊其君者也.凡有四端於我者, 知皆擴而充之矣, 若火之始然, 泉之始達. 苟能充之, 足以保四海; 苟不充之, 不足以事父母.

타인의 안타까운 처지에 대해 자연스럽게 측은지심을 갖는다. 만약 우물에 빠진 아이를 보고 측은지심을 갖지 않는다고 한다면 사람이 아니라고 맹자는 말한다. 그렇게 본다면 맹자 윤리학에서 측은지심은 선천적으로 타고난 이타적 감정이다.

만약 이기주의자라고 한다면 위의 사례에 대해 사람들이 이기적 목적을 위해 우물에 빠진 아이를 살려주려고 한다는 해석을 제시할 것이다. 이기주의는 맹자가 제시한 측은지심을 이기적 사랑으로 해석하려고 시도할 것이다. 이기주의에 의하면 우물에 빠진 아이를 구해주려고 하는 것은 그 아이의 부모와 교분을 맺으려고 해서일 수도 있고, 자신의 명예를 위한 것일 수도 있고, 잔인하다는 악명을 싫어해서일 수도 있다. 물에 빠진 아이의 부모가 재력가나 권력가라고 한다면 그 아이를 구해줌으로써 그 아이의 부모와 교제함으로써 사회적으로 이득을 얻을 수 있다.

합리적 이기주의자라면 자신에게 이득이 있을 때에 아이를 구해준다. 합리적 이기주의자는 사유를 통해 합리적으로 계산해봄으로써 자신에게 이득이 되는 행동을 한다. 만약 합리적 이기주의자가 계산을 통해 그 아이를 구하는 것이 이득이라고 생각해 측은지심이 작동한다고 해보자. 그럴 경우에 측은지심은 이득에 따라 편파적으로 작동할 것이다. 부유하거나 권력이 있는 집안의 아이에 대해서는 더 강한 측은지심이 생기겠지만 가난하거나 비천한 집안의 아이에 대해서는 매우 약한 측은지심이 생길 것이다. 이와 같이 측은지심이 자신의 이득에 따라 편파적으로 작동하는 감정이라고 한다면 이는 수익을 올리기 위한 꾸며낸 감정 노동에 가깝다.

맹자의 가정에서는 우물에 빠진 아이에 대해 측은지심이 합리적으로 계산하기 전에 생긴다. 아이의 부모가 누구인지에 대해 아무런 생각이 없는 상태에서 우물에 빠진 아이를 구해야겠다는 측은지심이 즉각적으로 활성화된다.

그렇다고 한다면 맹자가 제시한 측은지심의 선천적 정의를 준수해가면서 합리적 이기주의 입장이 어떻게 작동 가능한지에 대해 살펴볼 필요가 있다. 그러한 경우에 합리적 이기주의자는 우물에 빠진 아이에 대해 먼저 측은지심을 느낄 것이다. 그 다음에 아이를 도와주는 것이 자신에게 얼마나 이득인지를 합리적으로 계산하게 된다. 합리적 이기주의자는 자신에게 이득이 되는 경우에 한해 이미 발생한 측은지심을 실천한다. 합리적 이기주의자는 자신에게 이득이 되지 않는다고 생각할 경우에는 어떤 이유를 대면서 측은지심을 실천에 옮기려고 하지 않을 것이다.

자연 감정으로서 측은지심은 합리적 계산 이전에 저절로 작동한다는 점에서 차후에 이로운 결과를 계산하는 합리적 이기주의와 모순적이지 않을 수 있다. 다만 합리적 이기주의 관점이 지배적일 경우에 측은지심의 영향력은 점차 줄어들 수 있다. 프랭크 등은 대학에서 경제학 개론 수강생과 천문학 개론 수강생에 대해 학기 초와 학기 말에 설문조사를 실시한 적이 있다.[20] 설문내용은 100달러가 들어 있는 봉투를 주웠을 때에 주인에게 돌려줄 것인가와, 9개의 컴퓨터를 주문했는데 10개의 컴퓨터가 잘못 배달되었을 때 1개의 컴퓨터를 가게 주인에게 돌려줄 것인가이다. 학기 초에는 경제학 개론 수강생이나 천문학 개론 수강생이나 대부분 돈과

◇◇◇◇

20 R. H. Frank, T. Gilovich, and D. Regan, "Does Studying Economics Inhibit Cooperation?", *Journal of Economic Perspectives 7*, pp. 159–171. 엘리엇 소버·데이비드 슬로안 윌슨 지음, 『타인에게로: 이타 행동의 진화와 심리학』, 서울대학교 출판문화원, 2013, pp. 338–339.

컴퓨터를 주인에게 돌려준다고 대답했다. 하지만 학기말 조사에서는 주인에게 돌려주지 않겠다는 응답자가 천문학 개론 수강생보다 경제학 개론 수강생에게서 크게 증가했다. 이러한 조사 내용이 충분한 타당성을 지니는지는 예상치 못한 많은 변수들이 있으므로 논란의 여지가 있다. 그럼에도 불구하고 이 조사를 통해 합리적 이기주의가 측은지심이 동기화하지 못하도록 억제한다는 사실을 엿볼 수 있다.

다음으로 측은지심에 대한 심리학적 이기주의 반론도 제시될 수 있다. 심리학적 이기주의는 기본적으로 자신의 고통 감소와 쾌락 증가를 추구한다. 먼저 우물에 빠진 아이에 대한 측은지심이 자기 고통의 감소에 기여하는 경우를 생각해보자. 우물에 빠진 아이의 익사하는 모습을 본다는 것은 매우 고통스럽고 혐오스러운 일이다. 그러한 고통스러운 경험을 최소화할 수 있다면 자신의 삶에 유익할 것이다. 그런 까닭에 고통 감소 가설을 지지하는 심리학적 이기주의는 자기 고통의 크기를 줄이려는 동기 때문에 우물에 빠진 아이에 대한 측은지심이 작동한다고 본다.

하지만 이러한 설명은 측은지심이 오로지 자신의 고통 감소를 위해서만 등장하는지에 대해 확증해주지 못한다. 이러한 설명에 따르면 타인에 대한 배려나 염려 등의 감정은 진정한 것이라기보다 자신의 고통 감소를 위한 것으로 해석되어야 한다. 그런 까닭에 자신의 고통 최소화 동기와 이타적 동기가 구별되지 않는다. 실제 인간관계에서는 배려, 염려, 관심, 공감 등과 같은 이타적 감정들이 작동하는 사례들이 많다. 가령 아이에 대한 부모의 염려는 자신의 고통 최소화가 아닌 아이의 건강 자체를 위한 경우가 많다. 그러한 점에서 비록 인간에게 자신의 고통 감소를 추구하는 이기적 경향이 있다고 하더라도 타인의 고통을 염려하는 측은지심이 있다는 사실 또한 부정하기 어렵다.[21]

나아가 쾌락의 증가를 추구하는 심리학적 이기주의 가설을 생각해볼 수 있다. 우물에 빠진 아이를 살려주지 않을 경우에는 잔인하다는 타인의 비난을 들어야 한다. 이와 달리 우물에 빠진 아이를 살려준다면 타인으로부터 칭찬을 받음으로써 명성을 얻을 수 있다. 이러한 가설에 따르면 타인의 비난이나 처벌을 피하고 명성이나 보상을 받으려는 이기적 성향이 자연스럽게 측은지심을 야기한다.

하지만 맹자의 측은지심은 쾌락의 증가를 추구하는 이기적 감정과는 다르다. 사회적 평가를 의식하기 때문에 타인을 도와주려고 한다면 이는 명예심이나 자부심에 해당한다. 자신이 높이 평가받을 만한 매우 어려운 일을 해냈다고 스스로 생각할 경우에 자부심을 느끼고, 타인이 자신의 행위를 높이 평가해준다고 여길 경우에 명예심을 느끼게 된다. 단지 자부심이나 명예심 때문에 우물에 빠진 아이를 구하고자 한다면 거기에 염려나 연민의 감정이 내포되기 어려울 것이다. 설령 외양상 염려나 연민을 보인다고 할지라도 내적 동기가 결여된 겉치레에 불과할 것이다. 이와 달리 진솔한 동기에서 연원한 맹자의 측은지심은 우물에 빠진 아이의 괴로운 처지 자체에 대한 염려이자 연민이다. 그러한 측면에서 본다면 쾌락의 증가에 기초한 심리학적 이기주의로는 이타적인 자연 감정으로서 측은지심을 충분히 설명하기 어렵다.

맹자에게 있어 측은지심은 이타적인 자연 감정이다. 맹자는 측은지심이 인의 단초(端)라고 말한다. 단초란 일의 머리(首)를 뜻하며,[22] 일의 시

◇◇◇◇

21 심리학적 이기주의 관점에서 공감 능력을 해석할 때 생기는 문제점에 관해서는 다음 책을 참고할 것. 위의 책, pp. 322-337.

22 주희는 '端' 자를 '실마리(緖)'로 풀이하며, 조기는 머리(首)로 풀이한다. 이 글에

발적 조건을 가리킨다. 측은지심은 인의 필요조건이다. 타고난 측은지심을 단초로 하여 인을 실천할 수 있다. 인이란 억지로 얻는 것이 아니라 타고난 측은지심을 단초로 삼아 실천할 수 있다. 이처럼 맹자는 측은지심이라는 자연성으로부터 인의 실천 능력을 추론한다. 맹자는 정상적인 사람이라면 누구나 측은지심이라는 단초를 가지고 태어나므로 인을 실천할 수 있다고 본다.

모든 정상적인 사람은 측은지심을 가지고 있다.

측은지심은 인 실천의 단초이다.

모든 정상적인 사람은 인을 실천할 수 있다.

인간이 측은지심을 타고나는 한, 인을 실천하지 못하는 것은 능력 탓이 아니라 노력 탓이다. 맹자에 의하면 인을 얻지 못하는 것은 "하지 않아서이지 할 수 없어서가 아니다."[23] 누구나 타인의 고통스러운 처지에 대해 측은지심을 실천함으로써 인을 얻을 수 있다.

불인지심 역시 인의 단초로서 감정이다. 불인지심에서 '불인(不忍)'이라는 말은 차마하지 못함을 뜻한다. '인(忍)'자의 뜻은 '참다'이다. '불인'을 글자 그대로 해석하면 '참지 못하는 것'을 뜻하며, 한글로는 '차마하지 못

서는 조기의 설을 따랐다. 주희, 『맹자집주』, 「공손추상」, 6장. 端緖也. 因其情之發, 而性之本然, 可得而見, 猶有物在中而緖見於外也. 조기(趙岐) 주, 손석(孫奭) 소, 『맹자주소(孟子注疏)』, 「공손추상」, 6장, 십삼경주소정리본 제25책, 북경대학출판사, 2000, p. 113. 端, 首也. 人皆有仁義禮智之首, 可引用之.

23 『맹자』, 「양혜왕상」, 7장. 不爲也 非不能也.

하다'로 통용되고 있다. 차마하지 못함에는 타인의 괴로운 처지에 대해 연민의 감정을 참지 못한다는 뜻이 함축되어 있다. 타인의 괴로운 처지에 대해 연민의 감정을 참지 못하는 사람은 괴로워하는 타인을 도와주려고 한다. 불인지심을 가진 사람은 남에게 해를 끼치기가 쉽지 않다. 왜냐하면 남에게 해를 가할 때에 불인지심을 억제해야 하지만, 그렇게 하자면 심한 괴로움이 따르기 때문이다. 불인지심은 타인에게 해를 주는 행위를 할 때에 양심의 가책을 불러온다.

맹자는 불인지심을 잘 보존하고 확충한다면 인이 활성화된다고 말한다.

> 사람이라면 모두 차마하지 못하는 바가 있으니, 그것을 차마하는 데에 적용하는 것이 인이다. (중략) 사람이 다른 사람을 해치려 하지 않는 마음을 확충할 수 있다면 인을 이루 다 쓸 수 없을 것이다.[24]

불인지심을 가진 사람이 타인을 쉽게 해치지 못하는 이유는 타인의 고통에 대한 공감 능력이 있기 때문이다. 불인지심을 가진 사람은 타인의 고통에 공감하기 때문에 차마 자신의 이익을 위해서만 타인을 수단화하지 않는다. 나아가 불인지심은 유비적 추론을 통해 다른 사물에게로 확장될 수 있다. 자신의 아이를 아끼는 마음을 가진 사람이라면 남의 아이가 귀한 줄 안다. 내가 내 아이를 귀하게 여기듯이 타인 역시 자신의 아이를 귀하게 여길 것이라고 유비적으로 추론할 수 있다. 이러한 유비 추론

24 『맹자』, 「진심하」, 31장. 孟子曰, 人皆有所不忍, 達之於其所忍, 仁也. 人能充無欲害人之心, 而仁不可勝用也.

을 통해 인은 이웃, 국가, 세계, 우주에까지 확장된다.

자기 안의 참된 고귀함

맹자의 인은 자긴 안에 가지고 있는 내적인 가치이다. 맹자는 사람이 타고난 내적 가치를 참된 고귀함이라고 부른다. 내적 가치로서 참된 고귀함은 외적 가치와는 다르다. 가령 사람이라면 누구나 고귀해지기를 바라며 잘 살기를 바란다. 사람이라면 누구나 좋은 음식, 좋은 옷, 좋은 집을 갖고자 한다. 이러한 좋음은 후천적인 노력이나 운을 통해서 얻을 수 있는 외적 가치로서 좋음이다. 그런데 맹자는 외적으로 습득할 수 있는 좋음은 진정한 좋음이 아니라고 본다. 맹자에 의하면 사람에게는 그보다 더 가치 있는 본래적 좋음이 있다. 맹자는 그러한 좋음을 참된 고귀함이라고 부른다.

> 고귀함을 바라는 것은 사람들의 마음이 모두 똑같다. 사람마다 자기 안에 고귀함이 있지만, (그것을) 생각하지 않을 뿐이다. 남이 고귀하게 해준 것은 참된 고귀함(良貴)이 아니다. 조맹(趙孟)이 고귀하게 해준 것은 조맹이 빼앗을 수 있다. 『시』에 이르기를, "술로써 취하고 덕으로써 배부르다"고 하였다. 인의로써 배부르기에 남들이 먹는 기름지고 맛있는 음식을 바라지 않는다. 훌륭한 명예가 자신에게 갖추어져 있기에 남들이 가진 수놓은 옷을 원하지 않는다.[25]

기름진 음식, 비싼 옷, 좋은 집, 높은 자리 등은 외적인 가치들이다.

그러한 외적 가치들은 외부 요인에 의해 나에게 부여된다. 가령 진(晉)나라 경이었던 조맹과 같은 권력자라면 높은 자리를 나에게 줄 수 있다. 그러나 그러한 외적 가치는 조맹이 다시 빼앗아갈 수도 있다. 이처럼 외적 가치의 소유 여부는 외적인 요인에 영향을 받는다.

내적 가치는 외적 가치와 달리 자기에게 내재하기 때문에 자신이 보존하고자 하면 얼마든지 보존할 수 있다. 맹자는 그러한 내적 가치를 참된 고귀함(良貴)이라고 부른다. 참된 고귀함은 자신 안에 있는 것이기 때문에 밖에서 빼앗을 수 없다. 인이야말로 참된 고귀함에 속한다. 인은 스스로 자신을 빛나게 할 수 있는 자율성에 기초한 가치이다. 맹자가 보기에 내적 가치로서 인은 잘 보존하기만 한다면 외적 가치보다 훨씬 아름답다.

신유학의 우주론적 유비논증

사람은 왜 인의 본성을 가질까? 사람들이 가진 친밀감, 존중, 협력 등의 경향성은 어디에 근원할까? 맹자가 제시한 측은지심이나 수오지심은 어디에 근원할까? 공자와 맹자의 인 사상을 계승한 성리학과 양명학은 인의 근거를 우주론적 차원에서 정당화한다.

중국 북송의 성리학자 장재(張載)는 인이 우주의 중요한 한 특성이라

25 『맹자』, 「고자상」, 17장. 孟子曰, 欲貴者, 人之同心也. 人人有貴於己者, 弗思耳. 人之所貴者, 非良貴也. 趙孟之所貴, 趙孟能賤之. 詩云, 旣醉以酒, 旣飽以德, 言飽乎仁義也, 所以不願人之膏粱之味也, 令聞廣譽施於身, 所以不願人之文繡也.

고 본다. 그에 의하면 천지 안의 모든 사물은 한 가족이다. 우주 자체가 하늘과 땅의 유기체적 협력의 구조로 되어있다. 하늘과 땅의 협력에 의해 만물이 생겨나며, 만물은 친화감을 갖지 않음이 없다.[26] 천지 안의 만물은 협력을 통해 생존하는 공동존재이다. 인간 역시 다른 사물을 배제하고서 생존할 수 없다는 점에서 공동존재이다. 하늘과 땅, 곧 천(天)과 지(地)의 협력 구조는 인간을 포함하여 모든 사물의 저변에 놓여 있다. 천지가 대우주라면 인간은 그것을 닮은 소우주이다. 천지에서 유래한 인간은 그 기원상 음기와 양기의 협력에 의해 이루어진 공동존재적 특성을 지닌다.

장재의 『서명(西銘)』에서는 인간의 공동존재로서 특성을 다음과 같이 기술한다.

> 건(乾)을 아버지라 부르고 곤(坤)을 어머니라 부른다. 나는 여기에 아득히 혼연하게 살아간다. 그러므로 천지에 가득한 것을 나의 몸으로 삼고, 천지를 이끄는 것을 나의 본성으로 삼는다. 백성은 나의 동포이고, 사물은 나의 동료이다.[27]

인간이 다른 사물과의 협력을 통해 생존이 가능한 공동존재라는 것은 우주적 차원에서부터 가정된다. 인간의 생존에는 하늘의 힘을 뜻하는 건(乾)과 땅의 힘을 뜻하는 곤(坤)의 협력이 필요하다. 그래서 장재는 건을 아버지라 부르고 곤을 어머니라 부른다. 하늘과 땅의 상호작용이 모든 존

◇◇◇◇

26 장재, 『정몽(正蒙)』「천도(天道)」. 天體物不遺, 猶仁體事無不在也.

27 장재, 『정몽』, 『서명(西銘)』. 乾稱父, 坤稱母. 予玆藐焉, 乃混然中處. 故天地之塞, 吾其體, 天地之帥, 吾其性. 民吾同胞, 物吾與也.

재의 생성에 관여한다는 것이다. 우주 차원에서 본다면 인간은 매우 아득한 점과 같은 존재로서 하늘과 땅의 유기적인 상호작용의 영향권 아래 있다.

장재는 천지의 차원에서 인간을 이해하므로 '나'라는 자아 개념을 우주론적 차원으로 확장시킨다. 우리의 몸은 천지의 유기적 협력 차원에서 볼 때라야 이해 가능하다. 또한 우리의 의지나 정신 역시 '나'라는 개인적 차원의 정신 개념에 국한되지 않는다. 장재에 의하면 천지가 곧 나의 몸에 다름 아니며, 천지를 움직이는 힘이 나의 정신적 본성에 다름 아니다. 천지라는 확장된 몸과 확장된 정신을 이해할 때라야 '나'의 본성에 더 가깝게 다가설 수 있다. 이러한 맥락에서 보자면 '나'라는 개체는 부모의 자식을 넘어 천지의 자식이기도 하다. 우주적 차원의 공동존재로서 인간은 친밀한 협력을 추구하는 인 감정을 타고난다. 그러므로 사람은 다른 사람을 동포로서 여기고, 다른 사물을 동료로서 여길 줄 안다. 사람이라면 누구나 홀로되어 고통을 호소하는 어려운 처지에 놓인 사람들에 대해 연민과 동정심을 갖는다.

성리학에서 인은 모든 사물을 포괄하는 궁극적이고 포괄적인 우주적 가치이다. 인은 우주의 근본 원리이다. 이 때문에 정호(程顥)는 인이야말로 사람으로서 갖추어할 덕목들 중에서 가장 중요하며 다른 덕들을 포괄한다고 말한다.

> 배우는 사람이라면 반드시 먼저 인(仁)을 알아야 한다. 인이란 혼연히 사물과 한 몸을 이루니, 의(義)·예(禮)·지(知)도 모두 인이다. 이 이치를 알아 정성과 경건으로 인을 보존할 따름이다.[28]

정호에 의하면 인이란 사물의 생성 원리이다. 정호는 우리의 몸이 세포들의 협력에 의해 단일한 유기체를 형성하듯이, 우주 역시 서로 분리할 수 없는 상호 의존관계를 통해 한 몸을 이루고 있다고 비유한다. 몸의 각 부분들이 협력관계를 상실하여 서로 분리될 때에 건강에 문제가 생긴다. 그러한 연유로 몸의 반쪽이 마비되는 것에 대해 불인(不仁)하다고 표현한다.

성리학의 집대성자인 주희의 『인설(仁說)』에서는 우주론적 유비논증에 기초해 인을 정당화한다. 천지는 하나의 살아있는 유기체로서 가정된다. 유기체로서 천지는 만물을 생성하는 마음을 가지고 있으며, 사람의 마음은 천지의 그러한 마음을 본받아 이루어진다.

> 하늘과 땅은 만물을 생성하는 것을 마음으로 삼으며 또한 사람과 만물이 생성됨에 있어 각각 저 하늘과 땅의 마음을 얻어 마음으로 삼는다. 그러므로 '마음의 덕'이 비록 전체를 총괄하여 다스리며 모든 것을 꿰뚫어 두루 미쳐서 갖추어지지 않은 것이 없다고 할지라도, 한마디로 포괄하면 '인(仁)'이다. 이 말을 상세하게 살펴보자. 대개 하늘과 땅의 마음은 원·형·리·정 네 가지 덕을 지니고 있으며, 원은 거느리지 않은 것이 없다. 네 가지 덕의 운행은 봄·여름·가을·겨울의 순서로 드러나며, 봄의 생성하는 기운은 두루 미치지 않은 곳이 없다. 그러므로 사람의 마음 또한 인·의·예·지 네 가지 덕이 있으니, 인은 포괄하지 않은 것이 없다. (중략) 대개 인의 도리란 하늘과

◇◇◇◇

28 『이정유서(二程遺書)』, 2上:28. 學者, 須先識仁. 仁者, 渾然與物同體, 義禮知信皆仁也. 識得此理以誠敬存之而已.

땅이 만물을 생성하는 마음으로, 사물에 나아가면 거기에 존재한다. 감정이 아직 발현되지 않았을 때에 이러한 인의 본체가 이미 갖추어져 있고, 감정이 이미 발현되었을 때에 그 작용이 끝이 없다.[29]

천지는 만물을 낳아주고 길러주는 생의(生意)를 가지고 있다. 천지가 큰 유기체라면 인간은 작은 유기체이다. 나아가 천지라는 큰 유기체와 인간이라는 작은 유기체 사이에는 유사성이 있다. 천지가 원·형·리·정이라는 운동 능력에 따라 봄·여름·가을·겨울이라는 사계절을 순서대로 펼치듯이, 인간에게는 인·의·예·지라는 사덕이 있다. 사계절 중에서 인은 봄을 닮았다. 봄에는 만물이 생동한다. 봄에는 날씨가 따뜻하고 새싹이 돋아나고 꽃이 피어난다. 인은 봄에 만물이 생동하듯이 사랑과 협력을 통해 서로를 살리는 가치이다. 천지의 능력 중에서 낳아주고 길러주는 생의는

29 『주희집(朱熹集)』, 67권, 「인설(仁說)」. 天地以生物爲心者也, 而人物之生, 又各得夫天地之心以爲心者也. 故語心之德, 雖其總攝貫通, 無所不備, 然一言以蔽之, 則曰仁而已矣. 語試詳之. 蓋天地之心, 其德有四, 曰元·亨·利·貞, 而元無不統. 其運行焉, 則爲春·夏·秋·冬之序, 而春生之氣無所不通. 故人之爲心, 其德亦有四, 曰仁·義·禮·智, 而仁無不包. 其發用焉, 則爲愛恭宜別之情, 而惻隱之心無所不貫. 故論天地之心者, 則曰乾元·坤元, 則四德之體用不待悉數而足. 論人心之妙者, 則曰仁, 人心也, 則四德之體用亦不待遍擧而該. 蓋仁之爲道, 乃天地生物之心, 卽物而在. 情之未發, 而此體已具; 情之旣發, 而其用不窮. 誠能體而存之, 則衆善之源·百行之本莫不在是. 此孔門之敎所以必使學者汲汲於求仁也. 其言有曰: '克己復禮爲仁.' 言能克去己私, 復乎天理, 則此心之體無不在, 而此心之用無不行也. 又曰: '居處恭, 執事敬, 與人忠', 則亦所以存此心也. 又曰: '事親孝, 事兄弟, 及物恕', 則亦所以行此心也. 又曰: '求仁得仁', 則以讓國而逃, 諫伐而餓爲能不失乎此心也. 又曰: '殺身成仁', 則以欲甚於生·惡甚於死爲能不害乎此心也. 此心何心也? 在天地則坱然生物之心, 在人則溫然愛人利物之心, 包四德而貫四端者也.

인과 일맥상통한다. 천지에 생의가 있듯이 사람에게는 인이 마음속에 본체로서 자리하고 있다.

우주에는 하나의 보편적인 이치가 있다. 그것은 바로 사물을 살리는 이치(生理)로서 인이다. 인은 생명력을 가지고 있다. 인은 마치 식물의 씨앗이 발아되는 것과도 같이 생명력을 갖고서 점차 드러난다. 씨앗이 발아하면 싹이 트고, 싹에 있는 생장점이 점차 자라나면 줄기와 가지가 나오면서 잎이 무성해진다. 이와 마찬가지로 인은 생장점을 중심으로 하여 점차 더 큰 영역으로 확장된다. 가족과 교제할 때에 인의 생장점으로서 생의(生意)가 처음 생겨난다.[30] 사람은 가족 관계에서 부모형제와 친근감을 형성한 다음에 이웃이나 사물을 사랑하는 데로 나아간다. 생의는 궁극적으로 사람으로 하여금 천지만물과 공감적 정서를 형성하는 데 이른다. 나와 천지만물은 유기적으로 협력하는 하나의 몸이나 다름없다.

왕수인의 『대학문』에서는 사물과의 유기체적 공감을 추동하는 측은지심이 우주 만물에 편재한다고 말한다. 측은지심은 사람을 넘어 동물이나 식물, 심지어 돌덩이에 대해서도 작동한다.

> 아이가 우물로 기어가는 것을 보면 반드시 깜짝 놀라 측은하게 여기는 마음이 생겨나니, 이것은 그 인(仁)한 마음과 아이가 한 몸이 되는 것이다. 아이는 오히려 나와 같은 사람이다. 새나 짐승이 슬피 울

◇◇◇◇

30 왕수인, 『전습록상』, 93조목. 惟有漸, 所以便有箇發端處. 惟其有箇發端處, 所以生. 惟其生, 所以不息. 譬之木. 其始抽芽, 便是木之生意發端處. 抽芽然後發幹. 發幹然後生枝生葉. 然後是生生不息. 若無芽, 何以有幹有枝葉? 能抽芽, 必是下面有箇根在. 有根方生, 無根便死. 無根何從抽芽? 父子兄弟之愛, 便是人心生意發端處, 如木之抽芽. 自此而仁民, 而愛物, 便是發幹生枝生葉.

면서 두려워 떠는 모습을 보면 반드시 차마하지 못하는 마음이 생겨나니, 이것은 그 인한 마음이 새나 짐승과 더불어 한 몸이 되는 것이다. 새나 짐승은 오히려 지각이 있는 존재이다. 초목이 꺾이고 잘리는 것을 보면 반드시 불쌍하게 여기는 마음이 생겨나니, 이것은 그 인한 마음이 초목과 더불어 한 몸이 되는 것이다. 초목은 오히려 살려는 의지를 가진 존재이다. 기와나 돌이 부서지고 무너지는 것을 보면 반드시 안타까운 마음이 생겨나니, 이것은 그 인한 마음이 기와나 돌과 더불어 한 몸이 되는 것이다. 이러한 것들이 다 한 몸이 되는 인(一體之仁)이다. 이것은 하늘이 명한 본성에 뿌리박고 있으며, 스스로 그러하면서 신령스럽고 밝으며 어둡지 않은 것이다. 이것을 일러 밝은 덕이라고 한다.[31]

만물일체로서 인은 우리 주변에서 쉽게 발견된다. 사람들은 전쟁에 시달리는 난민을 보노라면 마음이 아프다. 먹이를 찾아 골목길을 헤매는 굶주린 길고양이나 유기견을 보노라면 마음이 아프다. 도로를 건설하기 위해 반쪽이 깎여나간 산자락을 보노라면 마음이 아프다. 밀집한 고층 아파트 더미에 점령당한 황폐해진 대지를 보노라면 마음이 아프다. 녹조와 악취가 창궐한 강물을 보노라면 마음이 아프다. 미세먼지로 뿌옇게 덮

31 왕수인, 『대학문(大學問)』. "見孺子之入井, 而必有怵惕惻隱之心焉, 是其仁之與孺子而爲一體也. 孺子猶同類者也. 見鳥獸之哀鳴觳觫, 而必有不忍之心焉, 是其仁之與鳥獸而爲一體也. 鳥獸猶有知覺者也. 見草木之摧折而必有憫恤之心焉, 是其仁之與草木而爲一體也. 草木猶有生意者也. 見瓦石毁壞而必有顧惜之心焉, 是其仁之與瓦石而爲一體也. 是其一體之仁也. 是乃根於天命之性, 而自然靈昭不昧者也. 是故謂之明德." 왕수인, 『왕양명전집』, 상책, 권3, 「전습록하」, 상해고적출판사, 1992, p. 117.

인 하늘을 보노라면 마음이 아프다. 이와 같이 사람들이 다른 존재의 안타까운 처지에 공감할 수 있는 것은 천지만물에 대해 생의(生意)를 느끼기 때문이다.

10장

인의 당위성

인은 노력을 통해 배양해야하는 가치이다. 인이 삶에서 자연스럽게 생성된다고 하여 언제나 잘 보존되는 것만은 아니다. 인은 씨앗이나 불씨나 샘물과 같다. 씨앗은 보살펴주지 않으면 말라죽고 만다. 불씨는 거센 바람이 불거나 비가 내리면 꺼지고 만다. 또한 샘물은 가뭄이 들면 마르고 만다. 이와 마찬가지로 인도 적절한 조건이 갖추어지지 않으면 상실된다. 만약 삶에서 인의 가치를 상실한다면 삶의 의미 역시 퇴색할 수밖에 없다. 이 때문에 인을 적절히 배양해야할 당위성이 생긴다.

인의 당위성 테제는 인의 자연성에 기초한다. 인의 배양이란 전혀 없던 가치를 새롭게 요청하는 것이라기보다 본성적으로 가지고 있는 가치를 적절히 보존하는 것이다. 인 사상에서 노력성의 근원은 사인적 가치이다. 인의 가치는 삶에서 이미 크고 작은 형태로 경험되고 있다. 가령 아기를 돌봐야 한다고 말하기 이전에 이미 자연스럽게 부모는 아기를 정성껏 돌보고자 한다. 아기를 보살피려는 마음으로부터 아기를 보살펴야 마땅하다는 당위적 추론을 이끌어낸다. 이처럼 인 사상은 자연스러운 인 감정이 인 보존의 당위성 형성에 필수적이라는 정서주의 도덕론을 지지한다. 인의 당위성 테제는 타고난 정서를 필요조건으로 삼는다는 점에서 도덕 판단과 관련해 자연주의적 입장을 취한다.

감정과 당위의 관련성에 대한 물음

정서주의 입장에 기초한 인의 당위성 테제가 얼마나 타당성한지를 검토하기 위해 그에 대한 비판적 입장부터 살펴보자. 자연주의 도덕론에 대한 가장 강력한 비판은 비자연주의 도덕론으로부터 나온다. 비자연주의는 인 사상의 자연주의적 당위성 테제가 타당한지에 대해 다음과 같이 묻는다.

> 인이라는 자연 감정이 도덕적 당위성과 무슨 관련이 있는가?

비자연주의 도덕론은 인이라는 자연적 속성으로부터 도덕규범을 추론해서는 안 된다고 본다. 비자연주의에 의하면 존재와 당위는 내용적으로 서로 다른 범주이다. 비자연주의는 인 사상이 자연 감정인 인으로부터 당위적 규범을 추론한다는 점에서 범주착오의 오류를 범한다고 본다.

비자연주의에 따르면 사단에 기초한 맹자의 자연주의 도덕론은 오류를 범하고 있다. 비자연주의 도덕론에 의하면 도덕적 술어는 비규범적 어휘들에 의해 분석될 수 없다. 비자연주의자는 X의 자연적 속성에 관한 명제로부터 X가 선하다는 것을 추론한다면 자연주의적 오류를 범하게 된다고 비판한다. 왜냐하면 자연적인 것과 당위적인 것은 전혀 별개의 범주에 속하는 개념이기 때문이다. 자연적인 것은 존재적 특성을 가리킨다. 마치 빨간 사과에는 빨간색이 존재하는 것과 같다. 사과의 빨간색은 "있음"의 범주에 속하는 자연적 실재이다. 그러나 당위성이란 "~해야 한다"는 도덕규범으로서 비존재적인 범주에 속한다. 그러므로 존재로부터 당위적 규범을 추론하는 것은 자연적 속성에서 비자연적 속성을 이끌어내려고 하는 불합리한 시도라는 것이다.

비자연주의자들에 의하면 도덕규범은 심리적 사실들로부터 추론되어서는 안 된다. 비자연주의적 시각에서 보자면 본성이라는 심리적 사실은 선천적으로 주어진 존재의 영역에 속한다면, 도덕규범은 강제성을 지닌 당위명제에 속한다. 타고난 감정은 심리적 성향으로서 자연적 사실이라면, 도덕규범은 당위적 의무이다. 비자연주의에 따르면 "사과는 붉다"라는 자연적 사실에서 "사과는 붉어야 한다"는 당위명제를 도출하는 것은 범주를 혼동하는 자연주의적 오류를 범한다. 왜냐하면 푸른 사과나 하얀 사과를 생산하더라도 도덕적으로 아무런 문제가 없기 때문이다. 나아가 "백인이다"는 자연적 사실로부터 "백인이어야 한다"는 당위명제를 도출하는 경우도 마찬가지로 자연주의적 오류를 범하게 된다. 피부색이라는 자연성에 기초한 백인우월주의는 잘못된 당위성을 옹호하는 인종적 편견에 불과하다.

맹자의 논적이었던 고자는 대표적인 비자연주의 도덕론자이다. 그는 맹자가 자연적 감정인 사단으로부터 도덕적 당위성을 추론하는 것에 대해 비판한다. 그에 의하면 타고난 본성으로부터 선함이나 악함을 추론할 수 없다고 하면서 성무선악설(性無善惡說)을 주장한다. 또한 그는 인간의 본성은 선천적으로 타고난 본능에 불과하다고 하면서 생지위성설(生之謂性說)을 주장한다. 이러한 그의 학설은 인간의 자연성으로부터 도덕규범을 추론해서는 안 된다는 전제에 근거한다.

고자에 의하면 인은 본능적인 감정이므로 거기에서 도덕적 당위성을 추론해서는 안 된다. 인은 마치 사람들이 배고프면 먹고자 하는 것처럼 사람의 심리적 성향으로서 자연적 사실이다. 부모가 자식을 사랑하는 것은 다른 본능과 마찬가지로 타고난 욕구에 속한다. 그의 견해에 따르면 인과 관련된 측은지심이나 불인지심 등과 같은 감정은 적절하게 충족시켜줌으로써 만족을 얻을 수 있다. 그것은 마치 배고픈 사람이 적절히 음식을 섭취함으로써 영양을 얻는 것과도 같다.

고자에 의하면 도덕규범은 객관적인 타당성이 요구된다. 어떤 사람의 행위가 도덕적 마땅함을 얻기 위해서는 객관적으로 요구되는 옳음의 조건을 충족해야 한다. 도덕규범은 심리적 사실로부터 도출되는 것이 아니라 객관적 관점에서 요구되는 옳음에 의해 정의된다. 가령 도둑질을 해서는 안 되는 이유는 사회적 지평에서 보았을 때에 도둑질이 금지되어야 하기 때문이지, 도둑질을 하면 마음속에 부끄러움을 느끼기 때문인 것은 아니다. 그런 까닭에 고자는 심리적 사실인 인 감정으로부터 도덕적 당위성을 추론하면 안 된다고 주장한다. 그의 비자연주의 도덕론은 자연적 속성과 도덕적 당위성을 구별하는 인내의외설(仁內義外說)로서 정리된다.

맹자의 인 논증은 인간의 자연적 속성인 측은지심이나 불인지심 같은 타고난 심리적 사실로부터 당위성을 추론한다. 맹자는 자연적 속성인 인 감정으로부터 도덕적 규범을 이끌어낸다.[1] 이 때문에 고자는 맹자가 자연적 본성에서 선을 추론하는 것에 대해 비판한다.

> 고자가 말했다. 본성은 여울물과 같아서 동쪽으로 터주면 동쪽으로 흐르고 서쪽으로 터주면 서쪽으로 흐른다. 사람의 본성에 선과 불선의 구분이 없는 것은 마치 물에 동쪽과 서쪽의 구분이 없는 것과 같다.[2]

고자의 성무선악설을 따라 추론해본다면, 타고난 감정에서 도덕규범을 추론해서는 안 된다. 왜냐하면 인간의 본성은 좋아함이나 싫어함과 같은 선호의 문제이지만, 도덕규범은 무엇을 해야 옳은지를 기술하는 당위의 문제이기 때문이다. 마치 여울물 자체에 동쪽과 서쪽의 구분이 없듯이 타고난 본성에는 자연적 선호만 내재하지 도덕규범이 내재하는 것은 아니다. 고자는 맹자와 같이 존재 영역과 당위 영역을 연관시키려고 할 경우에 자연주의적 오류를 범하게 된다고 비판한다.

감정이 요청되는 이유

인 사상은 타고난 도덕 감정 자체가 도덕 법칙과 동일한 것은 아니라고 할지라도, 도덕 판단에 깊게 관여한다고 본다. 이와 같은 자연주의 도덕론에는 강한 자연주의 도덕론과 약한 자연주의 도덕론이 있다. 전자는

◇◇◇◇

1 정용환, 『철학적 성찰로서 유교론』, 철학과 현실사, 2011, p. 46.

2 『맹자』, 「고자상」. 2장. 告子曰, 性猶湍水也, 決諸東方則東流, 決諸西方則西流. 人性之無分於善不善也, 猶水之無分於東西也.

도덕규범을 자연적 속성으로부터 곧바로 추론할 수 있다고 믿는다면, 후자는 도덕 법칙과 자연적 속성이 긴밀하게 연관되어 있다고 믿는다. 만약 우리가 전자의 논증을 받아들인다고 한다면 당위와 존재 간의 범주를 동일시함으로써 자연주의적 오류를 범하게 된다. 그러나 후자를 따를 경우에는 그렇지 않다. 왜냐하면 자연적 속성 그 자체를 완전한 도덕규범이라고 여기기보다 도덕규범을 구성하는 기본적 요소들 중 하나라고 여기기 때문이다.

가령 자연주의적 오류 관념에 의하면 "백인이다"는 사실로부터 "백인이어야 한다"는 백인우월주의를 도출하는 것은 오류이다. 비록 이러한 자연주의적 오류 관념을 수용한다고 하더라도 자연적 사실이 당위성을 이해하는 중요한 조건임에는 틀림없다. 백인우월주의는 백인이 지적 능력이 뛰어나다는 가정에 기초하며, "지적 문제를 다룰 때에 백인이 우선권을 가져야 한다"는 것을 뜻한다. 바꾸어 말하면 이러한 생각은 "지적 문제를 다룰 때에 유색인종이 우선권을 가져서는 안 된다"는 당위명제도 함축한다. 만약 백인우월주의의 가정처럼 실제로 백인이 다른 유색인종보다 지적 능력이 훨씬 뛰어나다고 한다면 "지적 문제를 다룰 때에 백인이 우선권을 가져야 한다"는 당위명제가 어느 정도 설득력을 얻을 것이다. 그러나 백인이라는 사실이 백인의 지적 우수성을 담보해주는 것은 아니다. 황인이나 흑인 중에도 지적으로 뛰어난 업적을 이룬 경우가 많기 때문이다. 오히려 피부색이 아닌 개인별로 타고난 재능이나 학습 환경에 따라 지적 능력의 고하가 정해진다고 보는 것이 더욱 타당하다. 이와 같이 인종의 지적 능력에 관한 자연적 사실은 백인우월주의가 도덕적 편견에 불과하다는 것을 더욱 명확하게 알려준다. 그러한 점에서 자연적 사실은 당위명제를 정당화 하는 데 필요하다.

히틀러의 유대인에 대한 인종차별법에서도 왜곡된 자연적 사실로부터 당위명제를 잘못 추론하는 것을 볼 수 있다. 히틀러는 1935년 뉘른베르크 나치당 전당대회에서 「독일인의 피와 명예를 지키기 위한 법」을 통과시킴으로써 반유대주의를 법제화 하였다. 그 법 1조 1항은 "모든 유대인과 독일 국민 혹은 독일 혈통 사이의 결혼은 금지된다"는 것이고, 2조는 "모든 유대인과 독일 국민 혹은 독일 혈통 사이의 혼외관계는 금지된다"는 것이다. 친조부모와 외조부모 가운데 적어도 3명이 유대인이면 완전한 유대인, 2명이 유대인이면 제1등급 혼혈 유대인, 1명이 유대인이면 제2등급 혼혈 유대인으로 취급하였다.[3] 독일에서 정치적 권리는 아리안족 혈통만이 가질 수 있고, 독일인은 유대인과 결혼이나 성관계를 하면 안 되었다. 이 법에서 제시한 "유대인과의 결혼이나 성관계를 금지한다"는 당위명제는 유대인이라는 사실로부터 도출되는 것처럼 보인다. 하지만 이는 근거 없는 이데올로기적 편견에 불과하다. 단지 유대인이라는 사실이 그들과의 결혼이나 성관계의 금지를 정당화해주는 근거가 되지 못한다. 오히려 인종과 관련한 자연적 사실들은 히틀러의 인종차별법이 도덕적 편견에 불과하며, 독일인과 유대인이 결혼이나 성관계를 해도 된다는 인종 간 비차별적 당위명제를 정당화해줄 뿐이다. 왜냐하면 독일인과 유대인이 실제로 성관계를 하여 아이를 낳아 기르더라도 생리학적으로 아무런 문제를 불러오지 않기 때문이다. 인종과 관련된 자연적 사실들은 인종차별법이 도덕적으로 왜 잘못되었는지를 설명해주는 좋은 자료 역할을 한다.

3 로버트 S. 위스트리치, 송충기 옮김, 『히틀러와 홀로코스트』, 을유문화사, 2004, pp. 94–96.

인 사상은 자연주의 도덕론을 지지한다. 인 감정은 자연적 사실 중에 하나이며, 도덕성을 구성하는 중요한 토대이다. 가족 관계에서 부모의 자식에 대한 사랑, 자식의 부모에 대한 효, 형제자매 간의 우애 등은 자연스럽게 형성된 감정들이다. 가족과 같은 일차적 인간관계에서의 친밀감은 후천적인 협약을 통해 맺어진 이차적 인간관계의 중요한 원천이다. 인 사상은 가족 관계에서 인 감정이 충분히 보존되고 성숙될 때라야 다른 사회적 관계에서 협력 관계가 더욱 원활해질 수 있다고 생각한다. 정리하자면 인 사상은 인이라는 자연적 사실에 근거해 "인이 배양되어야 한다"는 당위명제를 주장한다.

인 사상에 따르면, 만약 자연적 속성들을 배제하고서 도덕규범을 새롭게 정립하려고 한다면 그것은 사상누각이 될 수밖에 없다. 측은지심의 경우를 보자. 가령 측은지심과 같은 인 감정을 배제하고서 "사람을 존중해야 한다"는 도덕 법칙을 이끌어낼 수 있을까? 고자와 같은 비자연주의자에 의하면 이성적이고 객관적인 판단을 통해 "사람을 존중해야 한다"는 도덕 법칙을 이끌어내기 위해서는 인 감정을 배제해야 한다. 고자는 주관적 감정을 배제해야만 객관적으로 가장 엄격한 도덕 법칙을 수립할 수 있다고 본다. 그러나 객관주의자의 도덕적 추론은 감정을 도덕 판단의 과정에서 배제함으로써 공허한 도덕 담론에 머물고 만다. 도덕 판단의 과정에서 측은지심과 같은 도덕 감정이 전제되지 않는다고 한다면 다른 사람을 존중해야 한다는 당위명제가 구체적 내용을 함축하기 어렵다. 당위명제가 구체적 내용을 함축하기 위해서는 관련 감정이 요청된다.

법가사상에 대한 비판

한비자는 법가사상의 집대성자이다. 한비자는 도덕성의 근원을 법과 권력의 통제에서 찾는다는 점에서 비자연주의 입장을 취한다. 한비자는 순자와 마찬가지로 정치권력 및 제도를 통해 이기성을 다스려야 한다고 주장한다. 한비자는 타고난 이타성이 본능의 매우 작은 부분에 불과할 뿐이며, 더구나 본능은 도덕의 근원이 될 수 없다고 본다. 이타적 본능인 인의 추구는 선(善)을 획득하는 데에 기여하지 못한다. 한비자는 이기적 성향을 통제하지 않는 한 협력 전략을 취하는 인 사상은 자기 파괴적인 결과에 직면할 뿐이라고 비판한다. 한비자는 사람이 가진 인의 경향성에 대해 인정하지만, 이기적 투쟁이 만연한 현실에서 인의 추구는 몽상적 도덕을 추구하는 어리석은 전략에 불과하다고 비판한다.

한비자에 의하면 측은지심이나 불인지심에 기초한 상호 존중 전략은 일의 능률을 저하시키는 어처구니없는 비실용적인 결과를 낳을 뿐이다.

> 세상의 군주들이 인의라는 이름을 찬미하면서 그 실상을 살피지 않는다. 그러므로 크게는 나라가 망하고 몸이 죽임을 당하며, 작게는 국토가 깎이고 군주가 비천해진다. 무엇으로써 이를 밝힐 수 있을까? 대저 빈곤한 사람들에게 베풀어주는 것을 세상에서는 인의(仁義)라고 부르고, 백성을 애긍히 여기면서 차마 처벌하지 못하는 것을 세상에서는 사랑(惠愛)이라고 부른다. 대저 빈곤한 사람들에게 베풀어주면 공이 없는 사람들이 상을 받게 되고, 차마 처벌하지 못하면 폭력과 혼란이 그치지 않는다. (중략) 나는 이로써 인의와 사랑이 치도로서 쓰기에 부족하며, 엄중한 형벌로써 나라를 다스릴 수 있다는

것을 밝힌다.[4]

한비자는 인에 기초한 협력 전략이 득세하면 사회에 폭력과 혼란이 그치지 않을 것이라고 비판한다. 한비자에 의하면 인은 사사로운 감정으로서 공적 제도를 약화시키는 주요 원인들 중 하나이다. 한비자는 인이라는 사적인 감정이 사회의 객관적인 상벌 체계를 혼란시킨다고 본다. 한비자와 같은 법가적 시각에서 보자면 성과를 낸 사람에게 상을 주어서 좋은 행위를 권장해야 한다. 반면에 잘못을 저지른 사람에게는 벌을 주어서 다시 그러한 잘못이 발생하지 않도록 방지해야 한다. 그렇게 함으로써 선한 결과를 극대화하고 악한 결과를 최소화할 수 있다. 인 사상의 협력 전략은 사적인 감정을 우선시함으로써 공적인 상벌체계를 혼란에 빠뜨릴 위험이 있다.

(1) 인의 추구 → 큰 잘못에 대한 관대한 용서 → 폭력과 혼란의 증대

(2) 인의 추구 → 작은 선에 대한 과분한 포상 → 거짓과 교만의 증대

한비자에 의하면 인자는 잘못을 범한 사람에게 관대하게 대함으로써

4 『한비자』, 「간겁시신(姦劫弑臣)」. 世主美仁義之名而不察其實, 是以大者國亡身死, 小者地削主卑. 何以明之? 夫施與貧困者, 此世之所謂仁義. 哀憐百姓, 不忍誅罰者, 此世之所謂惠愛也. 夫有施與貧困, 則無功者得賞. 不忍誅罰, 則暴亂者不止. (중략) 吾以是明仁義愛惠之不足用, 而嚴刑重罰之可以治國也.

처벌의 기준을 혼란스럽게 만든다. 인자는 상대의 잘못을 비판하고 응징해야 할 때에 그렇게 하지 못함으로써 상황을 악화시킨다는 것이다. 한비자는 상대를 응징해야 할 때에 응징하지 못하면 결국에는 패가망신에 이를 수 있다고 비판한다.

가령 전쟁을 하고 있는 상대국에 대해 인의 태도를 취하는 경우를 보자. 송나라 양공(襄公)은 초나라와 탁곡(涿谷)에서 전쟁을 수행하고 있었다. 초나라 군사는 송나라 군사보다 객관적인 전략상 우세하였다. 다만 초나라 군사가 강물을 건너야만 송나라를 공격할 수 있었다. 이 때문에 송나라로서는 초나라 군사가 강물을 건너올 때에 기습해야 이길 수 있었다. 그러나 송양공은 전열을 갖추지 않은 적을 공격하는 것은 인의가 아니라 하여 초나라 군대가 싸울 준비를 마칠 때까지 공격하지 못하게 하였다. 결국 송나라 군대는 크게 패하고 양공도 다리에 상처를 입어 사흘 만에 죽고 말았다. 양공은 인의를 좋아하다가 화를 당하고 말았다.[5] 송나라 양공처럼 인을 우선시하다가 화를 당하는 어리석은 행위를 송양지인(宋襄之仁)이라고 부른다. 한비자는 인 사상에 내포된 우유부단한 관대함이 상대를 응징해야할 상황에서 응징하지 못함으로써 화를 불러온다고 비판한다.

한비자에 의하면 인자는 공적이 없는 사람을 관대하게 대함으로써

5 『한비자』, 「외저설좌상」. 宋襄公與楚人戰於涿谷上. 宋人旣成列矣, 楚人未及濟. 右司馬購强趨而諫曰, 楚人衆而宋人寡, 請使楚人半涉未成列而擊之, 必敗. 襄公曰, 寡人聞君子曰, 不重傷, 不擒二毛, 不推人於險, 不迫人於阨.不鼓不成列 今楚未濟而擊之, 害義. 請使楚人畢涉成陳而後鼓士進之. 右司馬曰, 君不愛宋民, 腹心不完, 特爲義耳. 公曰, 不反列, 且行法. 右司馬反列, 楚人已成列撰陳矣, 公乃鼓之. 宋人大敗, 公傷股, 三日而死. 此乃慕自仁義之禍.

상의 기준을 혼란스럽게 만든다. 그다지 이루어 놓은 실적이 없는 사람에게 온정적으로 대한다면 사람들은 일을 잘하려고 하기보다 사적인 인간관계를 통해 성공하고자 한다. 그렇게 되면 능력이 없는 사람이 요직을 차지하고 로비가 횡행함으로써 사회의 중요한 업무가 차질을 빚기 쉽다. 나아가 관대함의 장려는 삶과 무관한 것들에 정력과 재화를 쏟게 만든다. 가령 제나라에서는 사람이 죽으면 후장(厚葬)의 풍습이 있어서 베, 무명, 목재 등이 장례를 위해 낭비되었다.[6] 이러한 후장은 타인에 대한 관대함을 우선시하는 인 사상의 풍습이었다. 이처럼 인 사상은 친한 사람에 대해 온정을 드러내기 위해 허례허식을 강요한다. 무엇보다도 실정에 지나친 관대함은 사람들을 교만하고 방자하게 만든다.[7] 한비자는 인 사상이 온정적인 인간관계를 유지하기 위해 불필요한 예법을 증폭시킴으로써 실제 삶에 필요한 것들을 피폐하게 만든다고 비판한다.

이제까지 살펴본 한비자의 인 사상 비판이 모두 정당한 것은 아니다. 인 사상에 대한 한비자의 첫 번째 비판을 보자. 과연 인 사상은 송양지인의 경우에서 보듯이 타인의 힘을 키워줌으로써 자신의 처지를 궁색하게 만드는 매우 어리석은 전략에 불과할까? 한비자가 지적한 것처럼 인의 추구는 악의를 가진 상대에게 어느 정도 취약성을 지닌다. 그러나 인의 그러한 취약성이 치명적인 데까지 이르지는 않는다. 가령 누군가가 거짓으로 사람이 우물에 빠졌다고 거짓말을 하는 경우를 보자. 인자가 비록 그 말에 속을지라도 실제로 우물에 빠지는 데까지는 이르지 않는다.[8] 처음에

◇◇◇◇

6 『한비자』, 「내저설상」. 齊國好厚葬, 布帛盡於衣衾, 材木盡於棺槨. 桓公患之.

7 『한비자』, 「육반」. 親愛之, 則不忍, 不忍, 則驕恣.

8 『논어』, 「옹야」, 24장. 宰我問曰, 仁者雖告之曰, 井有仁焉, 其從之也. 子曰, 何爲其然

는 사람이 우물에 빠졌을지 모른다고 염려하겠지만 사실을 확인하는 과정에서 거짓이 드러나기 때문이다. 이와 같이 인의 관점은 타인에게 속아 넘어갈 가능성이 있지만, 치명적인 상처를 입을 만큼 상대에게 이용되는 것은 아니다. 인의 관점은 차근차근 상대의 실상을 파악함으로써 더 이상 속지 않는다.

나아가 한비자가 우려하듯이 인 사상이 응징의 방법을 사용하지 않는 것도 아니다. 공자는 덕은 덕으로써 갚고, 원망은 곧음으로써 갚으라고 말한다.[9] 인자는 좋은 상대와 나쁜 상대를 가리지 않은 채 무조건적으로 온정을 베풀지 않는다. 인 사상은 잘못을 범하는 상대에 대해 응징한다. 정의에 근거해 나쁜 상대에 대해 미움과 분노를 드러냄으로써 응징한다. 잘못을 범한 상대에게 정의로운 방식으로 응분의 대가를 치르게 하는 것이 인 사상의 응징 방식이다. 한비자의 우려와 달리, 오히려 적절한 응징의 방법은 인 사상을 강화하는 요소들 중 하나이다.

인 사상이 과분한 친절과 포상을 베풂으로써 사람들로 하여금 거짓말, 교만, 허례허식 등에 빠지도록 조장한다는 비판을 보자. 한비자의 지적처럼 역사적으로 보면 인 사상에서 연원한 후장의 풍습은 많은 재화를 무덤 속에 묻음으로써 삶을 피폐하게 하는 부작용을 낳았던 때가 많았던 것이 사실이다. 그러나 그러한 부작용이 인 사상의 본래 취지인 것은 아니다. 인 사상에서 추구하는 타인에 대한 존중이 반드시 후장과 같은 과도한 예식을 통해 획득되는 것은 아니다. 인 사상에서 가장 중요한 요소는 내적 동기이다. 상을 치르는 사람의 마음에는 슬픔이 있어야 하고

◇◇◇◇

也? 君子可逝也, 不可陷也, 可欺也, 不可罔也.

9 『논어』, 「헌문」, 36장. 以直報怨, 以德報德.

효도하는 자식의 마음에는 공경심이 있어야 하듯이, 인을 실천하는 사람에게는 타인에 대한 존중심이 있어야 한다. 인 사상에서는 내적 동기가 외적인 형식보다 우선적이다.

내적 동기가 결여된 채 허례허식을 통해 인간관계를 잘하려고 하는 것은 인을 꾸민 것에 불과하다. 그것은 겉모양만 인과 유사할 뿐이다. 허례허식은 성대한 형식을 통해 사람들에게 극진히 대우하는 것처럼 보인다. 그것은 마치 독재국가가 거대한 의식을 거행함으로써 물질적 풍요를 과시하는 것과도 같다. 그러한 거대한 외적 형식은 철권통치 하에서 시민으로 하여금 풍성함을 안겨준다는 착각에 빠지게 만든다. 그러므로 맹자는 그러한 과시증적 풍요로움이 힘에 의지해 인을 가장한 것에 불과하며, 그러한 정치 행태를 패치라고 비판한다. 인 사상은 외양만이 거창한 국가가 아닌 조금 부족할지라도 협력에 기초한 공동체를 추구한다. 인 사상에서 좋은 국가가 되느냐 마느냐의 기준은 국가의 외적 규모가 아닌 인정의 시행 여부에 있다. 비록 70리나 100리 정도 되는 작은 국가라고 할지라도 인정을 펼친다면 좋은 국가가 될 수 있다.[10]

인은 내적 동기와 외적 형식을 모두 필요로 하지만, 그 중요도에 있어 전자가 우선적이다. 인은 내적 동기가 잘 갖추어진다면 외적 형식이 거대하지 않더라도 실천 가능하다. 인의 실천은 형식의 과시에 있는 것이 아니라 내적 감정을 적절하게 표현하는 데 있다. 이러한 측면에서 본다면, 한비자의 비판처럼 인 사상이 반드시 과도한 외적 형식에 집착하는 것은 아니다.

---

10 『맹자』, 「공손추상」, 3장. 孟子曰, 以力假仁者覇, 覇必有大國. 以德行仁者王, 王不大, 湯以七十里, 文王以百里.

물론 한비자가 지적한 것처럼 인 사상은 현실에 잘못 적용될 경우에는 좋지 않은 결과를 낳을 수도 있다. 응징해야 할 잘못을 응징하지 않을 때에 폭력과 혼란을 부추길 수 있다. 또한 한비자가 지적한대로 인 사상이 외적 형식에만 의존해 상대를 예우함으로써 허례허식이라는 잘못된 문화에 경도될 위험성도 있다. 그러나 이러한 폐단은 인의 잘못된 사용으로 인해 생겨나는 것일 뿐 인의 본래 취지가 거기에 있는 것은 아니다. 인 사상은 상대의 잘못을 모두 관용하는 바보스러운 이상이 아니라 잘못에 대한 응징이라는 현실적인 전략까지도 내포한다. 나아가 인 사상은 허례허식에 집착하는 것이 아니라 내적 동기의 적절한 실천을 추구한다.

공자의 인 배양

공자에 의하면 인은 삶의 가치를 증진시켜주는 근원적 가치이다. 인에 능숙한 사람을 가리켜 인자라고 한다. 인자는 인의 배양을 통해 자신의 삶을 잘 가꾸어나갈 줄 안다. 가령 사람이라면 누구나 일상생활에서 사랑과 미움의 감정을 표현한다. 만약 사랑과 미움이 인의 가치를 훼손한다면 도덕적 적절성을 얻지 못하게 된다. 가령 야비한 사람의 비행을 사랑하거나 훌륭한 사람의 선행을 질투하는 것이 그러하다. 인의 가치를 훼손함으로써 이루어지는 사랑과 미움은 비인간적이다. 이와 달리 인자는 인의 가치를 지키기 때문에 사랑과 미움의 감정을 적절하게 표현하는 데에 능숙하다.

> 오직 인자라야 다른 사람을 사랑하는 데에 능숙하고, 다른 사람

을 미워하는 데에 능숙하다. 인에 뜻을 두면 악(惡)이 없다.[14]

능숙이란 인의 실천 능력이 익숙한 경지에 이르렀음을 뜻한다. 인의 실천은 활쏘기와 같다. 가령 초보 궁수라도 활을 쏠 줄 안다. 그러나 초보 궁수가 쏜 화살은 과녁에 잘 명중하기 어렵다. 왜냐하면 초보 궁수는 활시위를 당겨 화살을 얹어 발사하는 과정에서 심신의 균형을 제대로 유지하지 못하기 때문이다. 한편 능숙한 궁수는 심신의 균형을 유지하는 데 능숙하기 때문에 활쏘기를 잘할 수 있다.

사람이라면 누구나 타인을 사랑하거나 미워할 줄 안다. 하지만 사랑과 미움이 늘 좋은 결과를 가져오는 것은 아니다. 잘못된 사랑은 독이 되기도 한다. 자식의 잘못된 행위조차 칭찬하는 부모는 자식의 미래를 망쳐놓는다. 잘못된 미움 역시 마찬가지다. 부적절한 증오는 파괴적 공격과 복수를 감행함으로써 삶을 피폐하게 만든다. 히틀러의 광기어린 배타적 민족주의는 다른 인종에 대한 증오를 자극함으로써 국민들을 전쟁의 도가니 속으로 몰아넣는다. 이처럼 부적절한 사랑과 증오는 방향을 잃은 화살처럼 위험한 결과를 가져온다. 활쏘기에서 심신의 균형을 잃으면 안 되는 것처럼 사랑과 미움 역시 인을 훼손해서는 안 된다. 사람에 대한 존중과 배려를 상실한 사랑과 미움의 감정은 비인간적인 결과를 가져올 뿐이다.

인의 당위성 테제는 학습의 중시로 이어진다. 왜냐하면 인은 행위자의 마음에 자연스럽게 드러나는 본성적 가치이자 학습을 통해 배양해야

◇◇◇◇

11 『논어』, 「이인」, 3장. 子曰, 惟仁者, 能好人, 能惡人. 『논어』, 「이인」, 4장. 子曰, 苟志於仁矣, 無惡也.

하는 가치이기 때문이다. 공자에 의하면 훌륭한 사람과 훌륭하지 못한 사람의 차이는 후천적 학습의 차이에서 비롯한다.

> 사람은 본성이 서로 가까우나, 학습에 의해 차이가 생겨난다.[15]

공자는 본성(性)과 학습(習)을 개념적으로 구분한다. 본성이란 본능이나 욕구와 같은 선천적 능력을 말하고, 학습이란 후천적 경험을 통해 능력을 배양하는 것을 말한다. 공자에 의하면 본성은 사람마다 비슷하지만, 학습에 의해 능력이 뛰어난 사람과 그렇지 못한 사람 간에 차이가 벌어진다. 인 역시 마찬가지다. 본성적으로 타고난 인은 사람마다 비슷하지만 학습에 의해 질적 차이가 생겨난다. 이 때문에 인에 대한 학습의 당위성이 증대된다.

공자에게 인간이란 본래 학습을 추구하는 존재이다. 공자의 학습이란 외부에서 지식을 주입하는 것이 아니라 자신이 가지고 있는 물음과 열정을 배양하는 데 있다. 그러한 측면에서 학습자의 내적 동기가 학습을 위해 가장 중요한 요소이다. 이와 관련해 공자는 다음과 같이 말한다.

> 스스로 분발하지 않으면 열어주지 않고, 애태우지 않으면 말해주지 않고, 한 귀퉁이를 들어 설명해주었는데 세 귀퉁이로써 대답하지 않으면 다시 설명하지 않는다.[13]

12 『논어』, 「양화」, 2장. 子曰, 性相近也, 習相遠也.

13 『논어』, 「술이」, 8장. 子曰, 不憤不啓, 不悱不發, 擧一隅不以三隅反, 則不復也.

인간은 본성적으로 무엇인가를 하고자 하는 존재이다. 하고자 하는 바를 열어주는 것이 학습이다. 내적 동기에서 비롯한 학습은 학습자에게 기쁨을 선사한다.[14] 본성에서 연원한 내적 동기와 그것을 열어주는 학습은 줄탁동기(啐啄同機)와 같다. 병아리가 알속에서 나오기 위해 껍질을 쪼는 것이 줄(啐)이라면, 거기에 부응해 어미닭이 밖에서 껍질을 쪼아 깨뜨리는 것을 탁(啄)이라고 한다. 이와 같이 학습이란 학습자가 자신의 내적 동기를 개발할 수 있도록 도와주는 과정이다.

인의 배양 역시 본성에서 발원한 내적 동기에 기초한다. 공자에 의하면 "인은 멀리 있는 것이 아니라, 인하고자 하면 거기에 인이 있다."[15] 인의 배양 과정은 타율적으로 이루어지지 않는다. 공자는 외적 동기에 의한 타율적 실천을 위인지학(爲人之學)이라고 비판한다. 한편 내적 동기에 의한 자율적 실천을 위기지학(爲己之學)이라고 부른다. 인의 배양이란 외적 강제나 의무 때문이 아니라 스스로가 바라기 때문에 이루어진다. 그러한 점에서 인의 배양은 위기지학을 지향한다.

맹자의 인 배양

인의 배양은 후천적 노력이 들어간다는 점에서 유위(有爲)적인 것이다. 유위를 두 가지 범주로 나누어볼 수 있다. 하나는 인간의 노력을 통해 이전에 없던 새로운 종류의 가치를 창조해내는 것이고, 다른 하나는 이

◇◇◇◇

14 『논어』, 「학이」, 1장. 子曰, 學而時習之, 不亦說乎?

15 『논어』, 「술이」, 29장. 子曰, 仁遠乎哉? 我欲仁, 斯仁至矣.

미 있는 가치를 확장하는 것이다. 전자에 해당하는 창조적 유위를 주장한 사상가로는 순자가 있다. 순자는 유위적 활동을 통해 주어진 본성을 재료로 삼아 제삼의 가치를 만들어내고자 한다. 그것은 마치 목수가 나무를 깎아서 그릇을 만드는 것과도 같다.[16] 자연상태에는 그릇이 없고 나무만이 존재한다. 하지만 목수는 유위적 활동을 통해 나무를 그릇이라는 새로운 가치로 고양시킨다. 나무는 유위의 재료이며 그릇은 유위의 결과이다. 재료인 나무 안에 그릇의 가치가 내재한 것이 아니다. 그릇을 탄생하게 하는 주요 원인은 장인의 구상과 기술이다. 이처럼 창조적 유위는 재료를 변화시켜 전혀 새로운 가치를 만들어낸다. 그러한 과정을 순자는 화성기위(化性起僞)라고 부른다.

맹자가 말한 인의 배양은 창조적 유위가 아닌 확장적 유위이다. 확장적 유위란 타고난 본성을 기르는 것을 가리킨다. 맹자는 본성의 배양을 일러 존심양성(存心養性)이라고 부른다.[17] 인 감정은 본성에 고유한 것이므로 "구하면 얻고 놓으면 잃는다."[18] 신체를 양성해주면 성장해가듯이 인 역시 잘 배양해주면 저절로 자라난다. 맹자의 본성이란 다른 가치를 창출하기 위한 재료라기보다 그 자체로 의미심장한 활물(活物)로서 가치이다. 인은 처음부터 새싹 형태로 타고나며, 잘 배양하면 아름드리나무로 자라난다.

16 『순자』, 「성악」. 工人斲木而成器, 然則器生於工人之僞, 非故生於人之性也. 고자에게서도 이러한 입장이 보인다. 『맹자』, 「고자상」, 1장. 以人性爲仁義, 猶以杞柳爲桮棬.

17 『맹자』, 「진심상」, 1장. 存其心, 養其性, 所以事天也.

18 『맹자』, 「고자상」, 6장. 仁義禮智, 非由外鑠我也, 我固有之也, 弗思耳矣. 故曰求則得之, 舍則失之.

인의 배양은 농부가 곡식의 새싹을 보살피는 것과 같이 이루어진다. 새싹은 생장점을 가지고서 스스로 자라난다. 단지 키우는 사람이 적절한 햇빛과 물과 영양분을 공급해주면 새싹 스스로 자라난다. 새싹을 빨리 키우기 위해 억지로 잡아당긴다면 말라죽고 말 것이다. 또한 새싹을 방치하면 잡초와 벌레 때문에 해를 입고 말 것이다. 키우는 사람의 역할은 새싹이 스스로 자라날 수 있도록 환경을 적절히 갖추어주는 데 있다. 적절한 환경을 갖추어주면 새싹은 자라나 스스로 열매를 맺는다.[19] 인 감정도 새싹을 키우는 것과 마찬가지다. 인의 배양이란 자연스럽게 생겨난 인 감정이 활성화될 수 있도록 환경을 조성해주는 데 있다.

인이 성숙할 수 있도록 돌보아야 한다는 것은 인이 실천적 가치라는 것을 함축한다. 비록 우리가 인하려고 하는 의지를 가지고 있다고 할지라도 실제로 인을 실천하지 않는다고 한다면 인은 성숙하기 어렵다. 우리는 초·중·고교를 다니면서 타인을 존중하라고 배운다. 그러나 실제 삶에서 타인을 존중하는 데에 익숙하지 않다고 한다면 인을 보존하기 어렵다. 인이란 존중에 대한 개념적 이해를 넘어 타인을 실제로 존중할 때라야 얻을 수 있다. 그것은 마치 사랑하는 법을 배우는 것에서 나아가 실제로 사랑해야만 사랑을 얻을 수 있는 것과도 같다. 그러므로 실제 삶 속에서 인을 익히는 것이 중요하다.

맹자는 인의 실천을 갑옷 만드는 사람에 비유한다. 전쟁에 쓸 물건을 만드는 사람들 중에는 화살을 만드는 사람이 있는가 하면, 갑옷을 만드는 사람도 있다. 화살을 만드는 사람은 어떻게 하면 다른 사람에게 치명적인

19 『맹자』, 「고자상」, 19장. 孟子曰, 五穀者, 種之美者也. 苟爲不熟, 不如荑稗. 夫仁亦在乎熟之而已矣.

상처를 줄 것인지에 대해 고민한다. 화살을 만드는 사람처럼 다른 사람에게 피해를 입히는 직업에 종사하는 사람은 자신의 측은지심을 약화시킬 수밖에 없다. 이에 반해 갑옷을 만드는 사람은 어떻게 하면 적의 공격을 막음으로써 사람의 몸을 보호할 것인지에 대해 고민한다. 갑옷 만드는 사람은 날마다 측은지심을 보존하는 데에 종사한다. 이처럼 직업이 그 사람의 성품 형성에 큰 영향을 준다. 인은 하루하루의 방치를 통해 점차 멀어져가며, 하루하루의 실천을 통해 점차 익숙한 가치로서 고양된다.

인은 씨앗으로서 주어진 활물이므로 보존하면 배양되고, 보존하지 않으면 사라진다. 씨앗에서는 저절로 새싹이 나오며, 그 새싹이 자라서 튼실한 나무가 된다. 인은 발아한 씨앗처럼 성장하는 과정 중에 있으며, 배양을 통해 아름다운 숲을 이룬다.

> 우산의 나무들은 과거에는 아름다웠다. 그러나 커다란 나라 주변에 위치하여 도끼와 자귀로 나무들을 베어내니, 어떻게 아름다울 수 있겠는가? 분명 나무는 밤낮으로 자라나고 비와 이슬이 영양분을 적셔주니 싹과 봉우리를 틔우지 않음이 없었다. 그러나 거기에 소와 양을 방목하자 산은 벌거숭이가 되었다. 지금 사람들은 그 벌거벗은 모습을 보고서, 결코 훌륭한 목재가 없었을 것이라고 생각한다. 그렇지만 어찌 그러한 모습이 그 산의 본성이겠는가? 사람에게 어찌 인의(仁義)의 마음이 없겠는가? 그 훌륭한 마음(良心)을 잃어버린 것은 역시 산에 있는 나무에 도끼질하고 자귀질 하는 것과 같다. 날마다 베어내고서 어찌 아름다울 수 있겠는가? 밤낮으로 자라나고 새벽의 맑은 기운이 있음에도 불구하고, 사람이라면 유사하게 타고나는 좋아함과 싫어함의 마음이 거의 남아있지 않게 되는 것은 왜일까? 낮

> 에 생활하면서 그것을 속박하여 사라지게 하기 때문이다. 반복하여 속박하면 밤에 배양된 기상을 보존할 수 없다. 밤에 배양된 기상을 보존하지 못하면 짐승과 별로 다를 것이 없다. 사람들이 짐승을 보고서는 본래 좋은 자질이 없었을 것이라고 여긴다. 하지만 어찌 그러한 상태가 사람의 본래 모습이겠는가? 그러므로 진실로 배양한다면 자라나지 않음이 없지만, 진실로 배양하지 않는다면 소멸되지 않음이 없다.[20]

울창한 숲은 아름답다. 지리산이나 설악산과 같이 한국에는 아름다운 산들이 많다. 이러한 산들에는 나무들이 울창한 숲을 이루고 있다. 숲에 있으면 산소가 많아서 숨통이 터질 뿐만 아니라 여유로움을 준다. 숲의 나무들은 봄이면 저절로 꽃을 피웠다가 여름이나 가을에 씨앗을 퍼뜨려 싹을 틔운다. 숲의 나무들은 밤낮으로 호흡하고, 춘하추동으로 형형색색 저마다의 자태를 뽐내면서 자라난다. 이러한 숲의 아름다움은 자체의 동력에 의해 유지된다. 인간은 단지 숲이 잘 가꾸어질 수 있도록 도와주면 된다. 무분별한 채벌이나 개간을 금지하고, 적절한 벌목을 통해 건장한 나무들이 자라날 수 있도록 도와야 한다. 인간이 나무들의 자생적

◇◇◇◇

20 『맹자』, 「고자상」, 8장. 孟子曰: 牛山之木, 嘗美矣. 以其郊於大國也, 斧斤伐之, 可以爲美乎? 是其日夜之所息, 雨露之所潤, 非無萌蘖之生焉. 牛羊又從而牧之, 是以若彼濯濯也. 人見其濯濯也, 以爲未嘗有材焉. 此豈山之性也哉? 雖存乎人者, 豈無仁義之心哉? 其所以放其良心者, 亦猶斧斤之於木也. 旦旦而伐之, 可以爲美乎? 其日夜之所息, 平旦之氣, 其好惡與人相近也者, 幾希, 則其旦晝之所爲, 有梏亡之矣. 梏之反覆, 則其夜氣不足以存. 夜氣不足以存, 則其違禽獸不遠矣. 人見其禽獸也, 而以爲未嘗有才焉者, 是豈人之情也哉? 故苟得其養, 無物不長, 苟失其養, 無物不消.

인 성장을 돕는다면 숲은 더욱 아름다워진다.

맹자는 가꾸어주면 저절로 자라나는 인의 기상을 밤에 배양된 기상, 곧 야기(夜氣)라고 부른다. 밤이란 낮에 비하면 활동이 멈춘 휴식의 시간을 뜻한다. 해가 지면 사람들은 집에 들어가 휴식을 취한다. 밤 시간에는 스트레스가 발생하는 구체적 현장으로부터 철수한다. 밤에 쉰다고 하여 모든 것이 멈추어버린 것은 아니다. 밤은 인간의 자연성이 회복되는 시간이다. 인간의 휴식은 인 감정이 자연스럽게 회복되고 자라나는 시간이다. 맹자에 따르면 적절한 여유를 가질 때 인간은 자신의 내적 자연성을 회복한다. 여유의 시간을 통해 인의 기상이 자라난다. 이처럼 인을 키우는 과정은 조경사가 산림을 가꾸거나 농부가 곡식을 키우는 것과도 같다.

인은 적절한 환경이 갖추어지지 않으면 시들고 만다.

> 풍년에는 자제들이 좋은 행동을 많이 하고, 흉년에는 자제들이 사나운 짓을 많이 한다. (그러한 차이는) 하늘이 내린 재능이 다르기 때문이 아니라 마음을 빠뜨린 것이 그러하기 때문이다. 이제 보리를 파종하여 흙을 덮어주되, 그 땅이 같고 심는 시기도 같다면 새싹이 돋아나와 하지 정도에 이르면 익는다. 다른 것이 있다면 땅의 비옥함과 척박함, 비와 이슬의 적심, 사람 손길 등의 차이다.[21]

새싹에게 자랄 수 있는 좋은 토양이 필요한 것처럼, 인의 배양에도 적

◇◇◇◇

21 『맹자』, 「공손추상」, 7장. 富歲子弟多賴, 凶歲子弟多暴, 非天之降才爾殊也, 其所以陷溺其心者然也. 今夫麰麥, 播種而耰之, 其地同, 樹之時又同, 勃然而生, 至於日至之時, 皆熟矣. 雖有不同, 則地有肥磽, 雨露之養, 人事之不齊也.

절한 환경이 갖추어져야 한다. 의식주가 충족되는 사회에서는 인 감정이 활성화된다. 가정에서는 부모가 자식을 낳아 돌봐주고, 벗들 간에 우정을 나누고, 이웃 간에 협력하고, 국가에서는 삶을 보호해준다. 인은 사람들 사이에 협력할 수 있는 조건이 마련된 곳에서 성숙한다. 한편 적절한 여건이 갖추어지지 않으면 사람들은 흉포해지기 쉽다. 사람들은 흉년이 들면 남을 해치는 일이 증가한다. 비록 도둑이라고 할지라도 도둑질은 좋지 않은 행위라는 사실을 잘 알고 있다. 그러므로 도둑은 자신의 도둑질을 남들에게 들키지 않으려고 한다. 그럼에도 불구하고 흉년이 지속되면 도둑이 증가한다. 우리는 대부분 덕과 부덕의 차이를 잘 알고 있음에도 불구하고, 그 환경이 충분히 갖추어지지 않으면 덕을 상실하게 된다.

무한경쟁과 인의 상실

인 감정을 타고남에도 불구하고 왜 타인에게 해를 주는 불인한 행위를 하게 될까? 맹자의 인내설(仁內說)에 따르면, 그 이유는 자신에게 있는 인을 상실하기 때문이다. 사람들은 여러 가지 이유 때문에 자신의 마음속에 있는 인 감정을 방치한다. 맹자는 인의 마음을 잃어버리는 것을 자포자기(自暴自棄)라고 부른다.

> 자신을 해치는 자와 더불어 말할 수 없다. 자신을 버리는 자와 함께 일할 수 없다. 말함에 예와 의를 비난하는 것을 일러 스스로 해친다(自暴)고 하고, 내 몸이 인과 의를 실천할 수 없다고 하는 것을 일러 스스로 버린다(自棄)고 한다.[22]

불인이란 스스로 자신의 가치를 버림으로써 발생한다. 불인은 누군가의 강제에 의해 생겨나는 것이 아니라 스스로 자신의 인을 잃어버리기 때문에 발생한다. 타인을 해치기 위해서는 자신의 인한 마음을 먼저 해쳐야 한다. 폭정이나 학정을 하는 독재자 역시 자신의 인한 마음을 잃어버림으로써 사람들에게 악한 정책을 시행하게 된다. 그러한 점에서 자포자기는 불인이 발생하는 출발점이다.

인의 상실로서 자포자기는 왜 발생할까? 사회에 존중과 협력의 시스템이 마련되어 있지 않을 경우에 자포자기로 인한 인 상실 현상이 증가한다. 가령 사회에 경쟁의 원리가 극대화됨으로써 협력할 수 있는 문화가 고갈될 경우에 인은 보존되지 못한다. 사회 시스템이 경쟁의 원리만을 도입한다면 사람에 대한 존중심이 보존되기 어렵다. 개인들 간에 이득 쟁취만을 일삼는 무한경쟁 사회는 낙오자들을 존중하지 않는다. 일정 비율의 낙오자에게 사회란 스트레스와 우울증을 일으키는 전쟁터일 뿐이다.

누군가가 사회적 교제에서 이득을 최우선 전략으로 삼으면 상대방도 이득을 최우선 전략으로 삼게 된다. 이득을 최우선으로 삼는 전략은 매우 쉽게 상대에게 전파된다. 군주와 신하의 관계에서 어느 한쪽이 이득을 최우선으로 삼으면 상대방도 이득을 최우선으로 삼게 된다. 이기적 전략은 파급력이 커서 부모와 자식, 형과 동생 등과 같은 매우 친밀한 관계도 쉽게 잠식한다. 마침내 이득을 최우선으로 하는 전략이 광범위하게 유포됨에 따라 서로를 존중하는 인 덕목은 사라지게 된다.

그런 까닭에 맹자는 서로 이득만을 다투는 사회를 비판한다. 맹자는

22 『맹자』, 「이루상」, 10장. 孟子曰, 自暴者不可與有言也, 自棄者不可與有爲也. 言非禮義, 謂之自暴也, 吾身不能居仁由義, 謂之自棄也.

양혜왕을 만나 국가 경영에 대해 대화한 적이 있다. 양혜왕은 맹자가 방문하자 어떻게 하면 자신의 나라를 이롭게 할 수 있는지에 대해 묻는다. 그러자 맹자는 "왜 꼭 이득을 말하십니까?"라고 되물으면서 이득을 최우선으로 하는 양혜왕의 입장을 비판한다. 그러면서 맹자는 인의를 최우선으로 하는 정책을 펼치라고 조언한다.

> 왕께서 어떻게 하면 우리나라에 이득이 되는지를 따지면, 대부는 어떻게 하면 내 집안에 이득이 되는지를 따지고, 사대부와 서민은 어떻게 하면 나에게 이득이 되는지를 따질 것입니다. 이처럼 윗사람과 아랫사람이 서로 이득을 다투면 나라가 위태롭습니다. 만승의 나라에서 그 군주를 시해하는 자는 반드시 천승의 집안이며, 천승의 나라에서 그 군주를 시해하는 자는 반드시 백승의 집안입니다. 만에서 천을 취하고 천에서 백을 취하는 것이 많지 않은 것이 아니지만, 진실로 의를 뒤로 하고서 이득을 우선으로 하면 빼앗지 않고서는 만족하지 않을 것입니다. 인하고서 부모를 버리는 자가 없으며, 의롭고서 군주를 뒤로하는 자가 없습니다. 왕께서는 역시 인의를 말해야 합니다. 왜 꼭 이득을 말하십니까?[23]

만승의 나라는 수레 만승을 낼 수 있는 큰 나라이며, 천승의 나라는

◇◇◇◇

23 『맹자』, 「양혜왕상」, 1장. 王曰何以利吾國, 大夫曰何以利吾家, 士庶人曰何以利吾身, 上下交征利而國危矣. 萬乘之國殺其君者, 必千乘之家, 千乘之國殺其君者, 必百乘之家. 萬取千焉, 千取百焉, 不爲不多矣. 苟爲後義而先利. 不奪不饜. 未有仁而遺其親者也, 未有義而後其君者也. 王亦曰仁義而已矣, 何必曰利?

수레 천승을 낼 수 있는 규모의 나라를 가리킨다. 이득을 최우선으로 다투는 사회에서는 남이 가진 것을 호시탐탐 약탈하려고 한다. 그러므로 천승의 나라는 만승의 나라를 빼앗기 위해 그 군주를 시해할 것이고, 백승의 나라에서는 천승의 나라를 약탈하게 된다. 이익을 다투는 사회에서 적게 가진 자는 많이 가진 자의 것을 빼앗고자 기회를 엿보고, 많이 가진 자는 더 갖기 위해 약자의 것을 빼앗고자 한다. 왜냐하면 상대의 것을 빼앗음으로써 자신의 이득을 극대화할 수 있기 때문이다. 서로 자신의 이득만을 추구할 경우에는 남의 것을 빼앗지 않으면 만족하지 않는다.

이와 같은 극심한 경쟁 사회는 의자 앉기 게임과 같다. 이 게임은 전체 사람 숫자보다 적은 개수의 의자를 놓고 서로 먼저 의자에 앉기 위해 경쟁한다. 가령 열 명의 사람이 아홉 개의 의자를 놓고 그 주위를 돌다가, "앉아"라는 주심의 구호가 떨어지면 잽싸게 빈 의자에 앉는다. 열 명 중에서 앉지 못하는 한 사람은 탈락한다. 살아남은 아홉 명은 다시 여덟 개의 의자를 놓고 살아남기 위해 경쟁한다. 이 게임의 원리는 언제나 생존하려는 사람 수보다 의자 수가 하나 더 적다는 데 있다. 이 게임이 진행될 때마다 반드시 한 명의 낙오자가 생긴다. 만약 앉으려는 사람 수보다 의자 수가 두 개 부족하다면 생존 경쟁은 더욱 치열해지고, 그에 따라 낙오자 수는 두 명으로 증가한다. 앉으려는 사람 수보다 의자 수가 적을수록 경쟁은 더욱 치열해진다.

실제 경쟁 사회는 의자 앉기 게임보다 더 잔혹한 면이 있다. 왜냐하면 자신이 앉은 하나의 의자뿐만 아니라 잉여 의자를 가지고 있는 사람들이 있기 때문이다. 한 사람이 하나의 의자에 앉아야 하는 규칙을 바꾸어 자신이 앉을 하나의 의자 이외에 환난에 대비하기 위해 더 많은 잉여 의자를 소유할 수 있도록 해보자. 재빠른 사람에게는 의자를 세 개까지 차지할 수 있도록 규칙을 변경하면 어떻게 될까? 이 경우에 아홉 개의 의자를 두고 열 명의 사람이 의자 앉기 게임을 한다면, 한 사람이 세 개의 의자를 차지할 수 있으므로 낙오자는 최대 일곱 명이 나올 수 있다. 잉여 의자를 허용하는 게임에 참여하는 사람들은 낙오를 두려워하기도 하겠지만, 기회만 된다면 잉여 의자를 더 확보하기 위해 안간힘을 쓸 것이다.

맹자가 말한 것처럼 이득의 극대화를 최우선으로 추구하는 사회는 잉여 의자 앉기 게임과 유사하다. 그러한 사회에서는 사람들이 천에서 백을 취하고, 백에서 열을 취하는 선에서 만족하지 않는다. 왜냐하면 더 취할 수 있는 잉여 의자가 있기 때문이다. 자신이 의자 세 개를 차지함으로써 다른 사람 두 명이 낙오되더라도 자신의 이득을 높이는 것이 더욱 중요하다. 그런 까닭에 잉여 의자를 두고 심각한 반칙이나 범죄까지도 등장한다. 잉여 의자 때문에 신하가 군주를 시해하고, 자식이 부모를 버리기까지 한다. 이처럼 잉여 의자를 두고 경쟁하는 사회에서 인의 보존이란 어불성설이다.

생존을 담보로 하는 무한경쟁이란 생존력을 강하게 만들기보다 더 많은 수의 낙오자를 양산할 뿐이다. 무한경쟁 사회에서 대부분의 사람들은 잉여 의자를 갖지 못할 뿐만 아니라 생존할 수 있는 하나의 의자조차도 획득하기 어렵다. 잉여 의자 앉기 게임처럼 생존 여건이 보장되지 않은 경쟁제도란 사람을 고의적으로 죄주는 것과 같다.

> 일정한 생업이 없이도 일정한 마음을 갖는 것은 선비만이 할 수 있다. 백성의 경우에는 일정한 생업이 없으면 일정한 마음을 갖지 못한다. 일정한 마음이 없으면 방탕, 편벽, 사악, 사치 등을 행하게 된다. 이처럼 죄에 빠진 뒤에 형벌을 가하는 것은 백성을 그물질하는

것(罔民)이다. 어찌 인한 사람이 왕의 자리에 있으면서 백성을 그물질 할 수 있겠는가?[24]

맹자는 인을 해칠 만큼의 극심한 경쟁에 기초한 정치가 시민을 그물질한다고 비판한다. 일정한 생존 환경이 갖추어지지 않으면 인의 마음을 유지할 수 없다. 일정한 생업이 없다는 것은 사람들이 생존 능력을 갖추지 못했음을 뜻한다. 일정한 생업이 없는 사람들은 비정상적인 방법으로 삶을 도모하다가 결국에는 체념하는 데 이를 수밖에 없다. 사람들이 비록 생존하고자 하고, 생존할 수 있는 건강한 심신을 갖추고 있음에도 불구하고, 생업이 없다고 한다면 이것은 누구의 책임일까?

맹자는 그 책임이 사회에 있다고 본다. 경쟁의 원리가 잉여 의자 앉기 게임과 같이 짜여 있는 경우에 사람들은 범죄의 유혹에 빠져들기 쉽다. 제도적으로 낙오자가 양산되는 사회에서는 법적인 처벌이 엄격해지는 경향이 있다. 경쟁의 본래 취지는 사람들로 하여금 일에 대한 진취적인 동기를 부여해 능력을 증진시킴으로써 질적인 성장을 유도하는 데 목적이 있다. 그러나 생존권조차 확보할 수 없는 무한경쟁은 승자와 패자 사이에 회복할 수 없는 깊은 골을 판다. 승자 독식의 무한경쟁 방식은 생존권을 걸어 놓고 펼치는 위험한 도박과도 같다.

맹자는 경쟁의 전제 조건으로서 자신의 생존과 가정의 보존을 든다.

◇◇◇◇

24 『맹자』, 「양혜왕상」, 7장. 無恒產而有恒心者, 惟士爲能. 若民則無恒產, 因無恒心. 苟無恒心, 放辟邪侈, 無不爲已. 及陷於罪然後, 從而刑之, 是罔民也. 焉有仁人在位, 罔民而可爲也?

훌륭한 군주가 백성의 생업을 다스림에 반드시 위로는 부모를 섬길 수 있게 하고, 아래로는 처자를 부양할 수 있게 한다. 풍년에는 늘 배부르게 하고, 흉년에는 죽음을 면하게 한다. 그런 다음에 백성이 선한 데로 가도록 이끈다. 그러므로 백성이 따르기가 쉽다. 그런데 요즘 백성의 생업을 다스림에 위로는 부모를 섬기지 못하고, 아래로는 처자를 부양하지 못한다. 풍년에는 몸이 고통스럽고, 흉년에는 죽음을 면치 못한다. 죽음을 헤쳐 나오기도 어려운데 어느 겨를에 예의를 닦겠는가?[25]

맹자가 언급하는 군주와 백성은 현대사회의 개념으로 바꾸면 통치자와 시민에 해당한다. 맹자는 국가의 정치 행위가 정당성을 얻기 위해서는 시민의 생업이 보장되어야 한다고 말한다. 흉년이나 불경기에도 시민들이 생존할 수 있어야 할 뿐만 아니라 부모, 배우자, 자식 등과 같은 기본적인 가족 구성원들을 부양할 수 있어야 한다. 맹자는 자기 생명을 보존하고 가족 간에 보살핌이 잘 유지될 때라야 사회적 경쟁이 의미를 가질 수 있다고 본다.

25 『맹자』, 「양혜왕상」, 7장. 是故明君制民之產, 必使仰足以事父母, 俯足以畜妻子, 樂歲終身飽, 凶年免於死亡. 然後驅而之善, 故民之從之也輕. 今也制民之產, 仰不足以事父母, 俯不足以畜妻子, 樂歲終身苦, 凶年不免於死. 此惟救死而恐不贍, 奚暇治禮義哉?

덕치와 패치

인정을 펼치는 협력 사회에서 시민의 생업은 가장 우선적인 가치이다. 생업이 보장될 때라야 시민들은 다른 사람에 대한 존중의 미덕을 실천할 수 있다. 나아가 생업이 보장되면 사람을 존중할 수 있는 겨를이 생겨 사회적 안정도가 높아진다.

> 백성에게 인정을 베풀어 형벌을 줄이고, 세금을 내리어 깊이 논밭을 일구고, 김매기를 잘하게 해야 한다. 그러면 젊은이들이 한가한 날에 효, 공손, 충직, 신뢰 등을 닦아 들어가서는 부모님과 형을 섬기고, 나가서는 웃어른을 모신다. 그들로 하여금 몽둥이를 만들게 하여 진나라와 초나라의 견고한 갑옷과 날카로운 병기를 치게 할 수 있다.[26]

맹자는 시민의 생업이 안정되어 서로를 존중할 수 있는 사회적 토대를 마련하는 통치 형태를 인정(仁政)이라고 부른다. 인정을 펼치면 가족 간에 효와 공손의 덕이 실현되고, 사회적 인간관계에서 충직과 신뢰의 가치가 실현된다. 인정이 펼쳐지는 사회에서는 사람들 사이에 신뢰도가 높을 뿐만 아니라 자신이 속한 공동체에 대한 소속감도 높다. 자연스럽게 형성된 신뢰감과 소속감은 공동체를 보호하는 가장 큰 원천이다. 맹자는 인정을 펼쳐 젊은이들이 공동체에 대한 소속감이 높아지면 진나라나 초

26 『맹자』, 「양혜왕상」, 7장. 王如施仁政於民, 省刑罰, 薄稅斂, 深耕易耨, 壯者以暇日, 修其孝悌忠信, 入以事其父兄, 出以事其長上, 可使制梃, 以撻秦楚之堅甲利兵矣.

나라와 같은 강대국과도 맞서 이길 수 있다고 본다.

인정이란 덕을 펼치는 정치 곧 덕치(德治)를 가리킨다. 덕치는 통치자가 무력으로 시민을 짓누르는 패치(覇治)와 대립하는 개념이다. 패치가 통치자 자신의 이득을 위해 시민을 수단화 하는 전제적 정치를 가리킨다면, 덕치는 시민들이 서로를 존중할 수 있도록 삶의 조건을 마련해주는 보살핌의 통치를 가리킨다.

> 오묘의 터에 뽕나무를 심으면 오십 먹은 사람들이 비단옷을 입을 수 있고, 닭이나 돼지 같은 가축들을 때에 맞게 기르면 칠십 먹은 사람들이 고기를 먹을 수 있다. 백묘의 밭에 대해 농사철을 빼앗지 않으면 여덟 식구로 된 집안이 굶주리지 않을 수 있다. 상(庠)과 서(序)와 같은 학교에서 교육을 부지런히 하여 효와 공손을 가르치면 흰머리가 난 노인들이 도로에서 짐을 지거나 이지 않을 것이다. 늙은이가 비단옷을 입고 고기를 먹으며, 백성이 굶주리거나 추위에 떨지 않는다면, 그렇게 하고서 왕 노릇 하지 못하는 경우란 없다.[27]

맹자는 인정의 두 가지 기초적 조건으로서 생존과 교육을 든다. 맹자는 국가가 시민의 생존권을 보장하는 데 우선적으로 힘써야 한다고 말한다. 맹자 당시에는 농경을 통해 생존했다. 뽕나무를 심어 비단옷을 만들

◇◇◇◇

27 『맹자』, 「양혜왕상」, 7장. 吾畝之宅, 樹之以桑, 吾十者可以衣帛矣. 鷄豚狗彘之畜, 無失其時, 七十者可以食肉矣. 百畝之田, 勿奪其時, 八口之家, 可以無飢矣. 謹庠序之教, 申之以孝悌之義, 頒白者不負戴於道路矣. 老者衣帛食肉, 黎民不飢不寒. 然而不王者未之有也.

고, 가축을 길러 고기를 먹고, 농사를 지어 먹고 살았다. 그러므로 정치 행위가 그러한 활동을 방해한다면 사람들은 생존을 영위하는 데에 애를 먹는다. 이웃 나라와의 전쟁이 해를 넘겨 지속된다면 거기에 젊은이들이 징병되기 때문에 농사지을 일손이 부족하게 된다. 또한 국가에서 벌이는 대형 토목공사도 시민의 생존권을 위협한다. 그러한 점에서 보자면 시민이 생존을 위해 스스로 일할 수 있는 시간과 공간을 보장하는 것이야말로 인정의 시작이다.

맹자는 시민의 삶을 고려하지 않는 전제적 통치 권력의 부귀영화를 비판한다. 정부에서 시행하는 공사가 정당성을 얻기 위해서는 시민의 충분한 공감을 얻어야 한다. 만약 정부가 시민과 무관하게 토목공사를 진행한다면 시민의 공감을 얻지 못한다. 특히 시민의 삶과 전혀 관련이 없는 전시행정을 위한 대형공사는 공감을 불러오기 어렵다. 인정이란 시민의 편에서 권력을 행사하는 데서 시작한다. 문왕의 토목공사는 시민의 인정을 받은 사례 중 하나이다.

> 『시』에 이르기를, "영대(靈臺)라는 누대를 만들기 시작함에, 헤아려 터를 잡아, 백성이 지어, 하루가 되지 않아 완성되었네. 공사를 시작할 때에, 서둘지 말라고 했으나, 백성이 자식처럼 달려들었네. 왕께서 영유(靈囿) 동산에 계시면, 암수의 사슴이 엎드려 있네. 암수의 사슴은 살찌고, 흰 새들은 함치르르하네. 왕께서 영소(靈沼) 연못가에 계시면, 매우 많은 물고기들 뛰네."라고 했다. 문왕이 백성의 힘으로 누대와 연못을 만들자 백성이 기뻐하고 즐거워했으니, 그 누대를 영대라고 하고 그 연못을 영소라고 했다. 거기에 사는 고라니, 사슴, 물고기, 자라 등을 즐겼다. 이처럼 옛 사람들은 즐거움을 백성과 함께 했

> 기 때문에 즐거울 수 있었다. 『탕서』에 이르기를 "이 해가 언제 없어지려나? 내 너와 함께 망하려네."라고 했다. 백성이 함께 망하고자 한다면, 비록 누대와 연못에 새와 짐승이 있다고 한들 어찌 홀로 즐거워할 수 있겠는가?[28]

맹자는 문왕이 인정을 펼쳤던 위정자라고 본다. 인정은 기본적으로 시민의 삶을 위한 정책을 가리킨다. 문왕이 만들었던 영대라는 누대와 영소라는 연못은 통치 권력의 독점물이 아니라 즐거움을 시민과 함께 하기 위한 건축물이다. 많은 시민이 영대를 짓는 데에 즐겁게 참여했을 뿐만 아니라 통치자와 함께 영대를 즐겼다. 정부가 시민의 입장에서 정치를 펼쳤기 때문에 시민이 정부의 정책에 공감하면서 그 공사를 자신의 일로 여길 수 있었다. 이처럼 맹자는 정부가 시민과 함께 즐거움을 공유하는 것을 "함께 즐김(同樂)"이라고 부른다. 한편 맹자는 절대 권력이 자신만을 위해 즐거움을 독점하는 것을 "홀로 즐김(獨樂)"이라고 비판한다.

통치자가 고락을 시민과 함께 하지 않고, 힘에 의존해 부국강병만을 추구하는 정치를 패치(覇治)라고 부른다. 진시황처럼 힘과 법령에만 의존해 부국강병을 시행하면 나라는 강해지지만 시민은 굶주리게 된다. 인이 결여된 패치는 무력에 근거해 사람들을 다스린다. 상앙, 신불해, 한비자

◇◇◇◇

28 『맹자』, 「양혜왕상」, 2장. 詩云, 經始靈臺, 經之營之, 庶民攻之, 不日成之, 經始勿亟, 庶民子來. 王在靈囿, 麀鹿攸伏, 麀鹿濯濯, 白鳥鶴鶴, 王在靈沼, 於牣魚躍. 文王以民力, 爲臺爲沼, 而民歡樂之, 謂其臺曰靈臺, 謂其沼曰靈沼, 樂其有麋鹿魚鼈. 古之人, 與民偕樂, 故能樂也. 湯誓曰, 時日害喪? 予及女偕亡, 民欲與之偕亡, 雖有臺池鳥獸, 豈能獨樂哉?

등 법가가 주장하듯이 패치가 시행되는 나라에서는 권력(勢)과 법령(法)에 의존해 사람들을 엄하게 통치한다. 사람들은 국가의 강한 권력과 엄한 법령 때문에 복종하지 않을 수 없다. 하지만 거기에는 통치자와 시민 사이에 공감대가 없다.

이에 반해 인정을 펼치는 정치를 덕치(德治)라고 한다. 맹자는 덕치야말로 군주가 실천해야할 책무라고 생각한다. 덕치 국가는 시민의 공감과 참여를 통해 정책을 입안하고 시행한다. 그러므로 덕치 국가의 시민들은 정부의 정책을 진심으로 믿고 따른다.

> 힘으로써 인(仁)을 빌린 자가 패자이니, 패자는 반드시 큰 나라를 소유하고자 한다. 한편 덕으로써 인을 실천하는 사람은 왕자이니, 왕자는 반드시 큰 나라를 소유하려고 하지 않는다. 탕왕은 나라가 70리였고, 문왕은 100리였다. 힘으로써 사람들을 복종시키면 마음으로 복종하는 것이 아니라 힘이 부족해서 복종한다. 덕으로써 사람들을 복종시키면 기뻐하면서 진심으로 복종한다."[29]

맹자에 의하면 패치를 추구하는 패자는 힘으로써 인한 것처럼 꾸민다. 패자는 인자한 마음이 없으면서도 겉으로는 인자한 것처럼 꾸며서 일을 진행한다.[30] 가령 시민들을 잘 살게 한다는 명분 아래 다른 나라와 전

29 『맹자』, 「공손추상」, 3장. 孟子曰, 以力假仁者霸, 必有大國 以德行仁者王, 王不待大. 湯以七十里, 文王以百里. 以力服人者, 非心服也, 力不贍也. 以德服人者, 中心悅而誠服也.

30 주희, 『맹자집주』, 「공손추상」, 3장. 假仁者本無是心而借其事.

쟁을 하여 영토를 넓히고자 하는 통치자의 야욕이 그러하다. 패자는 시민의 희생을 감수하고서라도 부국강병을 추구한다. 패자는 시민의 자발적인 동의와 참여를 이끌어내지 못한 채, 강제로 사람들을 동원해 영토를 확장하려고 한다. 힘이 없는 시민은 그러한 패자의 명령에 따르지 않을 수 없으므로 어쩔 수 없이 복종한다.

역사적으로는 제환공, 진문공, 진시황 등이 패치를 시행했다. 제선왕은 맹자에게 패치를 시행했던 제환공과 진문공에 대해 평가해주기를 청한 적이 있다. 제선왕 자신이 부국강병의 패치를 좋아했기 때문에 제환공과 진문공에 대해 많은 관심을 갖고 있었다. 그러나 맹자는 공자의 도를 계승한 사람들은 제환공과 진문공의 일을 거론하지 않는다고 비판한다. 그러면서 맹자는 제선왕에게 덕치를 시행할 것을 조언한다.[31] 맹자는 단지 힘에만 의지한 영토 확장이 정치의 최우선적 목표가 되어서는 안 된다고 본다. 덕치의 관점에서 보자면 정치의 본질은 국토의 크기에 있는 것이 아니라 시민들 삶의 질을 향상시키는 데에 있다. 덕치를 시행한다면 탕왕과 문왕처럼 비록 작은 영토를 소유했을지라도 시민들이 진심으로 기뻐하면서 정부의 정책을 지지하게 된다.

---

31 『맹자』, 「양혜왕상」, 7장. 齊宣王問曰, 齊桓晉文之事, 可得聞乎? 孟子對曰, 仲尼之道, 無道桓文之事者. 是以後世無傳焉, 臣未之聞也. 無以則王乎? 曰, 德何如則可以王矣? 曰, 保民而王, 莫之能禦也.

정동의 보존으로서 인술

맹자는 삶에서 발생하는 인 감정이야말로 인을 실천할 수 있는 가장 확실한 동기라고 본다. 제선왕이 희생에 쓸 소를 살려준 대목에서 인 감정의 중요성이 잘 나타난다. 제선왕 당시에는 동물의 피를 종에 바르는 흔종(釁鍾)이라는 중요한 의식을 범국가적으로 거행했다. 흔종 의식에는 동물을 잡아 희생으로 사용한다. 제선왕은 어느 날 당상에 앉아 있다가 두려움에 떨면서 흔종 의식을 위해 죽으러 가는 소를 우연하게 목격하게 된다. 그러자 제선왕에게 불인지심이 발동한다. 결국 제선왕은 명을 내려 그 소를 살려주었다. 제선왕은 그 소를 살려주었을지라도 흔종이라는 국가의 중요한 의식을 폐할 수는 없었다. 그래서 제선왕은 그 소를 살려준 대신 양을 잡아서 흔종 의식을 거행하도록 명하였다.

> 제선왕 : 소를 어디로 끌고 가느냐?
>
> 담당관 : 흔종의 의식에 쓰려고 합니다.
>
> 제선왕 : 놓아주어라. 소가 벌벌 떨며 죄 없이 죽으러 가는 것을 차마 보지 못하겠다.
>
> 담당관 : 그러면 흔종의 의식을 폐할까요?
>
> 제선왕 : 양으로 바꾸어라.[32]

제선왕이 소를 살려준 대신 양을 잡아 흔종 의식을 거행한 것은 일관

◇◇◇◇

32 『맹자』, 「양혜왕상」, 7장. 曰牛何之? 對曰將以釁鐘. 王曰舍之. 吾不忍其觳觫若無罪而就死地. 對曰然則廢釁鐘與? 曰何可廢也? 以羊易之.

되지 못한 행동으로 보일 수도 있다. 만약 흔종을 위해 소가 희생되는 것이 불쌍하다면, 양이 희생되는 것도 마찬가지이기 때문이다. 그러나 맹자는 그러한 관점에 동의하지 않는다. 왜냐하면 소가 죽으러가는 장면은 직접 목격한 반면에 양의 경우는 그렇지 않았기 때문이다. 제선왕은 두려움에 떨면서 무고하게 죽으러 가는 소를 직접 목격함으로써 마음에 불인지심이 생겨났다. 반면에 양은 아직 목격하지 않았기 때문에 소의 경우처럼 생생한 불인지심이 생겨나지 않는다. 양과 달리, 직접 보았던 소에 대해서는 즉각적 정동으로서 불인지심이 생겨난다. 그것은 마치 짐승을 잡을 때의 비명소리를 듣고서 그 고기 요리를 먹고자 하는 마음이 사라지는 것과도 같다. 이 때문에 사람들은 짐승을 잡는 푸줏간이나 주방을 멀리에 둔다.

맹자에 의하면 상대의 괴로운 처지에 대해 공감할 줄 아는 것이 곧 인술의 시작이다.[33] 인간은 정동을 가진 존재이다. 제선왕과 같이 사람이라면 누구나 무고하게 죽으러 가는 소를 보게 되면, 소가 무서워 벌벌 떠는 모습에 정서적으로 감염되어 소스라치는 공포감과 혐오감을 느끼게 된다. 나아가 공포감이나 혐오감과 더불어 죽으러 가는 소에 대해 차마 죽이지 못하는 불인지심이 생겨난다. 이와 같은 정동 현상이 소를 죽이는 것을 꺼리게 만든다.

사람이 죽으면 매장하는 풍습이 있다. 매장의 기원에 관한 맹자의 설명은 정동으로서 인이 어떻게 표출되는지를 생생하게 보여준다.

33 『맹자』, 「양혜왕상」, 7장. 曰, 無傷也, 是乃仁術也. 見牛未見羊也. 君子之於禽獸也, 見其生不忍見其死, 聞其聲不忍食其肉, 是以君子遠庖廚也.

> 아주 옛날에 부모의 시신을 묻지 않은 사람이 있었다. 그는 부모가 죽자 골짜기에 버렸다. 어느 날 그곳을 지나게 되었는데, 부모의 시신을 여우와 이리가 뜯어 먹고 쉬파리가 빨아 먹고 있었다. 그는 이마에 땀을 주르르 흘리면서 흘겨볼 뿐 똑바로 쳐다보지 못하였다(其顙有泚, 睨而不視). 그 땀은 남들을 의식해서 흘러나온 게 아니라 속마음이 얼굴에 드러난 것이다. 그는 돌아가서 삼태기로 흙을 퍼다 부모의 시신을 매장하였다.[34]

이 이야기는 인간이 왜 매장을 하는지의 이유를 친밀감을 통해 설명하고 있다. 위 사람은 골짜기에 버린 부모의 시신을 들짐승과 쉬파리가 먹고 있는 모습을 보고는 이마에 땀을 주르르 흘리면서 흘겨볼 뿐 똑바로 쳐다보지 못한다. 들판에 버려진 부패한 시신을 본다면 누구나 혐오감이 생긴다. 나아가 그 시신이 자신의 부모라고 한다면 들판에 방치한 것에 대해 꺼림칙한 마음이 들 것이다. 물론 부모의 버려진 시신에 대한 미안함과 부끄러움 역시 수반된다. 이 때문에 결국 그 사람은 부모의 시신을 매장해주었다.

앞의 사례들에서 보듯이 인간은 누구나 불인지심이나 측은지심과 같은 정동 능력을 타고난다. 인간은 아기일 때부터 타인의 고통에 대해 연민과 동정심을 느끼는 정동 능력을 가지고 있다. 맹자는 인간이 아기 시절부터 갖고 있는 정동 능력을 양지양능(良知良能)이라고 부른다.

◇◇◇◇

34 『맹자』, 「등문공상」, 5장. 蓋上世嘗有不葬其親者, 其親死則擧而委之於壑. 他日過之, 狐狸食之, 蠅蚋姑嘬之. 其顙有泚, 睨而不視. 夫泚也, 非爲人泚, 中心達於面目. 蓋歸反虆梩而掩之.

> 사람이 배우지 않고서도 할 수 있는 것이 양능(良能)이고, 사려하지 않고서도 알 수 있는 것이 양지(良知)이다. 아기는 자신의 부모에 대한 사랑을 알지 않음이 없고, 커서는 자기 형에 대한 공경을 알지 않음이 없다. 부모와 친한 것이 인(仁)이고 어른을 공경하는 것이 의(義)이다. 달리 말할 것 없이 그것들은 세상에 보편적이다.[35]

두세 살 어린 아기는 부모가 웃으면 저절로 함께 웃고, 부모가 화났을 때에 저절로 불안해진다. 어린 아기는 부모가 사랑스럽게 부비거나 껴안아주면 기뻐한다. 또한 아기는 부모의 사랑스런 눈빛에도 기뻐한다. 아기는 부모의 감정에 쉽게 공명한다. 맹자에 의하면 부모와 공명할 줄 아는 아기의 정동 능력은 타고난 것이다. 그러므로 맹자는 아기의 그러한 능력을 양지양능이라고 말한다. 양지양능으로서 공감 능력은 평생에 걸쳐 발휘되는 자연스러운 능력이다.

사려로서 인술

인은 멀리 있는 것이 아니라 자신의 마음에 있다. 그러므로 자신의 마음을 헤아려 보면 인을 얻을 수 있다. 사려 능력은 인이 삶에 있어 매우

◇◇◇◇

35 『맹자』, 「진심상」, 15장. 孟子曰, 人之所不學而能者, 其良能也, 所不慮而知者, 其良知也. 孩提之童, 無不知愛其親也, 及其長也, 無不知敬其兄也. 親親仁也, 敬長義也, 無他, 達之天下也.

중요한 가치라는 것을 확인시켜준다. 사려란 저울에 물건을 올려놓고 재보는 것(權)처럼 가치를 형량한다. 마치 저울이 무거운 것과 가벼운 것을 구별해주듯이, 사려해봄으로써 더 중요한 것과 덜 중요한 것 간의 차이를 알 수 있다. 사려해보면 인이라는 가치의 중요성이 저절로 드러난다.

사려는 인을 실천하는 기술을 확장시켜준다. 사려 중에서도 헤아림(恕)은 어떻게 사랑할 것인지를 알려준다. 헤아림이란 두 가지 차원을 가지고 있다. 하나는 자신이 가지고 있는 인의 가치를 명확하게 인식하는 것이고, 다른 하나는 그러한 인의 가치를 타인에게 비유적으로 적용하는 것이다.

> 모든 것이 나에게 갖추어져 있다. 자신을 돌이켜서 진실하다면 즐거움이 그보다 큰 것이 없다. 힘써 헤아려 행해야 하니, 인을 구하는 데에 이보다 좋은 방법이 없다.[36]

헤아림이란 가까운 인간관계에서 생겨난 친밀감을 헤아려서 더 먼 인간관계에 적용하는 것을 뜻한다. 헤아림이란 자신이 어렸을 때부터 익히 경험했던 인 감정을 다른 인간관계에 적용하는 것이다. 그러한 측면에서 헤아림에 의한 인의 실천은 유추적 실천이다. 가까운 가족 관계에서의 친밀감 혹은 사랑을 더욱 먼 인간관계로 유추적으로 확장하는 것을 맹자는 사랑의 유추(推恩)라고 말한다.

36 『맹자』, 「진심상」, 4장. 孟子曰, 萬物皆備於我矣. 反身而誠 樂莫大焉. 强恕而行, 求仁莫近焉.

> 나의 노인을 노인으로 대하는 것으로써 남의 노인에게 미치고(及), 나의 어린이를 어린이로써 대하는 것으로써 남의 어린이에게 미친다. 그렇게 한다면 세상을 손바닥 위에서 움직일 수 있다. 『시』에 이르기를 "처에게 모범을 보여, 형제에 이르고, 집안과 나라까지 다스린다"고 하였다. 이것은 자신의 마음을 들어 다른 사람에게 적용하는 것(加)일 따름이다. 그러므로 사랑을 유추하면(推恩) 사해를 보호할 수 있고, 사랑을 유추하지 않으면 처자도 보호할 수 없다. 옛날 사람들이 요즘 사람들보다 크게 뛰어난 것은 다른 데 있는 것이 아니라 자기가 한 것을 잘 유추하는(推) 데 있을 뿐이다.[37]

다른 사람을 사랑하는 방법은 자신의 집에서 실천하는 사랑의 방식을 유추적으로 확장하는 데에 있다. 맹자는 가까운 인간관계에서의 사랑을 먼 인간관계에 적용하는 것을 미침(及), 적용(加), 유추(推) 등의 개념으로써 기술한다.

친밀감의 유추적 적용이 동일성의 확대를 뜻하는 것은 아니다. 친밀감의 유추적 적용이 남의 노인이나 자식을 자신의 노인이나 자식과 동일하게 대우하라는 뜻을 담고 있는 것은 아니다. 맹자가 말한 헤아림(恕), 미침(及), 적용(加), 유추(推) 등은 동일한 적용을 뜻한다기보다 이전의 것을 참고하여 새로운 사랑의 관계를 형성하는 것을 뜻한다. 가족 관계에서의

37 『맹자』, 「양혜왕상」, 7장. 老吾老以及人之老, 幼吾幼以及人之幼 天下可運於掌. 詩云, 刑于寡妻, 至于兄弟, 以御于家邦. 言擧斯心, 加諸彼而已. 故推恩足以保四海, 不推恩無以保妻子. 古之人所以大過人者無他焉, 善推其所爲而已矣.

친밀감을 다른 인간관계에 유추적으로 적용할 때에 사랑의 감정은 새로운 형태로 고양된다.

자신의 노인을 공경할 줄 아는 사람이라도 남의 노인을 자신의 노인처럼 공경하기는 어려울 것이다. 그렇다고 하더라도 자신의 노인을 공경할 줄 아는 사람이라야 남의 노인을 무시하거나 홀대하지 않을 가능성이 훨씬 크다. 마찬가지로 자신의 자식을 사랑할 줄 아는 사람이라야 타인의 고통에 공감할 가능성이 훨씬 크다. 가족 관계에서 사랑과 협력이 충분하게 이루어져야만, 그것을 밑천으로 하여 다른 인간관계에서 사랑과 협력에 이르기 쉽다. 사람이 가족 관계에서 깊게 경험한 사랑의 감정은 나중에 다른 사람과 교제하는 데에 영향을 준다. 인간은 헤아림(恕), 미침(及), 적용(加), 유추(推) 등과 같은 사려를 통해 자신의 이전 경험을 다른 인간관계에 확장하기 때문이다. 이 때문에 가족 관계에서 사랑과 협력을 충분히 경험해본 사람이 그렇지 못한 사람보다 다른 인간관계에서 사랑과 협력을 이끌어낼 가능성이 더 크다.

주희의 초월적 이치 비판

공맹유학에서 인의 당위성은 측은지심과 같은 자연 감정에 기초하는 정서주의 도덕론을 전개한다. 하지만 성리학자 주희(朱熹)에 이르면 인의 당위성 테제는 새로운 국면을 맞는다. 주희는 인을 절대적인 도덕 법칙으로 정립하는 과정에서 비사연주의직 요소를 부분적으로 받아들인다. 주희 철학의 토대인 이기론(理氣論)에서는 인을 도덕적으로 정당화하는 과정에서 비자연주의로의 비약이 발견된다.

주희의 이기론에 의하면 세계는 도덕 법칙인 리(理)와 자연적 요소인 기(氣)로 이루어져 있다. 인은 리와 기 중에서 리의 영역에 속한다. 이기론은 리를 순수지고의 도덕 법칙으로 정립하기 위해 이기불상잡(理氣不相雜) 테제를 제시한다. 이 테제에 따르면 리와 기는 내용적으로 교집합이 전혀 없는 다른 범주이다.

〈이기론 테제 1〉 리와 기의 범주적 차이

도덕 법칙(리)과 자연적 요소(기)는 서로 뒤섞일 수 없는 결코 다른 범주이다. (理氣不相雜, 決是二物)

인은 도덕 법칙(리)에 속한다.

그러므로 인은 자연적 요소(기)와 범주적으로 다르다.

이기론에서 리는 기의 영역과 무관한 초월적 도덕 법칙이다. 리에 속하는 것으로는 인의예지 사덕이 있다. 기가 감각기관을 통해 확인되는 것이라고 한다면, 리는 감각기관을 초월한 도덕 법칙이다. 기가 형이하학적인 감각적인 대상이라고 한다면, 리는 기의 근저에서 감각적인 현상을 가능케 하는 형이상학적인 이치이다. 리는 사물이 아직 존재하지 않을 때조차도 존재한다. 주희는 리의 초월적이고 형이상학적인 특징을 다음과 같이 말한다.

> 리와 기는 결단코 두 가지 것이다. 다만 사물의 측면에서 보자면, 두 가지가 혼륜하게 섞여 있어서 서로 나룰 수 없다. (중략) 리의 측면에서 보자면 비록 사물이 아직 있지 않을 때에도 이미 사물의 리가 있다.[38]

> 리는 깨끗하게 비어 있고 확 트인 세계이며, 형태와 자취가 없고, 조작할 수 없다.[39]

주희의 리는 사물이라는 경험적 대상이 있지 않을 때조차도 독자적으로 존립 가능하다. 리는 깨끗하게 비어 있어서 조작할 수 있는 형체가 없다. 리는 기라는 경험의 영역을 넘어 초월적인 가치로서 정의된다. 그것은 마치 선분이 두 점 사이의 가장 짧은 거리라고 정의되는 것과도 같다. 실제의 물리적 평면이나 공간에서 가장 짧은 거리를 갖는 선분을 그리기란 불가능에 가깝다. 왜냐하면 실제 감각적인 공간은 올록볼록하여 우리의 감각을 통해 가장 짧은 거리를 찾기가 어렵기 때문이다. 그럼에도 우리는 두 점 사이의 가장 짧은 거리를 가진 선분이 있을 것이라고 사유를 통해 추론한다.

초월적 리 역시 선분과 마찬가지로 감각의 영역에서는 완전한 모습을 발견하기 어렵다. 가령 "사람을 존중해야 한다"는 당위명제가 초월적 리라고 가정해보자. 그러한 당위명제를 실제 삶에서 정의내리기란 쉽지 않다. 부모에게 어떻게 대하는 것이 자식이 부모를 존중하는 것일까? 자주 연락을 하여 안부를 묻는 것이 부모를 존중하는 것일까? 아니면 용돈을 충분히 드리는 것이 부모를 존중하는 것일까? 부모 존중의 의미는 구체

---

38 주희, 『주희집』, 「答劉文叔1」. 理與氣, 此決是二物, 但在物上看, 則二物渾淪不可分開 (중략) 若在理上看, 則雖未有物, 而已有物之理.

39 주희, 『주자어류(朱子語類)』, 1:13. 若理, 則只是箇淨潔空闊底世界, 無形跡, 他卻不會造作.

적 상황에 따라 다르게 해석될 여지가 많다. 나아가 부모가 어떻게 자식을 사랑해야 자식을 존중하는 것일까? 이 역시 구체적 상황에 따라 다르게 이해될 것이다. "사람을 존중해야 한다"는 당위명제가 구체적 상황을 고려할 경우에는 완벽한 정의를 획득하기가 쉽지 않다. 리에 대한 정의 역시 마찬가지다. 리가 절대적 보편성을 얻기 위해서는 감각적 국한성을 초월하여 정의되어야 한다. 이 때문에 주희는 리가 국소적인 감각적 현상에 제한되지 않도록 하기 위해 리가 깨끗하게 비어 있고 확 트인 세계에 있는 것이라고 묘사한다.

다만, 주희가 말하듯이 리가 정말로 기를 넘어 초월적으로 정의될 수 있는지는 의문이다. 사물이 존재하기 전에 리가 존재한다는 주희의 초월적 주장을 증명하기란 쉽지 않아 보인다. "사람을 존중해야 한다"는 당위명제를 실제 존재하는 사람들의 삶을 떠나 정의하는 것도 어렵기는 마찬가지다. 구체적인 삶을 떠나 "사람을 존중해야 한다"는 당위명제를 어떻게 증명할 수 있을까?

어떤 평면이나 공간도 경험해보지 못한 사람이 "두 점 사이의 가장 짧은 거리"라는 선분 개념을 이해할 수 있을까? 면과 공간이 존재하기 전에 선분의 이치가 있을 수 있을까? 그것은 두뇌가 존재하기 전에 사유의 이치가 있고, 신경계가 존재하기 전에 느낌의 이치가 있다고 하는 것과 같은 종류의 상상에 불과하다. 과연 우주가 존재하기 전에 우주의 이치가 있고, 사람이 존재하기 전에 사람 존중에 대한 이치가 있다는 것이 무슨 의미일까? 주희가 제시하는 기를 초월한 리의 존재 여부에 관해서는 우리의 사고와 경험을 통해 충분히 증명할 수 없는 영역이다. 그러므로 순수지고의 리에 관한 논의는 여기에서 그치기로 한다.

자연주의 도덕론

주희 철학에서 이기불상잡 테제를 제외하면 이기론은 맹자의 자연주의 도덕론을 잘 계승하고 있다. 주희의 자연주의 도덕론은 리와 기가 불가분의 관계에 있다는 주장을 통해 정당화된다. 리와 기가 서로 분리될 수 없다는 관점에서 보자면 도덕 법칙은 우리가 경험하는 자연적 요소를 통해 드러난다. 그것이 바로 이기불상리(理氣不相離) 테제이다.

〈이기론 테제 2〉 리와 기의 결합

도덕 법칙(리)은 자연적 요소(기)와 분리할 수 없다. (理氣不相離)

인은 도덕 법칙(리)에 속한다.

그러므로 인은 자연적 요소(기)와 분리할 수 없다.

리는 도덕적 당위명제를 가리킨다. 리의 하나인 인(仁)에는 "사람을 존중해야 한다"는 당위명제가 포함되어 있고, 의(義)에는 "사람은 정의로워야 한다"는 당위명제가 포함되어 있다. 그런데 당위명제를 포함하고 있는 도덕 법칙으로서 리는 자연적 요소인 기로부터 분리될 수 없다. 이 말은 도덕 법칙으로서 리가 감각할 수 있는 경험적 지평 속에 있다는 것을 뜻한다. 리는 기라는 현상을 통해 드러난다. "사람을 존중해야 한다"는 당위명제는 부모와 자식 사이의 친밀감을 통해 드러나고, 이웃 간의 존중을 통해 드러나고, 국가적 차원의 어진 정치를 통해 드러난다. 이처럼 "~해야 한다"는 당위명제를 확인할 수 있는 곳은 기의 영역이다.

그렇다면 기란 무엇일까? 첫째, 기는 존재의 물리적 속성을 가리킨다. 사물들은 움직임과 고요함, 맑음과 탁함, 순수함과 섞임 등과 같은 물리적 특성을 지닌다. 음양오행에서 보이는 사물에 내재한 상관적 속성이 바로 기 범주에 속한다. 둘째, 기는 사람의 신체적 조건을 가리킨다. 몸을 중심으로 드러나는 감정, 음식의 섭취, 성별, 수명 등이 모두 기 현상에 속한다. 여기에서 유의할 점은 마음 또한 몸의 현상 중에 하나라는 점에서 기 범주에 속한다는 것이다. 마음은 기 중에서도 가장 정밀하고 맑은 것(氣之精爽)을 가리킨다. 그렇다고 한다면 마음은 몸과 다른 것이라기보다, 몸의 특수한 지위를 차지한다고 볼 수 있다. 그러한 점에서 성리학은 심신일원론의 입장을 취한다. 마지막으로, 기는 삶의 환경적 조건을 가리킨다. 생육환경인 가정을 비롯하여 마을, 국가, 자연 등이 모두 기로 구성된 삶의 환경적 조건들이다.

○ 존재의 상관적 성질로서 기

- 건곤(乾坤)
- 음양(陰陽)
- 오행(五行)
- 동정(動靜)
- 청탁(淸濁)
- 수박(粹駁)

○ 신체적 조건으로서 기

- 마음(心), 몸(身), 감정(情)
- 신체적 경향성(氣稟, 氣質之性)
- 기질(氣質)
- 성별(男女)

– 수명(壽命)

○ 환경적 조건으로서 기

– 가정(家), 마을(里)

– 나라(國), 세계(天下)

– 자연(天地)

– 사물(事物)

리와 기가 분리될 수 없다는 전제에 따르면, 리 범주에 속하는 인은 위에서 제시한 세 가지 기 범주를 통해 드러난다. 인은 음양오행으로 대표되는 기 운동을 조건으로 하여 실재 세계에 드러난다. 음양오행의 운동을 전개하고 있는 천지에는 협력의 생생지리가 생동하고 있다. 나아가 인은 신체 현상인 감정을 통해 드러난다. 측은지심이나 불인지심이 모두 인의 발로이다. 마지막으로 인은 가정, 마을, 국가 등과 같은 공동체적 지평을 통해서 드러난다. 가장 이상적인 공동체는 인이 실현된 공동체이다.

리와 기가 서로 분리될 수 없다는 가정은 다음과 같은 당위성 테제로 이어진다.

〈이기론 테제3〉 기를 통한 리의 수양

도덕 법칙(리)은 자연적 요소(기)를 통해 다양한 방식으로 나타난다. (理一分殊)

인은 도덕 법칙(리)에 속한다.

그러므로 자연적 요소(기)에 나아가 인(리)의 의미를 궁구해야 한다. (格物致知, 格物窮理)

리는 기라는 경험 영역에서 드러난다. 그런데 우리의 경험은 상황에 따라 매우 다양한 내용을 갖는다. 그것은 마치 하늘에는 하나의 달이 있지만 천 개의 강에는 천 개의 달이 떠있는 것과도 같다. 천 개의 강은 각기 다른 물색, 파문, 유속을 가지고 있다. 하늘에는 하나의 달이 떠있을지라도 천 개의 강에 비친 각각의 달은 약간씩 다른 모습을 할 수밖에 없다. 천 개의 강에 천 개의 달이 비치듯이 리의 경험적 지평은 사람들마다 각기 다를 수밖에 없다. 사람에 따라 부유함/가난함, 영리함/어리석음, 민첩함/둔함, 건강함/불건강함 등 삶의 물리적 지평이 각기 다르다. 보편적 리는 기의 조건들에 따라 그 내용이 조금씩 다르게 나타날 수밖에 없다.

그것이 바로 이일분수(理一分殊)이다. 리는 하나일 뿐이지만 사람마다 처한 상황에 따라 각각의 리가 있다. 리가 기의 조건에 따라 다양한 방식으로 드러난다고 한다면, 도덕적 실천 역시 기의 특수한 조건을 고려하지 않을 수 없다. 기의 조건을 도외시한다면 자신의 삶에 부합하는 최선의 실천에 이를 수 없다. 최선의 도덕 법칙 역시 기라는 경험적 조건 위에서 성립하기 때문이다. 그러므로 주희는 기라는 경험적 조건에 나아가 리를 궁구하라고 말한다.

> 리는 하나이지만 나뉘어 다르게 된다. 천지와 만물을 합하여 말하면 단지 하나의 리일 뿐이다. 그러나 사람에게 적용하면 사람마다 각각 한 개의 리가 있다.[40]

40 주희, 『주자어류』, 1:8. 理一分殊. 合天地萬物而言, 只是一箇理. 及在人, 則又各自有一箇理.

리는 사람이 처한 상황에 따라 다르게 나타나므로 리의 실천 역시 사람마다 다를 수밖에 없다. "사람을 존중해야 한다"는 보편적 도덕 법칙을 실천하는 구체적 방식은 현실적 조건에 따라 다를 수밖에 없다. 이기론에 따르면 물리적 조건(기)이 결여된 도덕 법칙(리)은 공허하다. 마치 평면이나 공간을 경험하지 못한 사람이 선분 개념을 이해하기 어렵듯이, 아무런 인간관계를 경험해보지 못한 사람이 사람에 대한 존중 개념을 이해하기 어렵다. 리와 기의 그러한 불가분적 관계를 "본체와 현상이 둘이 아니다(體用不二)"라는 말로 표현한다.

〈표 8〉 이기론의 자연주의적 도덕수양 구조

존재 (be)	당위(ought to)
기(氣)	리(理)
형이하자(形而下者)	형이상자(形而上者)
말(末)	본(本)
용(用)	체(體)
사물(事物)	태극(太極)

리는 기라는 자연적 속성과 불가분적이라는 점에서 이기론은 자연주의 도덕론을 지지한다. 기에 나아가 리를 궁구하는 도덕 실천은 주희의 격물치지설로 귀결된다. 격물치지설은 기라는 구체적 경험의 지평에서 도덕 법칙의 실마리를 발견하여 실천하는 데에 요점이 있다. 주희에 의하면 격물(格物)이란 구체적 사물에 나아가는 것이다. 구체적 사물이란 자신의 몸, 가정, 이웃, 국가 등과 같은 경험적 환경을 가리킨다. 구체적 사물에 나아가 앎을 이루는 것(格物致知)이란 경험적 지평으로부터 리를 깨닫는 것을 뜻한다.

격물치지설에 따르면 인 역시 구체적 현상을 통해서만 그 의미가 드러난다. 형이상자로서 리 영역과 형이하자로서 기 영역은 둘로 쪼갤 수 없는 밀접한 관계에 있다. 인 역시 측은지심이라는 정서적 층위와 분리할 수 없다. 인은 고원한 초월적 이치가 아니라 측은지심이라는 비근한 정서의 층위를 통해 실제로 경험되는 구체적 가치이기 때문이다.

11장

인의 중요성

인 사상에 대한 회의적 물음들

과연 인은 우리의 삶에서 얼마나 중요한 가치일까? 공자는 인의 실천과 관련해 엄격주의를 표방한다. 공자는 군자라고 한다면 항상 인을 지켜야 한다고 말한다. 이러한 엄격주의는 인의 가치를 반드시 실천하지 않으면 안 된다는 생각에서 비롯한다.

> 군자가 인을 버리고서 어찌 이름을 이룰 수 있겠는가? 군자는 밥을 먹는 사이에도 인을 어김이 없으니, 황급한 사이에도 반드시 인을 지키며 넘어지는 사이에도 반드시 인을 지킨다.[1]

과연 공자가 말한 것처럼 인은 반드시 지켜야할 지고의 가치일까? 도가는 공자의 엄격주의가 비현실적 이상주의를 추구한다고 비판한다. 도가는 공자의 엄격주의가 현실적으로 안 될 줄 알면서도 달성하려고 애쓰는 것에 불과하다고 본다.[2] 도가에 따르면 공자가 제시한 인의 중요성 테제는 사실상 헛된 정열에 불과하다. 도가의 비판은 인의 가치가 공자가 말하듯이 진정으로 그렇게 중요한 것이냐는 회의에 연원한다. 도가에 의하면 인 사상은 억지로 꾸며놓은 부자연스러운 굴레 혹은 유위적 허울에 불과하다.

만약 인이 중요한 가치가 아니라고 한다면 공자의 엄격주의는 권위주의적 강권에 지나지 않을 것이다. 그것은 마치 학교에서 두발의 길이를 단속하는 것과도 같다. 두발의 길이가 학교생활에서 그다지 중요한 요소가 아님에도 불구하고, 권위적인 학교에서는 임의적으로 정해놓은 단속기준을 반드시 지키라고 학생들에게 엄포를 놓는다. 만약 어떤 학생이 그 기준을 지키지 않으면 학교생활에서 매우 중요한 사항을 위반한 것으로 여겨 처벌을 가할 것이다. 이처럼 권위주의는 중요성에 대한 아무런 공감 없이 일방적으로 임의적 실천 기준을 강요한다. 권위주의는 강제를 통해 원하는 결과를 얻는다는 점에서 도덕적으로 정당화되기 어렵다. 설령 권위주의를 통해 원하는 결과를 얻는다고 하더라도 그 결과가 하찮은 것일 경우에는 정열적으로 헛수고를 하는 것에 불과하다.

도가가 볼 때 인은 공자가 추숭한 것처럼 지고의 권위를 가져서는 안

1 『논어』, 「이인」, 5장. 子曰, 富與貴, 是人之所欲也, 不以其道得之, 不處也. 貧與賤, 是人之所惡也, 不以其道得之, 不去也. 君子去仁, 惡乎成名? 君子無終食之間違仁, 造次必於是, 顚沛必於是.

2 『논어』, 「헌문」, 41장. 曰, 是知其不可而爲之者與.

된다. 인을 실현하기 어렵다는 사실을 뻔히 알면서도 공자처럼 실현하기 위해 애쓰는 것은 어리석은 일이다. 오히려 도가는 불인(不仁) 상태에 도달할 때라야 무위자연의 삶을 얻을 수 있다고 말한다. 불인이란 사람으로서 회피 불가능한 자연현상을 가리킨다. 도가가 볼 때 세계는 불인하다. 인과 불인은 동전의 양면과도 같다. 가령 생명체가 생명을 유지하기 위해서는 다른 생명체를 잡아먹어야만 한다. 새가 자신의 새끼를 먹이기 위해서는 벌레를 잡아야만 한다. 어미 새가 새끼를 사랑하는 일과 다른 벌레를 해치는 불인한 일은 병존할 수밖에 없다. 자연의 이치상 인의 실천에는 불인이 동봉될 수밖에 없다.

> 천지는 불인하여 만물을 풀강아지처럼 여기고, 성인은 불인하여 백성을 풀강아지처럼 여긴다.[3]

> 큰 인은 불인하다.[4]

첫째 인용문은 노자의 말이고, 둘째 인용문은 장자의 말이다. 노자와 장자는 모두 불인이야말로 무위자연의 실상이라고 본다. 도가의 무위자연 상태는 과도한 연민이나 동정심을 제거함으로써 도달 가능하다. 불인이야말로 무위자연에 도달할 수 있는 비결이다. 도가의 무위자연은 사물이나 사람을 풀강아지처럼 여기면서 그들에 대한 지나친 관심을 회수한다. 인 사상은 어려운 타인에게 연민이나 동정심을 가져야 한다고 주장

3 『노자』, 5장. 天地不仁, 以萬物爲芻狗, 聖人不仁, 以百姓爲芻狗.
4 『장자』, 내편, 「제물론」. 大仁不仁.

하지만 그것은 불인이라는 자연법칙에 대한 몰이해에 불과하다.

도가는 큰 도가 사라지자 인이라는 부자연스러운 허울이 생겨났다고 말한다.[5] 도가는 인 사상이 사랑이라는 허울을 내세워 사람들을 구속할 뿐이라고 본다. 도가는 인 사상이 인을 명분으로 내세우지만 불인을 포함하고 있는 무위자연에 대한 통찰이 결여되어 있다고 비판한다. 인 사상에서 인 추구는 마치 손가락을 한 개 더 가진 육손이와 같은 군더더기에 불과하다.[6] 이 때문에 도가는 인 사상이 무위자연의 실상을 손상시키고 은폐시키는 끈이나 아교일 뿐이라고 비판한다.

> 대저 갈고리, 먹줄, 컴퍼스, 직자 등을 가지고서 바르게 하려는 사람은 본성을 손상시킨다. 새끼, 끈, 아교, 옻칠 등으로 견고하게 하려는 사람은 덕을 훼손한다. 예와 악을 번거롭게 하고 인의를 세세히 밝힘으로써 세상 사람들의 마음을 위로하려고 하면 본성을 잃게 된다. (중략) 인의를 내세워 어찌 아교, 옻칠, 먹줄, 노끈 등을 덕지덕지 붙여서 도와 덕 사이에서 노닐려고 하는가? 그것은 세상을 의혹케 할 뿐이다.[7]

◇◇◇◇

5 『노자』, 18장. 大道廢有仁義.

6 『장자』, 외편, 「변무」. 騈拇枝指, 出乎性哉. 而侈於德. 附贅縣疣, 出乎形哉. 而侈於性. 多方乎仁義而用之者, 列於五藏哉. 而非道德之正也. 是故騈於足者, 連無用之肉也. 枝於手者, 樹無用之指也. 騈枝於五藏之情者, 淫僻於仁義之行, 而多方於聰明之用也.

7 『장자』, 외편, 「변무」. 且夫待鉤繩規矩而正者, 是削其性者也. 待繩約膠漆而固者, 是侵其德者也. 屈折禮樂, 呴兪仁義, 以慰天下之心者, 此失其常然也. (중략) 則仁義又奚連連如膠漆墨索而遊乎道德之間爲哉? 使天下惑也.

도가에 의하면 인 사상은 유위적 명분에 집착하여 본성을 훼손한다. 인 사상은 사랑이라는 이름으로 본성을 해친다. 그것은 마치 소인이 이득을 위해, 대부가 집안을 위해, 선비가 명예를 위해, 성인이 세상을 구제한다는 명분을 위해 자신의 몸을 희생하는 것과도 같다.[8] 도가는 인의 숭상이 무위자연의 본성을 훼손하는 유위적 군더더기에 불과하므로 해체해야 마땅하다고 주장한다.

인의 중요성에 관한 논쟁

인 사상은 인이 유위적 굴레에 불과하다는 도가의 비판을 받아들이지 않는다. 인 사상에서 인이란 권위주의적 강권에 의해 중요성이 부여되는 것이 아니다. 사람들은 본성의 차원에서 인의 가치를 저절로 선호한다는 점에서 인의 중요성에 대한 지지는 무위적 지평에서 이루어진다.

본성적 차원에서의 인에 대한 선호는 생리적 차원에서의 감각적 욕구가 작동하는 방식과 동일하게 작동한다. 사람들은 식색에 대한 본능을 타고나듯이 인에 대한 선호를 타고난다. 맹자에 의하면 사람이라면 누구나 식색을 추구하는 생리학적 본능이 있다. 그와 마찬가지로 도덕적 선호도 타고난다.

> 사람은 몸에 대하여 모든 것을 아낀다. 모든 것을 아낀다면 모든

8 『장자』, 외편, 「변무」. 小人則以身殉利, 士則以身殉名, 大夫則以身殉家, 聖人則以身殉天下. 故此數子者, 事業不同, 名聲異號, 其於傷性以身爲殉, 一也.

것을 기른다. 한 자나 한 치의 살조차도 아끼지 않음이 없다면 한 자나 한 치의 살조차도 배양하지 않음이 없다. 그 배양을 잘했는지 못했는지를 헤아리는 것이 어찌 다른 데 있겠는가? 자기에게서 취할 따름이다.[9]

사람은 몸에 대하여 팔, 다리, 머리, 오장 등을 구별하지 않고 모든 것들을 아낀다. 아낀다는 것은 곧 배양한다는 것을 뜻한다. 배고프면 음식을 섭취하고, 졸리면 수면을 취한다. 식욕이나 수면욕은 모두 자기 몸에서 저절로 발생한다. 음식을 섭취하면 배부르고, 수면을 취하면 피로가 사라지는 것과 같은 만족감도 몸을 통해 깨달을 수 있다. 이러한 생리적 욕구의 발생과 충족은 모두 자신의 몸을 통해 자각할 수 있다. 그러므로 맹자는 몸의 욕구와 그에 따른 충족이 모두 자기에게서 취할 따름이라고 말한다.

맹자는 사람이 도덕적 선호를 타고난다는 것을 생리학적 유비논증을 통해 정당화한다. 사람은 생리적 욕구를 타고나듯이 도덕적 선호도 타고난다.

입이 맛에 대하여 좋아함이 같고, 귀가 소리에 대하여 들음이 같고, 눈이 색에 대하여 아름답게 여기는 것이 같다. 마음에 이르러서만 같은 것이 없겠는가? 마음에 같은 바가 무엇일까? 그것은 이(理)와 의(義)이다. 성인은 내 마음의 같은 바를 먼저 얻었을 뿐이다. 그

◇◇◇◇

9 『맹자』, 「고자상」, 14장. 孟子曰, 人之於身也, 兼所愛, 兼所愛, 則兼所養也. 無尺寸之膚, 不愛焉, 則無尺寸之膚, 不養也. 所以考其善不善者, 豈有他哉? 於己, 取之而已矣.

러므로 이(理)와 의(義)가 내 마음을 기쁘게 하는 것은 고기가 내 입을 기쁘게 하는 것과 같다.[10]

맹자는 사람이라면 누구나 오감을 통해 생리적 욕구를 추구하듯이 도덕 법칙에 대해 기뻐한다고 말한다. 사람들은 맛있는 고기를 좋아하듯이 이(理)와 의(義)에 대해 선호한다. 사람들은 도덕적 자질을 타고난다. 가령 사람들은 아기 시절에 이미 부모와 친할 줄 알고 어른을 공경할 줄 아는 능력을 본성 안에 가지고 있다. 인의 중요성 역시 권위주의적으로 부과된다기보다 양지양능의 차원에서 자연스럽게 생겨난다. 이와 같이 인은 무위적 차원에서 발원한 가치라는 점에서 도가에서 비판하듯이 유위적 굴레에 불과한 것이 아니다.

맹자는 사람이 타고난 생리적 성향을 소체(小體)라고 부르고 타고난 도덕적 성향을 대체(大體)라고 부른다.

사람의 몸에는 귀한 것과 천한 것이 있고, 큰 것(대체)과 작은 것(소체)이 있다. 작은 것으로써 큰 것을 해치지 않고, 천한 것으로써 귀한 것을 해치지 않는다. 작은 것을 기르면 소인이 되고, 큰 것을 기르

◇◇◇◇

10 『맹자』「고자상」, 7장. 口之於味, 有同耆也, 易牙先極我口之所耆者也. 如使口之於味也, 其性與人殊, 若犬馬之與我不同類也, 則天下何耆, 皆從易牙之於味也? 至於味, 天下期於易牙, 是天下之口相似也, 惟耳亦然, 至於聲, 天下期於師曠, 是天下之耳相似也. 惟目亦然, 至於子都, 天下莫不知其姣也, 不知子都之姣者, 無目者也. 故曰, 口之於味也, 有同耆焉. 耳之於聲也, 有同聽焉. 目之於色也, 有同美焉. 至於心, 獨無所同然乎? 心之所同然者, 何也? 謂理也, 義也. 聖人先得我心之所同然耳. 故理義之悅我心, 猶芻豢之悅我口.

면 대인이 된다.[11]

맹자는 타고난 도덕적 성향이 생리적 성향보다 더 중요하다고 보아 대체라고 부른다. 생리적 성향인 소체를 기르면 소인이 된다는 것은 소체만을 기르면서 대체가 보존되지 못한 경우를 가리킨다. 사람으로서 지켜야할 도리를 지키지 않으면서 생리적 욕구를 추구하는 경우가 거기에 해당한다. 가령 남의 것을 빼앗거나 뇌물을 받아 부자가 되는 것 등이 모두 대체를 잃으면서 소체를 기르는 경우이다. 사람들은 소인이 소체만을 기르는 것을 천하게 여긴다.[12]

인은 사람이 지켜야할 도리라는 점에서 대체에 속한다. 인을 버리면서 소체만을 기르는 것이 소인의 일이다. 대인은 인이 생리적 성향과 충돌을 일으킬 경우에 인을 지킨다. 순 임금의 부모에 대한 효가 그러한 사례이다.

> 세상의 유명한 선비들이 자기를 기쁘게 해주는 것은 사람들이 바라는 바이거늘, 그(순 임금)의 근심을 풀기에는 부족하였다. 미인은 사람들이 바라는 바이거늘, 요 임금의 두 딸을 처로 삼았으나 그의 근심을 풀기에 부족하였다. 부유함은 사람들이 바라는 바이거늘, 천하를 소유했으나 그의 근심을 풀기에는 부족하였다. 고귀함은 사람들이 바라는 바이거늘, 천자가 되었으나 그의 근심을 풀기에는 부족

11 『맹자』, 「고자상」, 14장. 體有貴賤, 有大小, 無以小害大, 無以賤害貴. 養其小者, 爲小人, 養其大者, 爲大人.

12 『맹자』, 「고자상」, 14장. 飮食之人, 則人賤之矣. 爲其養小以失大也.

하였다. 사람들이 기쁘게 해줌, 미녀, 부유함, 고귀함 등이 모두 그의 근심을 풀기에 부족하였다. 오직 부모를 모셔야만 근심이 풀렸다.[13]

순 임금은 다양한 욕구를 충족할 수 있는 행운을 누렸다. 그러나 순 임금은 천하를 소유하는 권력욕 때문에 부모에 대한 효의 도리를 포기할 수 없다고 여겼다. 순 임금은 천하의 사람들이 자신을 지지하더라도 부모에 대한 효를 더 중요하게 여겼다. 맹자는 만약 순 임금이 천자로 있을 적에 아버지가 중죄를 저지른다면 왕위를 초개와 같이 버리고 기꺼이 아버지와 함께 후미진 바닷가로 가서 생활했을 것이라고 말한다.[14] 순 임금은 부모와의 친함을 버리면 사람다운 사람, 혹은 자식다운 자식이 될 수 없다고 여겼다. 이 때문에 사람들은 순 임금을 일컬어 대효(大孝)라고 부른다.[15] 순 임금의 사례에서 보듯이 맹자는 인이 다른 생리적 욕구와 충돌할 경우에 우선적으로 보존해야할 고귀한 가치라고 본다.

그렇다면 인이 다른 욕구들보다 중요하다는 것을 어떻게 알 수 있을까? 사람의 자연성에는 인과 같은 도덕 감정뿐만 아니라 식욕이나 수면욕과 같은 생리적 본능도 내재한다. 심지어 사람에게는 공격적인 본능도 내재한다. 이 때문에 자연적 성향에 따를 경우에 불인한 행위를 배제하

◇◇◇◇

13 『맹자』, 「만장상」, 1장. 天下之士悅之, 人之所欲也, 而不足而解憂. 好色, 人之所欲, 妻帝之二女, 而不足而解憂. 富, 人之所欲, 富有天下, 而不足而解憂. 貴, 人之所欲, 貴爲天子, 而不足而解憂. 人悅之, 好色, 富, 貴, 無足而解憂者. 惟順於父母, 可以解憂.

14 『맹자』, 「신심상」, 35장. 舜視棄天下, 猶棄敝蹝也, 竊負而逃, 遵海濱而處, 終身訢然樂而忘天下.

15 『맹자』, 「이루상」, 28장. 孟子曰, 天下大悅而將歸己, 視天下悅而歸己, 猶草芥也. 惟舜爲然, 不得乎親, 不可以爲人, 不順乎親, 不可以爲子. (중략) 此之謂大孝.

기 어렵다. 심지어 인을 실천하는 과정에서조차 불인을 감수하는 경우가 있다. 가령 부모는 자신의 자식을 먹여 살리기 위해 부득이하게 다른 생명을 해쳐야만 한다. 삶이 유지되기 위해서는 인의 성향과 더불어 이기적 욕구도 추구되어야 한다. 도가에 의하면 그것이 냉정한 자연의 섭리이다. 그렇다고 한다면 다음과 같은 물음이 남는다. 다양한 자연적 성향들 중에서 왜 인이 다른 성향보다 더 중요하게 평가되어야 할까? 인의 성향이 다른 생리적 성향보다 중요하다고 여기는 근거는 무엇인가?

이에 대한 인 사상의 대답은 사람이 본성적으로 인을 중요하게 여긴다는 데 있다. 맹자에 의하면 인의 성향을 다른 생리학적 욕구들보다 우선적인 가치로 인식하는 것은 인간 사유의 자연스러운 현상이다. 인간은 사려를 통해 다양한 성향들을 비교함으로써 더 뛰어난 가치를 판별할 줄 안다. 그것은 마치 미각을 통해 좋은 맛과 나쁜 맛을 분별할 줄 아는 것과도 같다. 이와 마찬가지로 사람은 사려를 통해 다양한 성향들 중에서 인이야말로 우선적으로 추구해야할 가치라는 것을 식별할 줄 안다.

> 눈과 귀라는 인식기관은 생각하지 않으면 사물에 가리게 되니, 사물(외물)과 사물(감각기관)이 교섭하면 끌어당길 따름이다. 마음이라는 인식기관은 생각한다. 생각하면 얻고 생각하지 않으면 얻지 못한다. 이것은 하늘이 나에게 부여한 것이니, 먼저 그 큰 것을 세운다면 그 작은 것이 빼앗을 수 없다. 이것이 대인이다.[16]

16 『맹자』, 「고자상」, 15장. 耳目之官, 不思而蔽於物, 物交物則引之而已矣. 心之官則思, 思則得之, 不思則不得也. 此天之所與我者, 先立乎其大者, 則其小者不能奪也. 此爲大人而已矣.

사려 능력에 의해 더 중요한 가치와 덜 중요한 가치를 구별할 수 있다. 가치들을 비교 및 판별하는 사려 능력은 인류가 대대로 전수해온 진화의 산물이다. 사려해보면 인의 중요성이 자연스럽게 드러난다.

물론 인의 중요성 테제가 사람들에게 쉽게 수용되는 것만은 아니다. 인의 중요성 테제에 대한 회의는 도가뿐만 아니라 인 사상 내부에서도 제기된다. 공자의 제자였던 재여(宰予, 宰我)는 인의 중요성 테제에 의문을 표한다. 삼년상은 부모가 돌아가신 뒤에 자식이 부모에 대한 사모의 감정을 표현하는 중요한 예법이다. 그런데 재여는 부모의 삼년상이 효율적이지 못하다고 비판한다. 재여는 삼년상을 치를 경우에 제도에 신경을 쓰지 못해 예와 악이 붕괴되고, 장기간 농사일을 등한시함으로써 온전한 생활을 영위하지 못하게 된다고 비판한다. 재여는 삶에 필요한 물리적 조건들을 충족하기 위해서는 삼년상을 일년상으로 줄여야 마땅하다고 말한다. 재여는 돌아가신 부모에 대한 추모가 중요하다고 할지라도 남은 자들의 생존을 위협할 만큼에 이르러서는 안 된다고 본다. 재여에게 있어 삼년상은 그 중요성이 지나치게 과장되어 있다.

공자는 재여의 비판에도 불구하고 삼년상은 사람으로서 지켜야할 매우 중요한 가치라는 입장을 고수한다.

> 재여: 삼년상은 기간이 너무 깁니다. 군자가 삼년 동안 예를 행하지 않으면 예가 반드시 무너지고, 삼년 동안 악(樂)을 행하지 않으면 악이 반드시 붕괴합니다. 묵은 곡식이 다 떨어지면 새 곡식이 나오며, 불씨 만드는 나무도 한 해를 주기로 바꿉니다. 그러니 부모의 상도 일년으로 해야 옳습니다.
>
> 공자: 삼년이 지나기 전에 쌀밥을 먹고 비단옷을 입는 것이 너에게

편안한가?

재여: 편안합니다.

공자: 네가 편안하다면 그렇게 하라. 대저 군자가 부모의 상에 처하면 음식을 먹어도 맛이 없고, 음악을 들어도 즐겁지 않고, 거처함에 편안하지 않기 때문에 삼년상을 치른다. 이제 네가 편안하다면 그렇게 하라.

공자: (재여가 나간 뒤에 말한다) 재여는 인하지 않구나. 자식이 태어나면 삼년이 지나야 부모의 품을 떠난다. 대저 삼년상은 세상에 보편적인 상례이다. 재여는 삼년 동안 부모에게 사랑을 받은 적이 있는가?[17]

공자는 재여에게 부모에 대한 친밀감이 결여되어 있음을 안타깝게 여긴다. 인간이 태어나면 삼년 동안 부모의 사랑을 받으며, 성장하는 동안에 강한 친밀감이 형성된다. 그것이 인지상정이다. 그런데 재여에게는 그러한 친밀감에 대한 고려가 없다. 이 때문에 공자는 재여가 삼년상을 지내지 않으려고 하는 것에 대해 의아해한다.

사람이 태어나 생존하는 과정에서 부모의 사랑이 절대적으로 필요하다. 설령 자신의 친부모가 아니라고 하더라도 사람이 태어나 성인이 되기

◇◇◇◇

17 『논어』, 「양화」, 21장. 宰我問三年之喪, 期已久矣. 君子三年不爲禮, 禮必壞, 三年不爲樂, 樂必崩. 舊穀旣沒, 新穀旣升, 鑽燧改火, 期可已矣. 子曰, 食夫稻, 衣夫錦, 於女安乎? 曰, 安. 女安則爲之. 夫君子之居喪, 食旨不甘, 聞樂不樂, 居處不安, 故不爲也. 今女安則爲之. 宰我出. 子曰, 予之不仁也, 子生三年然後, 免於父母之懷, 夫三年之喪, 天下之通喪也. 予也有三年之愛於其父母乎?

까지는 누군가의 보살핌이 있어야만 한다. 그러한 점에서 보살핌은 사람의 생존을 위한 절대적 요소이다. 재여 역시 부모의 사랑을 통해 아기 시절을 보냈을 것이다. 우리가 부모의 사랑을 받아 생존했다고 한다면 그에 대한 보답은 매우 중요한 정서적 반응이다. 공자는 그러한 측면에서 삼년상의 중요성이 자연스럽게 정당화된다고 본다.

인의 중요성 테제는 인의 경험이 전제되지 않으면 쉽사리 수긍되기 어렵다. 상대로부터 깊은 사랑을 받고도 그것에 대해 고마움을 느끼지 못하는 사람과는 사랑이 무엇인지 논의하기 어렵다. 그러한 사람은 선천적으로 공감 능력이 부족하거나, 아니면 삶의 과정에서 어떤 이유로 인해 공감 능력이 퇴화된 경우에 해당한다. 부모의 사랑을 경험해보지 못한 자식에게 부모의 사랑에 보답하기를 바라는 것은 어리석은 일이다.

공자는 사람이라면 누구나 부모의 사랑을 받았다고 한다면 그에 대한 감사의 마음이 저절로 생기지 않을 수 없다고 생각한다. 나아가 공자는 부모의 사랑에 대한 감사의 마음이 있는 사람이라면 자연스럽게 부모의 상중에는 음식을 먹어도 맛이 없고, 음악을 들어도 즐겁지 않고, 거처가 편안하지 않을 것이라고 말한다. 이 때문에 공자는 삼년상을 지내지 않고도 편안할 수 있다는 재여의 태도를 이해하지 못한다.

공자에게 인은 다른 가치와 충돌할 경우에 우선적으로 보존해야하는 가치이다. 심지어 공자는 인 감정이 법적 정의와 충돌할 경우에도 인을 우선적으로 보존해야 한다고 본다. 가령 자신의 아버지가 남의 양을 훔친 경우를 보자. 그러한 경우에 아버지를 사법기관에 신고해야 할까, 아니면 숨겨주어야 할까? 공자는 부자간의 친밀감을 포기할 수 없는 가치로서 중시한다. 친밀감에 대한 중시는 공자와 섭공(葉公)과의 대화에서 잘 나타난다.

섭공: 우리 무리 중에 정직하게 행동하는 사람이 있으니, 아버지가 양을 훔치면 아들이 그 사실을 증명합니다.

공자: 우리 무리 중에 정직한 사람은 아버지가 아들을 위해 숨겨주고 아들이 아버지를 위해 숨겨줍니다. 정직이 그 가운데 있습니다.[18]

위 대화에서 중심 주제는 정직이다. 섭공이 예시한 정직한 사람은 아버지가 양을 훔치자 법정에 증인으로 나서 사실 그대로 증명해주었다. 섭공은 그가 법정에서 거짓말을 하지 않았으므로 정직하다고 말한다. 이러한 섭공의 정직은 객관적 사실에 대해 거짓말을 하지 않은 것을 가리킨다.

하지만 공자는 섭공과는 다른 종류의 정직을 제시한다. 공자에 의하면 아버지와 아들이 서로의 죄를 숨겨주는 것이 정직이다. 아들은 아버지의 죄를 숨겨주기 위해 아버지가 양을 훔친 사실에 대해 법정에서 위증을 하지만, 거기에 공자의 정직이 있다. 공자는 그러한 위증을 왜 정직하다고 말할까? 거기에는 또 다른 종류의 자연스러운 사실이 있기 때문이다. 그것은 바로 부모 자식 간의 친밀감이다. 공자는 부모 자식 간의 친밀감은 거스를 수 없는 매우 중요한 가치라고 본다. 공자는 사회적 정의를 위한 법 준수에 반대하지 않지만, 그렇다고 법만으로 좋은 삶을 담보할 수 없다고 본다. 공자는 자신의 부모가 남의 양을 훔쳤을 경우에는 사회적 정

18 『논어』, 「자로」, 18장. 葉公語孔子曰, 吾黨有直躬者, 其父攘羊, 而子證之. 孔子曰, 吾黨之直者, 異於是. 父爲子隱, 子爲父隱, 直在其中矣.

의를 지키는 것보다 부모와의 친밀감을 보존하는 것이 더 중요하다고 본다. 공자는 부모와 자식 사이의 친밀감에 충실한 것이야말로 다른 어떤 가치에도 양보할 수 없는 정직이라고 생각한다. 공자의 정직은 객관적 사실에의 충실이 아닌 인 감정에의 충실을 뜻한다.

인의 중요성은 인의 상실이 가져오는 피폐한 결과를 보면 알 수 있다. 인의 상실을 통해 인이 삶의 중요한 가치라는 것을 깨달을 수 있다. 가령 사회에 친밀감이 보존되지 못할 경우에 자살과 같은 사회문제를 불러온다. 한국은 2010년도에 인구 10만 명당 자살자 수가 33.5명에 이를 만큼 경제협력개발기구 소속 국가들 중에서 자살률이 가장 높다. 다른 국가의 자살률은 일본이 21.2명(2위), 영국이 6.7명, 스페인이 6.3명인 것에 비하면 한국의 자살률은 눈에 띄게 높은 편이다. 이렇게 한국사회에 자살자 수가 높은 것은 스트레스, 우울증, 외로움 등이 주요 원인이다. 대인관계에서 자연스러운 친근감의 상실은 자살률을 증가시킨다.

스트레스나 우울증으로 인한 자살 현상을 극복하기 위해서는 친밀감을 보존하는 정책이 요구된다. 매우 국부적인 현상이기는 하지만, 인정을 펼침으로써 경쟁 사회의 그늘진 구석을 밝게 개선한 최근의 사례도 있다. 예를 들어 전북광역정신보건센터에서는 진안군의 노인자살을 예방하기 위해 시범마을을 선정해 직접 노인들을 찾아가는 상담 서비스를 시행하였다. 진안군은 2011년에 인구 10만 명당 자살률이 75.5명으로 전국 시군구 중 1위였으나, 2012년에는 22명으로 감소해 그 순위가 234위로 떨어졌다. 이 지역에는 65세 노령인구가 많고, 자살자의 대부분이 노인이다. 그래서 보건센터에서는 한 달에 한 차례 이상 시범마을을 방문하여 노인들의 신체 건강이나 우울증 등을 검사하고, 매주 한 차례 이상 전화를 걸어 안부를 묻는다. 보건센터의 이러한 정책이 효과를 거둠으로써 자살률을 크게 낮출 수 있었다.[19] 이처럼 인에 기초한 정책이 시행되어야만 무한 경쟁에서 오는 부정적 현상들을 극복할 수 있다.

공자가 볼 때에 사람들 사이에서 자연스럽게 형성된 인 감정은 사회를 형성하는 부차적인 요소가 아니라 매우 본질적인 요소이다. 부모자식 간에 애착이 사라지고 형제자매 간에 우애가 결여된 상태에서 행복한 유년기를 보내기 어렵다. 초·중·고교에서 또래들 간에 스스럼없는 우정을 쌓지 못하고 성적에만 몰두하는 교육이 이루어질 경우에 행복한 학교생활을 하기 어렵다. 이성 간에 경제적 조건만을 따지면서 애정이 쇠락할 경우에 상대는 자신을 위한 도구로 전락하게 된다. 나아가 이웃 간에 협력을 기대할 수 없는 불신 사회에서는 불안감이 증폭되어 감시비용만 높아진다. 인 감정이 잘 배양되지 못할 때에 스트레스나 우울증과 같은 사회적 병리 현상이 나타난다.

공자는 인이란 선비가 항상 지켜야하는 가장 중요한 덕목이라고 말한다.

> 선비는 뜻이 넓고 굳세지 않을 수 없으니, 임무는 무겁고 가야할 길이 멀다. 인을 자기의 임무로 삼으니, 역시 무겁지 않겠는가? 죽은 뒤에나 그 길이 끝나니, 역시 멀지 않겠는가?[20]

◇◇◇◇

19 서울방송 뉴스, 「한수진의 SBS 전망대: 자살률, 1위에서 234위로 낮춘 비법이」, 《서울방송》, 2013년 10월 13일. http://news.sbs.co.kr/section_news/news_read.jsp?news_id=N1002023239.

20 『논어』, 「태백」, 7장. 曾子曰, 士不可以不弘毅, 任重而道遠. 仁以爲己任, 不亦重乎? 死而後已, 不亦遠乎?

공자에게 있어 인은 사람이 태어나서 죽을 때까지 지켜야 할 막중한 임무로서 인식된다. 선비라면 죽은 뒤에나 인을 지키는 임무에서 벗어날 수 있다. 공자에 의하면 인의 보존은 삶의 가장 중요한 가치의 보존을 의미한다. 선비는 인을 자신의 임무로 삼아 씩씩한 기상을 기른다. 인으로부터 솟아나는 용기는 아름답다. 공자에 의하면 인한 사람은 반드시 용기를 지니고 있다.[21] 인자는 용기를 냄으로써 인의 가치를 상승시킨다. 인이 있다고 하더라도 용기가 동반되지 않으면 타인의 공감을 이끌어내기 어렵다. 인이 있다고 하더라도 일에 씩씩하게 임하여 실천하지 않으면 다른 사람들이 인정하지 않게 된다.[22] 용기 있게 인을 실천함으로써 타인을 존중할 수 있을 뿐만 아니라 상대방 역시 나에 대해 존중심을 갖게 된다. 이처럼 인이란 선비가 용기 있게 실천해야 하는 막중한 가치이다.

그렇다고 하여 용기 있는 사람이 반드시 인한 것은 아니다.[23] 인이 아닌 다른 이유 때문에 용기를 갖는 경우가 있기 때문이다. 타인을 해치기 위해 용기를 갖는 경우도 있다. 도둑은 남의 재화를 훔치기 위해 대담성을 발휘한다. 마피아는 타인을 해칠 목적으로 무력을 사용한다. 나아가 독재자는 시민들을 억누르기 위해 제멋대로 공권력을 휘두른다. 이러한 종류의 무력은 불인(不仁)에 기원한 용기라는 점에서 오히려 삶을 적극적으로 해친다. 잘못된 용기는 적극적 잔인함을 양산함으로써 삶을 황폐화

◇◇◇◇

21 『논어』, 「헌문」, 5장. 仁者必有勇.

22 공자는 지혜, 인, 용기에서 나아가 예도 중시한다. 공자는 앞의 세 가지가 갖추어져 있을지라도 예가 없다면 좋지 않다고 말한다. 『논어』, 「위령공」, 32장. 知及之, 仁能守之, 不莊以涖之則民不敬. 知及之, 仁能守之, 莊以涖之, 動之不以禮, 未善也.

23 『논어』, 「헌문」, 5장. 勇者不必有仁.

시킨다. 그러한 점에서 용기는 불인이 아닌 인을 증대시키는 데에 사용될 경우라야 정당화될 수 있다.

인과 예의 관계

인이 아무리 중요한 가치라고 하여도 실천되지 않으면 공허하기 마련이다. 이 때문에 인의 실천 형식이 필요하다. 인 사상에서는 예야말로 인을 실천할 수 있는 자연스러운 형식이라고 본다. 예가 적절히 활성화되면 인이 잘 보존되고, 예가 쇠락하면 인 역시 쇠미해지기 쉽다.

인과 예의 관계를 이야기하기 전에 예에 대해 흔히 갖게 되는 편견 하나를 지적하고자 한다. 예가 사회적 질서 유지를 위해 집단적 차원에서 암묵적으로 강권되는 고정불변의 인습이라는 편견이 그것이다. 물론 예를 지키면 질서가 잘 유지되는 측면이 있다. 그러나 단순히 예의 근본 목적이 질서 유지를 위한 의무 부과에 있는 것은 아니다. 내용을 담지 못한 채 인습적 형식만을 묵수하는 것은 예의 본래 취지에 어긋난다. 질서 유지를 위해서라면 예가 아닌 법에 의해서도 가능할 것이다.

예가 법과 다른 점은 인의 가치를 자율적으로 실천하는 데 있다. 그런 까닭에 인습적 형식만을 묵수하는 것보다 형식이 조금 부족하더라도 사람 존중의 가치를 자발적으로 실천하는 것이 예의 취지에 더 부합한다.

> 예는 사치스럽기보다 차라리 검소하고, 상은 형식을 잘 다스리기보다 차라리 슬퍼야한다.[24]

예의 근본은 사람 존중에 있다. 사람 존중이라는 예의 근본 취지가 사라지고 형식만 남을 때에 문제가 발생한다. 공자가 언급한 사치스러움이란 사람 존중이라는 가치가 사라진 채 형식만 웅장한 겉치레를 말한다. 가령 결혼식이 형식만 웅장할 뿐 거기에 참석한 사람들이 서로 애틋한 마음을 나누지 못한다고 한다면 겉치레 행사로 끝나고 만다. 장례 절차를 엄격히 준수하면서 웅장하게 치르더라도 거기에 애도하는 마음이 없다고 한다면 그러한 장례는 겉치레에 불과하다. 우리는 학교에서 효 문화가 미풍양속이라고 배운다. 또한 우리는 명절이 되면 부모에게 먼저 절을 올린다. 나아가 정부에서도 노인복지를 위한 각종 이벤트를 지원한다. 하지만 정작 2015년 경제협력개발기구 통계에 의하면 우리나라 65세 이상 노인 빈곤율은 50%이다. 이는 경제협력개발기구 회원국 평균인 13%의 4배에 가까운 수치다. 이처럼 내용이 빈곤한 인습적인 결혼식, 효 문화, 노인복지정책 등은 겉치레에 그칠 뿐이다.

특히 자본주의적 거래 편의성이 예를 공허한 형식으로 전락시키는 경우가 많다. 역할대행의 사례를 보자. 인터넷 검색을 해보면 쉽게 역할대행 업체를 찾을 수 있다. 우리는 자신이 원하는 역할대행 부모를 구매하여 외형상 격조 있는 결혼식을 거행할 수 있다. 또한 각종 의례에 지적이고 세련된 외모를 가진 역할대행 친구를 구매함으로써 외형상 품위 있게 연회를 진행할 수 있다. 심지어 남편, 부인, 애인 등과 같은 역할대행까지도 구매하여 사용할 수 있다. 역할대행은 의례에 필요한 많은 사항들을 잘 해결해준다. 그러나 역할대행을 구매한다고 하여 내적 동기까지 충족되는

24 『논어』, 「팔일」, 4장. 禮與其奢也, 寧儉, 喪與其易也, 寧戚.

것은 아니다. 부모가 없는 사람이 결혼식을 위해 역할대행 부모를 구매한다고 하더라도 거기에 진정한 사랑이나 존중심이 내재하는 것은 아니기 때문이다.

사람 존중이라는 예의 근본 취지가 보존된다면, 설령 시대에 따라 그 형식이 바뀌어도 크게 문제될 것이 없다. 공자가 제시한 다음의 사례는 예의 취지가 사람 존중에 있다는 것을 잘 보여준다.

> 삼실로 만든 관을 쓰는 것이 예였다. 그런데 지금은 명주실로 관을 만든다. 이는 검소함이니, 나는 요즘 사람들의 예를 따르겠다. 당 아래에서 절하는 것이 예였다. 그런데 지금은 당 위에서 절한다. 이는 교만함이니, 비록 요즘 사람들과 다를지라도 나는 당 아래에서 절하는 예를 따르겠다.[25]

삼베관의 착용이 전통적인 예에 속한다면, 명주관의 착용은 공자 당시에 새롭게 등장한 예이다. 공자는 새롭게 등장한 명주관이 검소함을 위한 것이라고 보아 그러한 형식의 변화를 수용한다. 명주관을 착용하는 새로운 예에는 검소함의 태도가 부가되었을 뿐 상대에 대한 존중이 잘 유지되고 있다. 한편 당 아래에서 절하지 않고 당 위에서 절하는 새로운 예에는 상대를 무시하는 교만함이 들어있다. 공자 당시에는 군주제 사회였기 때문에 임금과 신하 사이에는 신분의 고하가 분명하였다. 그런 까닭에 신하가 임금을 만날 때에 당 아래에서 절함으로써 임금에 대한 존중심을

25 『논어』, 「자한」, 3장. 子曰, 麻冕禮也, 今也純, 儉, 吾從衆. 拜下禮也, 今拜乎上, 泰也, 雖違衆, 吾從下.

표시한다. 공자가 보기에 당 위에서 절하는 새로운 예는 상대에 대한 존중심, 곧 인 감정에 반하는 실천형식이다. 그러므로 공자는 당 아래에서 절하는 전통적 예가 더 좋다고 생각한다.

물론 오늘날과 같은 민주주의 시대에 공자가 지지하는 당 위의 인사 예절은 터무니없는 것이다. 대통령이나 고위 관료라고 할지라도 시민과 만날 경우에는 평등한 관계에서 인사하고 대화하는 것이 서로에 대한 존중이다. 만약 시민이 당 아래에서 인사하고 대통령이 당 위에서 인사를 받는다면 이는 시민에 대한 존중이 결여되었다는 점에서 대단한 결례가 아닐 수 없다. 그러한 측면에서 공자의 예 관념 역시 당시 군주제 신분사회라는 한계로부터 자유롭지 못하다.

다만 우리가 이 사례로부터 얻을 수 있는 교훈은 사람에 대한 존중이 결여된 경우에 예의 근본 취지를 벗어나게 된다는 사실이다. 예는 인을 결여할 경우에 그 형식과 절차가 아무리 정교하다고 할지라도 공허함을 면치 못한다.

요즘의 공중예절을 통해서도 예의 근본 취지가 인의 보존에 있음을 알 수 있다. 가령 서울의 지하철에 설치된 노약자석의 경우를 보자. 지하철의 노약자석 제도는 타율적인 방식으로 지하철 좌석의 일부에 대해 노약자에게 우선권을 부여한다. 지하철 좌석에 대한 이러한 제도적 강제는 자신의 자리를 자율적으로 양보하는 것과는 다르다. 자율적인 자리 양보가 타인에 대한 존중심에서 나온 것임에 반해, 제도적 강제는 처벌에 대한 두려움에서 나온다.

서울시의 지하철에는 전체 좌석의 약 22% 정도가 노약자석으로 지정되어 있다. 그런데 이 노약자석을 두고 세대 간 갈등이 심화되고 있다고 한다. 서울도시철도공사에 따르면 노약자석 자리다툼 민원이 2011년에 2008년보다 6배나 증가했다. 노약자석을 둘러싼 자리다툼의 원인은 대부분 세대 간 인식차이에서 연원한다. 가령 직장인 나모(28·여) 씨는 다리가 다쳐 깁스를 한 채 지하철 노약자석을 앉았다가 봉변을 당했다. 오륙십 대로 보이는 등산복 차림의 한 남성이 등산지팡이로 나모씨의 머리를 때리며 호통을 쳤기 때문이다.[26] 노약자라는 개념을 충실히 적용한다면 나모씨 역시 다리가 다쳐 깁스를 했으므로 약자의 범주에 속한다. 그럼에도 불구하고 노약자석의 범주를 노인에 한정시켜 이해할 경우에 나모씨와 같이 봉변을 당하는 일이 발생한다. 최근에는 그러한 협애한 인식을 시정하기 위해 수도권 지하철에 노약자석과는 별개로 임산부석을 운영할 예정이라고 한다. 그러한 제도는 임산부의 교통편의를 돕기 위한 강제적 장치이다.

공자의 예 관념에 따르면 노약자석이나 임산부석에 대한 제도적 강제가 반드시 상대에 대한 배려를 수반하는 것은 아니다. 예가 상대에 대한 자발적 배려를 전제하지 않는다면 각종 지정석이 자리다툼으로 귀결될 가능성이 높다. 노약자석의 노약자 개념은 노인뿐만 아니라 약자까지도 포함한다. 임산부는 개념적으로 약자의 범주에 속한다. 그러므로 임산부 역시 노약자석에 앉을 권리가 있다. 그럼에도 불구하고 노약자석과 별도로 임산부석을 다시 만든 이유는 임산부가 노약자석에 앉을 수 있는 권리가 있는지를 두고 사람들 사이에 논쟁이 벌어지기 때문이다. 나아가 깁스를 한 나모씨를 때린 사람의 경우도 마찬가지다. 그 사람은 나모씨가 노

26 유대근·김민석 기자, 「노약자석, 怒할 좌석」, 《서울신문》, 2013년 5월 21일. 서울도시철도공사에 따르면 노약자석 자리 다툼 민원은 2011년 420건(5~8호선 기준)이 접수돼 2008년(62건)보다 6배 이상 늘었다.

약자가 아니므로 그 자리에 앉아서는 안 된다고 생각했을 것이다.

지정석 문제를 제도적으로 개선해 나모씨와 같은 불상사가 일어나지 않도록 방지하기 위해서는 임산부석에서 나아가 어린이석, 환자석, 장애인석 등 약자를 위한 각종 지정석을 따로 두어야 할 것이다. 두통을 앓는 사람은 약자가 아닐까? 배가 아픈 사람은 약자가 아닐까? 몸이 허약한 사람은 약자가 아닐까? 체중이 너무 많이 나가는 사람은 약자가 아닐까? 이처럼 매우 다양한 이유에 근거해 자신을 약자라고 생각하는 사람들이 여기저기서 등장할 것이다. 그렇다고 한다면 매우 다양한 종류의 지정석들이 지리멸렬하게 요청될 것이다. 노약자석의 본래 취지는 노약자에 대한 배려에 있다. 그러한 점에서 노약자석 제도 자체가 배려의 미덕을 약화시키는 직접적 원인이라고는 말할 수 없다. 다만 서로에 대한 배려 문화가 결핍된 경우에는 그러한 제도의 본래 취지 역시 상실되고 만다.

예의 관점에서 보자면 제도적 장치의 유무에 관계없이 배려의 미덕이 잘 보존되어야 한다. 약자에 대한 배려의 미덕이 있다고 한다면 노약자석이나 임산부석이 없을 때조차도 그들에게 자리를 양보하는 것이 매우 자연스러운 일임에 틀림없다. 누군가 몸이 약한 사람이 지하철에 들어온다면 기꺼이 양보하는 것이 바로 예이다. 물론 자기 자리를 지키면서 약간의 편의를 얻는 것이 자기에게는 이득일 것이다. 그럼에도 불구하고 그러한 자신의 이기적 욕구를 제어함으로써 약자에게 자리를 양보하는 것이 예의 미덕이다. 예를 통해 상대를 배려할 줄 알 때라야 제도적 장치 역시 지리멸렬해지지 않고 인 정신의 본래 취지를 되찾을 수 있다.

예를 실천하지 못하는 이유는 거창한 형식을 감당하지 못해서가 아니라 그것을 실천하고자 하는 내적 동기가 쇠미해지는 데 있다. 가령 사용자는 회사의 수익을 독점하고픈 유혹이 있으면 노동자와 정의롭게 수익을 나누려고 하지 않게 된다. 또한 정치인은 자신의 정적을 죽임으로써 자신의 권력을 부당하게 강화하려는 유혹에 빠지기 쉽다. 이러한 유혹들을 이겨내지 못할 경우에 상대에 대한 배려의 동기가 사라짐으로써 예를 어기게 된다. 그런 까닭에 공자는 인을 보존하기 위해 자기를 이기고(克己) 예로 돌아가라고 말한다.

> 안연이 인에 대해 물었다. 공자가 대답하기를, "자기를 이기고 예로 돌아가는 것이 인이다. 하루 동안 자기를 이기고 예로 돌아가면 세상 사람들이 인으로 돌아갈 것이니, 인의 실천은 자기에게 말미암는 것이지 어찌 다른 사람에게서 말미암겠는가?"라고 하였다. 안연이 그 구체적 실천 방법을 물었다. 공자가 대답하기를, "예가 아니면 보지 말고, 예가 아니면 듣지 말고, 예가 아니면 말하지 말고, 예가 아니면 움직이지 말라"고 하였다.[27]

인을 보존하기 위해서는 이기적 욕구를 적절히 절제해야 한다. 극기란 사람 존중의 가치를 실현하기 위해 자신의 이기적 욕구를 절제할 줄 아는 것을 가리킨다. 가령 안연은 타인을 존중하기 위해 분노를 참을 줄 알았다.[28] 인의 실현을 위해 분노를 참는 것이 바로 극기의 하나이다. 타인의 입장을 존중한다면 자신의 이득을 얻기가 쉽지 않을 수 있다. 그럼에도 인자는 예를 지킴으로써 그러한 어려움을 기꺼이 감내하면서 자신

27 『논어』, 「안연」, 1장. 顔淵問仁. 子曰, 克己復禮爲仁, 一日克己復禮, 天下歸仁焉, 爲仁由己而由人乎哉? 顔淵曰, 請問其目. 子曰, 非禮勿視, 非禮勿聽, 非禮勿言, 非禮勿動.

28 논어』, 「옹야」, 2장. 有顔回者好學, 不遷怒, 不貳過.

의 이기성을 극복할 줄 안다.[29]

극기와 관련해 생기는 한 가지 오해는 이기적 욕구의 억제가 곧 인의 실천이라고 여기는 데 있다. 물론 이기적 욕구를 억제할 수 있는 사람이 타인을 존중하는 경우가 더 많다. 그렇다고 하여 이기적 욕구의 억제가 곧 타인의 존중을 의미하는 것은 아니다. 논리적으로 보자면 이기적 욕구의 억제는 이기적 욕구를 억제하지 않음과 모순 관계에 있을 뿐이다. 가령 사람이 은둔하여 금욕적 생활을 하는 경우를 보자. 그는 자신의 이기적 욕구를 잘 억제할 줄 알지만 그렇다고 하여 반드시 타인을 존중하는 것은 아니다. 그는 다른 사람을 일절 만나지 않기 때문에 타인의 존중과는 무관한 생활을 한다. 그렇다면 그 은둔자의 금욕은 단지 자신의 욕구에서 오는 정신적 번민을 떨쳐내는 데에 목적이 있을 뿐이다. 이와 같이 자신의 욕구를 억제하면서도 인을 실천하지 않을 수 있다.

공자의 궁극적 관심사는 욕구의 억제 자체가 아니라 인의 실천에 있다. 세상을 등지는 은둔주의는 이기적 욕구뿐만 아니라 인의 실천에도 관심을 두지 않는다. 은둔주의자는 세상을 피함으로써 인의 가치와 무관하게 살아간다. 이 때문에 공자는 은둔주의를 그리 좋아하지 않는다. 공자는 세상을 피하는 은둔주의에 대해 다음과 같이 자신의 소회를 피력한 적이 있다.

> 새나 짐승과는 함께 무리지어 살 수 없나니, 내가 사람의 무리와 함께 살지 않고 누구와 함께 살겠는가?[30]

◇◇◇◇

29 『논어』, 「옹야」, 20장. 仁者, 先難而後獲.

30 『논어』, 「미자」, 6장. 夫子憮然曰, 鳥獸不可與同群, 吾非斯人之徒與而誰與?

공자는 세속적 삶을 긍정한다. 타인과 함께 살아가는 세속적 삶에는 식욕, 성욕, 수면욕, 명예욕, 권력욕 등이 모두 추구된다. 세속인의 삶은 대부분 그러한 욕구들을 충족하기 위한 노력들로 채워진다. 공자는 세속적 삶을 긍정한다는 점에서 모든 욕구의 금지, 곧 절욕을 추구하지 않는다.

공자가 추구하는 삶의 궁극적 목적은 인의 획득에 있다. 공자는 예를 통해 인과 충돌을 일으키는 이기적 욕구를 절제함으로써 인을 실천하고자 한다. 심지어 인을 이루기 위해 죽음조차도 피하지 않는 경우가 있다. 공자에 의하면 "뜻이 있는 선비와 인한 사람은 삶을 추구하면서 다른 사람을 해치지 않으며, 자신을 죽여서라도 인을 이룬다."[31] 사람의 욕구 중에서 매우 큰 것이 살고자 하는 욕구이지만 인자는 부득이한 경우에 살신성인(殺身成仁)에 이르기도 한다. 이와 같이 공자의 인은 죽음의 공포도 넘어설 만큼 강렬한 추동력을 지닌 중요한 가치이다.

31 『논어』, 「위령공」, 8장. 子曰, 志士仁人, 無求生而害人, 有殺身而成仁.

참고문헌

1. 한국어 자료

교육방송, 「다큐프라임: 마더 쇼크」, 2011년 5월 30일 밤9시 50분 방영.

대커 켈트너, 하윤숙 옮김, 『선의 탄생』, 옥당, 2011.

데이비드 슬론 윌슨, 김영희·이미정·정지영 옮김, 『진화론의 유혹』, 북스토리, 2009.

로버트 액설로드, 이경식 옮김, 『협력의 진화』, 시스테마, 2009.

리처드 도킨스, 홍영남·이상임 옮김, 『이기적 유전자』, 을유문화사, 2010.

로버트 S. 위스트리치, 송충기 옮김, 『히틀러와 홀로코스트』, 을유문화사, 2004.

마틴 노왁·로저 하이필드, 허준석 옮김, 『초협력자』, 사이언스북스, 2012.

매트 리들리, 신좌섭 옮김, 『이타적 유전자』, 사이언스북스, 2010.

사마천, 김영수 옮김, 『완역 사기본기』 2책, 알마, 2012.

서울방송 뉴스, 「한수진의 SBS 전망대: 자살률, 1위에서 234위로 낮춘 비법이」, 《서울방송》, 2013년 10월 13일.

슈테판 클라인, 장혜경 옮김, 『이타주의자가 지배한다』, 웅진 지식하우스, 2011.

신정근, 『논어의 숲, 공자의 그늘』, 심산, 2006.
______, 『사람다움의 발견』, 이학사, 2005.
엘리엇 소버·데이비드 슬로안 윌슨 지음, 『타인에게로: 이타 행동의 진화와 심리학』, 서울대학교 출판문화원, 2013.
유대근·김민석 기자, 「노약자석, 怒할 좌석」, 《서울신문》, 2013년 5월 21일.
윤재선 기자, 「국립공원 중 지리산 쓰레기 배출량 가장 많아」, 《평화방송》, 2013년 10월 3일.
이예슬 기자, 「'대졸' 고학력 백수 역대 최대, 300만 이상이 실업자」, 《매일경제》, 2013년 6월 28일.
임주형 기자, 「'매값 폭행' 최철원씨 구속」, 《서울신문》, 2010년 12월 9일.
정용환, 「공맹유학의 도덕 감정론」, 『철학연구』, 128집, 대한철학회, 2013.
______, 『철학적 성찰로서 유교론』, 철학과 현실사, 2011.
정지은 기자, 「최고은 작가 요절 충격. '남은밥 좀 주오' 유언」, 《서울신문》, 2011년 2월 8일.
정창교 기자, 「장애인·노숙자 100여명 수십년 '노예생활' 충격… 섬 양식장·어선서 임금 한푼 못받고 강제노역 시달려」, 《국민일보쿠키뉴스》, 2012년 4월 9일.
조세형 기자, 「살아있는 상태에서 오리털 뽑기, 인간이 무섭다」, 《오마이뉴스》, 2013년 12월 23일.
존 롤즈, 장동진 옮김, 『정치적 자유주의』, 동명사, 1998.
존 스튜어트 밀, 김형철 옮김, 『자유론』, 서광사, 1992.
______, 이을상 옮김, 『공리주의』, 지식을 만드는 지식, 2008.
중국 북경대 철학과 연구실, 홍원식 옮김, 『중국철학사3』 송·명·청편, 자작아카데미, 1997.
찰스 다윈, 이종호 옮김, 『인간의 유래와 성선택』, 지식을 만드는 지식, 2010.
채인후, 천병돈 옮김, 『공자의 철학』, 예문서원, 2000.
최지숙 기자, 「'고문 기술자' 이근안 마지막 언론 인터뷰」, 《서울신문》, 2013년

1월 17일.
칸트, 백종원 옮김, 『실천이성비판』, 아카넷, 2002.
토머스 홉스, 진석용 옮김, 『리바이어던』 1책, 나남, 2008.
플라톤, 박종현 역주, 『국가·정체』, 서광사, 1997.
피터 싱어, 함규진 옮김, 『물에 빠진 아이 구하기』, 산책자, 2009.

2. 한문 자료

공영달(孔穎達), 『예기주소(禮記注疏)』, 문연각사고전서본.
곽상(郭象), 『장자주(莊子注)』, 문연각사고전서본.
소옹(邵雍), 『이천격양집(伊川擊壤集)』, 문연각사고전서본.
양경(楊倞) 주석, 『순자(荀子)』, 문연각사고전서본.
양백준(楊伯峻), 『춘추좌전주(春秋左傳注)』, 중화서국, 1990.
임희일(林希逸), 『장자구의(莊子口義)』, 문연각사고전서본.
왕수인(王守仁), 『왕양명전집(王陽明全集)』, 상하, 상해고적출판사, 1995.
왕필(王弼) 주석, 『노자도덕경(老子道德經)』, 문연각사고전서본.
장재(張載), 『장재집(張載集)』, 중화서국, 1978.
정호(程顥)·정이(程頤), 『이정집(二程集)』, 전2책, 한경문화사업유한공사, 중화민국72.
조기(趙岐) 주, 손석(孫奭) 소, 『맹자주소(孟子注疏)』, 북경대학 출판사, 2000.
주돈이(周敦頤), 『주자전서(周子全書)』, 대만: 상무인서관, 중화민국57.
주희(朱熹), 『경서(經書)』(大學章句·論語集注·孟子集注·中庸章句), 성균관대학교 대동문화연구원, 1971.
______, 『주자전서(朱子全書)』, 상해고적출판사, 2002.
진덕수 (외) 편, 『심경·근사록』, 보경문화사, 1990.
한문대계(漢文大系), 1책, 『맹자정본(孟子定本)』, 동경: 부산방, 소화59.

______, 8책, 『한비자익취(韓非子翼毳)』, 동경: 부산방, 소화59.

______, 9책, 『노자익(老子翼)』, 동경: 부산방, 소화59.

______, 14책, 『묵자한고(墨子閒詁)』, 동경: 부산방, 소화59.

______, 15책, 『순자(荀子)』, 동경: 부산방, 소화59.

3. 영어 자료

Ames, Roger T., "Mencius and a Process Notion of Human Nature", *Mencius: Contexts and Interpretations*, edited by Alan K. L. Chan, University of Hawai'i Press, 2002.

______, "The Mencian Conception of Ren xing(人性): Does it Mean 'Human Nature'?", *Chinese Texts and Philosophical Contexts*, ed. by Henry Rosemont, Jr., Illinois: Open Court, 1991.

Ben-Ze'ev, Aaron, Ruhama Goussinsky, *In the Name of Love: Romantic Ideology and its Victims*, Oxford University Press, 2008.

______, *The Subtlety of Emotions*, MIT Press, 2001.

Berlin, Isaiah, *Four Essays on Liberty*, London: Oxford University Press, 1969.

Bloom, Irene, "Biology and Culture in the Mencian View of Human Nature", *Mencius: Contexts and Interpretations*, edited by Alan K. L. Chan, University of Hawaii Press, 2002.

______, "Human Nature and Biological Nature in Mencius", *Philosophy East and West*, Vol. 47, University of Hawai'i Press, 1997.

______, "Mencian Arguments on Human Nature (Jen-hsing)", *Philosophy East and West*, Vol. 44, University of Hawai'i Press, 1994.

Blair, James, Derek Mitchell, and Karina Blair, *The Psychopath: Emotion and the Brain*, Blackwell Publishing, 2005.

Brink, David, "Mill's Moral and Political Philosophy," *The Standford Encyclopedia of Philosophy* (Fall 2008, 9 Edition), Edited by Edward N. Zalta.

Cheng, Chung-ying, "Nature and Function of Skepticism in Chinese Philosophy", *Philosophy East and West*, Vol. 27, University of Hawai'i Press, 1977.

Cole, Jonathan, *The Invisible Smile: Living Without Facial Expression*, Oxford University Press, 2009.

Cua, Antonio S., "Morality and Human Nature", *Philosophy East and West*, Vol. 32, No. 3, University of Hawai'i Press, July, 1982.

_____, "Xin and Moral Failure", *Mencius: Contexts and Interpretations*, edited by Alan K. L. Chan, University of Hawai'i Press, 2002.

De Sousa, Ronald(1987), *The Rationality of Emotion*, The Massachusetts Institute of Technology.

Fingarette, Herbert, "Reason, Spontaneity, and the Li(禮): A Confucian Critique of Graham's Solution to the Problem of Fact and Value", *Chinese Texts and Philosophical Contexts*, edited by Henry Rosemont, Jr., Illinois: Open Court, 1991.

Frank, R. H. &, Gilovich T. & Regan, D., "Does Studying Economics Inhibit Cooperation?", *Journal of Economic Perspectives 7*, pp. 159-171.

Geaney, Jane, "Guarding Moral Bondaries: Shame in Early Confucianism," *Philosophy East and West*, Vo. 4, 2004.

Graham, A. C., "The Background of the Mencius Theory of Human Nature", *Studies in Chinese Philosophy and Literature*, The Institute of East Asian Philosophies, 1986,

_____, *Disputers of the Dao*, Open Court, 1989.

Haidt, Jonathan, "The Emotional Dog and Its Rational Tail: A Social Intuitionist Approach to Moral Judgment", *Psychological Review*, Vol. 108, The American Psychological Association, 2001.

Holtug, Nils, "The Harm Principle," *Ethical Theory and Moral Practice*, Vol. 5(Netherlands: Kluwer Academic Publishers, 2002.

Johnson-Laird, Philip, *How We Reason*, Oxford University Press, 2008.

Kekes, John, "Cruelty and Liberalism," *Ethics*, Vol. 106, 1996.

Keltner, Dacher, Born to Be Good: *The Science of a Meaningful Life*, W. W. Norton & Company, Inc., 2009.

Lau, D. C., "Theories of Human Nature in Mencius and Xunzi", *Virtue, Nature, and Moral Agency in the Xunzi*, edited by T. C. Kline III & Philip J. Ivanhoe, Hackett Publishing Company, 2000.

Legge, James, *The Four Books: Confucian Analects, The Great Learning, The Doctrine of the Mean, and The Works of Mencius*, The Chinese Book Co., 1930.

McCarty, David, "Harming and Allowing Harm," *Ethics*, Vol. 110-4, 2000.

Mill, J. S., *On Liberty*, Hackett, 1978,

Nichols, Shaun, *Sentimental Rules*, Oxford University Press, 2004.

Nivison, David S., *The Ways of Confucianism*, Edited by Bryan W. Van Norden, Open Court Publishing Company, 1996.

Norden, Bryan W. Van, "The Virtue of Righteousness in Mencius," in *Confucian Ethics: a Comparative Study of Self, Autonomy, and Community*, Edited by Kwong-loi Shun and David B. Wong, Cambridge University Press, 2004.

Nozick, Robert, *Anarchy, State, and Utopia*, Basic Books, 1974.

OECD, *How's Life? 2015: Measuring Well–Being,* OECD Publishing, 2015

Perkins, Franklin, "Mencius, Emotion, and Autonomy," *Journal of Chinese Philosophy*, Vol. 29-2, 2002.

Prinz, Jesse J., *Gut Reaction: A Perceptual Theory of Emotion*, Oxford University Press, 2004.

_____, *The Emotional Construction of Morals*, Oxford University Press, 2007.

Random House, *Random House Webster's Dictionary of American English*, New York: Random House, 1997.

Rawls, John, *Political Liberalism*, Columbia University Press, 2005.

Ripstein, Arthur, "Beyond the Harm Principle," *Philosophy & Public Affairs*, Vol. 34, 2006.

Rorty, Amelie Oksenberg, "The Social and Political Sources of Akrasia", *Ethics*, Vol. 107, University of Chicago Press, 1997.

Rorty, Richard, *Contingency, Irony and Solidarity*, Cambridge University Press, 1989.

Sandel, Michael J., *Justice: What's the Right Thing to Do?*, Farrar, Straus, and Girous, 2009.

Searle, John R., *The Rediscovery of the Mind*, MIT Press, 1994.

Sherrington, Charles Scott, *Man on His Nature*, Cambridge University Press, 2009.

Shun, Kwong-loi. *Mencius and Early Chinese Thought*, Stanford University Press, 1997.

Slingerland, Eward, *Effortless Action: wu–wei as Conceptual Metaphor and Spritual Ideal in Early China*, Oxford University Press, 2003

Smith, Steven B., "Leo Strauss's Platonic Liberalism", *Political Theory*, Vol. 28, 2000.

Strawson, Peter, "Freedom and Resentment" in *Free Will (Second Edition)*, Oxford University Press, 2003.

Vallentyne, Peter, "Libertarianism," *The Stanford Encyclopedia of Philosophy (fall 2010 Edition)*, Edited by Edward N. Zalta, URL = 〈http://plato.stanford.edu/archives/fall2010/entries/libertarianism/〉.

Wilkinson, Gerald S., "Food Sharing in Vampire Bats," *Scientific American*, 1990.

찾아보기

인(仁)의 재발견

사랑과 협력의 근거

발행일 1쇄 2016년 4월 5일
지은이 정용환
펴낸이 여국동

펴낸곳 도서출판 인간사랑
출판등록 1983. 1. 26. 제일 - 3호
주소 경기도 고양시 일산동구 백석로 108번길 60-5 2층
물류센타 경기도 고양시 일산동구 문원길 13-34(문봉동)
전화 031)901 - 8144(대표) | 031)907 - 2003(영업부)
팩스 031)905 - 5815
전자우편 igsr@naver.com
페이스북 http://www.facebook.com/igsrpub
블로그 http://blog.naver.com/igsr
인쇄 인성인쇄 **출력** 현대미디어 **종이** 세원지업사

ISBN 978 - 89 - 7418 - 756 - 9 93100

이 도서의 국립중앙도서관 출판시도서목록(CIP)은 서지정보유통지원시스템 홈페이지(http://seoji.nl.go.kr)와 국가자료공동목록시스템(http://www.nl.go.kr/kolisnet)에서 이용하실 수 있습니다.(CIP제어번호: CIP2016005899)